同济博士论丛
TONGJI Dissertation Series
总主编 伍 江 副总主编 雷星晖

赖小东 施 骞 著

建筑产业低碳技术集成创新系统管理研究

Low Carbon Technology Integration Innovation System Management Research in Construction Industry

同济大学出版社
TONGJI UNIVERSITY PRESS

内 容 提 要

本书提出了低碳技术集成创新系统管理的概念，探讨了建筑产业低碳技术集成创新的管理模式和经济转型问题，力求摆脱传统"唯技术论"误区，提倡从技术、政策、组织、目标和信息等方面的系统管理入手，进而有效提高低碳技术集成创新绩效，构建多主体协同的动力机制管理模式，推行制度创新、管理创新和理念创新，以尽快实现建筑产业转型。

本书可供产业管理相关专业师生及研究人员使用，对于政府管理部门相关工作人员也有学习参考的价值。

图书在版编目(CIP)数据

建筑产业低碳技术集成创新系统管理研究/赖小东，施骞著. —上海：同济大学出版社，2018.9

(同济博士论丛/伍江总主编)

ISBN 978-7-5608-6889-9

Ⅰ. ①建… Ⅱ. ①赖… ②施… Ⅲ. ①建筑业—节能—技术革新—研究 Ⅳ. ①F407.903.6

中国版本图书馆 CIP 数据核字(2017)第 082017 号

建筑产业低碳技术集成创新系统管理研究

赖小东　施　骞　著

出 品 人　华春荣　　责任编辑　朱笑黎　卢元姗

责任校对　徐春莲　　封面设计　陈益平

出版发行　同济大学出版社　　www.tongjipress.com.cn

（地址：上海市四平路 1239 号　邮编：200092　电话：021-65985622）

经　　销　全国各地新华书店

排版制作　南京展望文化发展有限公司

印　　刷　浙江广育爱多印务有限公司

开　　本　787 mm×1092 mm　1/16

印　　张　14.25

字　　数　285 000

版　　次　2018 年 9 月第 1 版　　2018 年 9 月第 1 次印刷

书　　号　ISBN 978-7-5608-6889-9

定　　价　68.00 元

“同济博士论丛”编写领导小组

组　　　长： 杨贤金　钟志华

副　组　长： 伍　江　江　波

成　　　员： 方守恩　蔡达峰　马锦明　姜富明　吴志强
徐建平　吕培明　顾祥林　雷星晖

办公室成员： 李　兰　华春荣　段存广　姚建中

“同济博士论丛”编辑委员会

总　序

在同济大学110周年华诞之际，喜闻“同济博士论丛”将正式出版发行，倍感欣慰。记得在100周年校庆时，我曾以《百年同济，大学对社会的承诺》为题作了演讲，如今看到付梓的“同济博士论丛”，我想这就是大学对社会承诺的一种体现。这110部学术著作不仅包含了同济大学近10年100多位优秀博士研究生的学术科研成果，也展现了同济大学围绕国家战略开展学科建设、发展自我特色，向建设世界一流大学的目标迈出的坚实步伐。

坐落于东海之滨的同济大学，历经110年历史风云，承古续今、汇聚东西，秉持“与祖国同行、以科教济世”的理念，发扬自强不息、追求卓越的精神，在复兴中华的征程中同舟共济、砥砺前行，谱写了一幅幅辉煌壮美的篇章。创校至今，同济大学培养了数十万工作在祖国各条战线上的人才，包括人们常提到的贝时璋、李国豪、裘法祖、吴孟超等一批著名教授。正是这些专家学者培养了一代又一代的博士研究生，薪火相传，将同济大学的科学研究和学科建设一步步推向高峰。

大学有其社会责任，她的社会责任就是融入国家的创新体系之中，成为国家创新战略的实践者。党的十八大以来，以习近平同志为核心的党中央高度重视科技创新，对实施创新驱动发展战略作出一系列重大决策部署。党的十八届五中全会把创新发展作为五大发展理念之首，强调创新是引领发展的第一动力，要求充分发挥科技创新在全面创新中的引领作用。要把创新驱动发展作为国家的优先战略，以科技创新为核心带动全面创新，以体制机制改革激发创新活力，以高效率的创新体系支撑高水平的创新型国家建设。作为人才培养和科技创新的重要平台，大学是国家创新体系的重要组成部分。同济大学理当围绕国家战略目标的实现，作出更大的贡献。

大学的根本任务是培养人才，同济大学走出了一条特色鲜明的道路。无论是本科教育、研究生教育，还是这些年摸索总结出的导师制、人才培养特区，"卓越人才培养"的做法取得了很好的成绩。聚焦创新驱动转型发展战略，同济大学推进科研管理体系改革和重大科研基地平台建设。以贯穿人才培养全过程的一流创新创业教育助力创新驱动发展战略，实现创新创业教育的全覆盖，培养具有一流创新力、组织力和行动力的卓越人才。"同济博士论丛"的出版不仅是对同济大学人才培养成果的集中展示，更将进一步推动同济大学围绕国家战略开展学科建设、发展自我特色、明确大学定位、培养创新人才。

面对新形势、新任务、新挑战，我们必须增强忧患意识，扎根中国大地，朝着建设世界一流大学的目标，深化改革，勠力前行！

万　钢

2017 年 5 月

论丛前言

承古续今，汇聚东西，百年同济秉持“与祖国同行、以科教济世”的理念，注重人才培养、科学研究、社会服务、文化传承创新和国际合作交流，自强不息，追求卓越。特别是近20年来，同济大学坚持把论文写在祖国的大地上，各学科都培养了一大批博士优秀人才，发表了数以千计的学术研究论文。这些论文不但反映了同济大学培养人才能力和学术研究的水平，而且也促进了学科的发展和国家的建设。多年来，我一直希望能有机会将我们同济大学的优秀博士论文集中整理，分类出版，让更多的读者获得分享。值此同济大学110周年校庆之际，在学校的支持下，“同济博士论丛”得以顺利出版。

“同济博士论丛”的出版组织工作启动于2016年9月，计划在同济大学110周年校庆之际出版110部同济大学的优秀博士论文。我们在数千篇博士论文中，聚焦于2005—2016年十多年间的优秀博士学位论文430余篇，经各院系征询，导师和博士积极响应并同意，遴选出近170篇，涵盖了同济的大部分学科：土木工程、城乡规划学（含建筑、风景园林）、海洋科学、交通运输工程、车辆工程、环境科学与工程、数学、材料工程、测绘科学与工程、机械工程、计算机科学与技术、医学、工程管理、哲学等。作为“同济博士论丛”出版工程的开端，在校庆之际首批集中出版110余部，其余也将陆续出版。

博士学位论文是反映博士研究生培养质量的重要方面。同济大学一直将立德树人作为根本任务，把培养高素质人才摆在首位，认真探索全面提高博士研究生质量的有效途径和机制。因此，“同济博士论丛”的出版集中展示同济大学博士研究生培养与科研成果，体现对同济大学学术文化的传承。

“同济博士论丛”作为重要的科研文献资源，系统、全面、具体地反映了同济大学各学科专业前沿领域的科研成果和发展状况。它的出版是扩大传播同济科研成果和学术影响力的重要途径。博士论文的研究对象中不少是“国家自然科学基金”等科研基金资助的项目，具有明确的创新性和学术性，具有极高的学术价值，对我国的经济、文化、社会发展具有一定的理论和实践指导意义。

“同济博士论丛”的出版，将会调动同济广大科研人员的积极性，促进多学科学术交流、加速人才的发掘和人才的成长，有助于提高同济在国内外的竞争力，为实现同济大学扎根中国大地，建设世界一流大学的目标愿景做好基础性工作。

虽然同济已经发展成为一所特色鲜明、具有国际影响力的综合性、研究型大学，但与世界一流大学之间仍然存在着一定差距。“同济博士论丛”所反映的学术水平需要不断提高，同时在很短的时间内编辑出版110余部著作，必然存在一些不足之处，恳请广大学者，特别是有关专家提出批评，为提高同济人才培养质量和同济的学科建设提供宝贵意见。

最后感谢研究生院、出版社以及各院系的协作与支持。希望“同济博士论丛”能持续出版，并借助新媒体以电子书、知识库等多种方式呈现，以期成为展现同济学术成果、服务社会的一个可持续的出版品牌。为继续扎根中国大地，培育卓越英才，建设世界一流大学服务。

伍　江

2017年5月

前 言

全球变暖、能源危机与高能耗产业的矛盾日益突出，应对全球气候变化和发展低碳经济已经成为世界各国发展的共识。作为高能耗的建筑产业，大力推广低碳建设项目是有效实现国家低碳经济转型战略目标的重要途径之一。因此，如何实现建筑业从传统建设模式向低碳建设模式转变，推进工程项目的低碳建设，是当前学者与从业者面临的重要课题。发展低碳经济的本质在于技术创新和制度创新，其核心在于通过能源技术和碳减排技术的创新有效控制碳排放，低碳经济转型顺利与否在于低碳技术创新能否有效推行。

而作为多主体参与、多技术集成的建筑产业，单一技术的采用或创新已无法满足现代建筑产业的低碳经济转型要求。由于二氧化碳排放主要是通过化石能源及相关电力消耗所引起的，建筑碳排放控制的实质在于能源的合理使用与控制。建筑能耗降低和碳排放控制涉及系统、集成的多技术的联动创新和管理，而不是“唯技术论”。低碳技术创新管理的内容必然涵盖一系列社会、经济、技术及其他有利于建筑节能和碳排放控制的多技术集成的创新管理。

基于此，本书提出低碳技术集成创新系统管理的理念，探讨建筑产业低碳技术集成创新的管理模式和经济转型问题。

首先，根据我国自1985—2010年统计年鉴建筑产业的能源消耗数据，运用低碳经济学中的卡亚改进模型，从宏观层面分析我国建筑产业碳排放状况，探求建筑规模、碳排放总量、建筑产值和碳排放强度等因素之间的关系。

研究发现，建筑产业碳排放主要受建筑规模和能源强度影响，能源消耗是碳排放的主因，能源强度下降对建筑产业碳减排起促进作用。建筑产业对化石能源的依赖程度有所降低，但无法摆脱化石能源的路径依赖，存在“碳锁定”现象。建筑产业GDP产出与碳排放不存在库兹涅茨倒“U”曲线关系，需要走低碳技术集成创新管理路径来破解“碳锁定”。

其次，运用文献分析、问卷调查和专家访谈，结合建筑工程复杂性、多主体参与性的特点，选择建筑产业不同参与主体，从企业层面分析建筑产业实施低碳技术集成创新存在的障碍。研究发现，目前建筑产业低碳技术集成创新发展的主要障碍在于技术评价标准不统一、成本效益不确定及政策激励机制不完善等方面。

第三，从现有绿色建筑评估指标体系和相关学者的研究成果入手，根据系统集成和全寿命周期相关理论，运用探索性因子分析和专家讨论甄选评价指标，构建建筑产业低碳技术集成创新的绩效评价体系。深入分析各指标选取意义及测算方法；然后运用粗糙集评价方法，通过案例分析得出各项指标的权重，验证其可行性。研究发现，对于建设项目低碳技术集成创新绩效的评价，管理者普遍重视前期的投入保障管理和中期的过程控制，对于后期低碳性能和低碳效益的关注相对较少。

第四，基于委托代理理论和博弈论基础，构建相应的系统博弈模型，分析建筑产业低碳技术集成创新各主体间的参与意愿博弈临界点、彼此合作的条件，探讨各参与主体在低碳技术集成创新合作中的合谋条件和存在的风险，为相关决策部门制定激励政策、改善相关机制提供依据。研究表明，政府在推动低碳技术集成创新的博弈过程中，由于信息不对称性，在政府和项目业主、政府和委托监管单位之间形成一种委托代理关系，产生代理成本。为了激励各参与主体积极采用低碳节能技术，政府需要制订合理的激励措施、保持合适的监督力度，同时要对由此造成的参与各方寻租及合谋行为进行打击。

第五，运用系统论和系统动力学理论，基于建筑产业技术创新的系统性、集成性特点，构建系统动力学模型，结合实证研究，分析低碳技术集成创新过程中各参与主体参与驱动力因素及内在机理。然后提出以建设单位为主、政府推动为辅的低碳技术集成创新驱动力的系统动力学模型。研究发现，低碳技术集成驱动力动力源对低碳项目数量和企业参与数量的变化具有较强敏感性，要实现传统建筑项目的低碳化转型仍然需要一定的时间。单一的驱动力因素对系统低碳建设项目的推进和企业参与数量的促进作用有限，只有通过各驱动力因素的联合和系统整合，才能实现建筑产业的低碳化。

最后，基于上述分析结果，运用系统集成创新管理理念，从管理机制、动力机制探讨了建筑产业低碳技术集成创新实现的可能性，然后从项目管理层面和产业层面分析了建筑产业的低碳化实现路径，为建筑产业低碳技术集成创新的实现做出积极建议。

综上所述，本书认为我国建筑产业低碳经济的转型关键在于技术集成创新管理水平的提高。低碳技术集成创新需摆脱传统“唯技术论”的误区，需采用新型的技术集成创新管理模式，从技术、政策、组织、目标和信息等方面的系统管理入手，有效提高低碳技术集成创新绩效，同时构建多主体协同的动力机制管理模式，推行制度创新、管理创新和理念创新以尽快实现建筑产业转型。这在当前环保压力和能源紧缺的宏观背景下具有一定的理论研究价值和实践意义。

目　录

第1章 绪论

本章主要介绍本书的研究背景、问题的提出、研究内容、方法及所采取的技术路线，最后对本书研究可能的创新点进行归纳。

1.1 研究背景

1.1.1 产业背景

21世纪以来，全球变暖、极端天气和自然灾害频发，使各国越来越重视低碳经济的发展和创新。建筑产业的高投入、高能耗与低增值性的行业特征与现行能源危机、气候变暖的矛盾日益突出。有研究表明，全球房地产及相关领域造成了70%的温室效应，建筑施工、使用及建材生产过程都是温室气体的主要排放源[1]。据统计，目前中国建筑能耗约占全社会总能耗的三分之一，并且随着城镇化的快速发展，这个比例将迅速扩大，推行建筑业的低碳发展模式已经成为发展低碳经济的关键突破口，在高能耗行业（钢铁、水泥、建筑、家电等）的能源消耗统计中，建筑业已经成为能耗之首[2]。全球建筑业每年约消耗25%～40%的能源、20%的水资源，并产生30%～40%的碳排放及30%～40%的固体废料（UNEP，2011）[3]，若再考虑建筑行业上下游供应链的影响，建筑业的二氧化碳排放问题形势非常严峻。

低碳经济最早由英国政府于2003年在其《能源白皮书》中正式提出，它是指依靠技术创新和政策措施，实施一场能源革命，建立一种较少排放温室气体的经济发展模式，从而减缓气候变化[4]。低碳经济的实质是能源效率和清洁能源结构问题，核心是能源技术创新和制度创新，目标是减缓气候变化和促进人类的可持续发展[5]。在发展低碳经济方面，国内外学者基本取得了一个共识，即“通过开发和使用低碳技术是减少排放的一个关键途径”[6]。低碳技术主要指那些有助于降低经济发展对生态系统碳循环的影响，实现经济发展的碳中性的技术[7]。特别是对建筑行业起关键支撑作用的碳密集化石燃料能源系统，这是由技术和制度共同演进的过程中形成的路径依赖报酬递增所引起的。

中国的建筑产业由于其行业特点和长期以来的经济制度结构约束，已处于一种“技术-制度复合体”（Tecno-Institutional Complex）状态，即“碳锁定”状态。如何打破现有能源结构，实现低碳经济和中国建筑业的可持续发展是摆在研究者和建筑从业者面前的重大课题。面对如此严峻的环境挑战，推进建筑产业低碳化具有极大的现实意义，而通过低碳技术创新来实现建筑产业的能源节约和碳减排已经成为共识，相关研究具有重大实践价值。

1.1.2 政策背景

2007 年 9 月 8 日，胡锦涛总书记在亚太经合组织（APEC）第 15 次领导人会议上，本着对人类、对未来的高度负责态度，郑重提出了四项建议，明确主张“发展低碳经济”，令世人瞩目[8]。

2007 年 6 月，成立了以国务院总理温家宝为组长的国家应对气候变化及节能减排工作领导小组和议事协调机构，将绿色化发展落实到实处。2009 年 11 月 26 日，中国政府公布了控制温室气体排放的行动目标，决定到 2020 年单位国内生产总值二氧化碳排放比 2005 年下降 40%～45%，并将其作为约束性指标纳入国民经济和社会发展中长期规划。

随后，胡锦涛总书记在 2010 年两院院士大会上曾九次重复提到可持续发展和绿色化问题，并强调通过循环利用、绿色低碳及可持续发展观思想，坚持系统规划、节能优先、创新替代、循环利用、绿色低碳、安全持续，加强对中国能源资源问题的研究，制定中国可持续发展路线图[9]。

国家“十二五”规划明确提出，要“合理控制能源消费总量，严格用能管理，加快制定能源发展规划”，“加快低碳技术研发应用，控制工业、建筑、交通和农业等领域温室气体排放，探索建立低碳产品标准、标识和认证制度，建立完善温室气体排放统计核算制度，逐步建立碳排放交易市场，推进低碳试点示范”，“抑制高耗能产业过快增长，突出抓好工业、建筑、交通、公共机构等领域节能，加强重点用能单位节能管理”[10]。一系列政策措施说明推行低碳经济发展已经成为国家发展的战略目标，而低碳技术创新是实现低碳经济的关键，加强技术创新，不断完善低碳技术创新才能实现经济发展模式向“低碳”的转变[11]。因此，研究高能耗建筑产业的低碳技术创新系统管理具有客观的政策背景需求。

1.1.3 学术背景

国外相关研究方面，有关绿色技术创新和低碳技术创新的研究正成为热点。笔者从SCI和SSCI数据库检索的原始数据按时间顺序对该研究主题做了分析，发现自1994年至2000年，国际上发表的关于低碳或绿色技术创新的文献研究不多，根据笔者的检索，只有9篇文章；然而，在2001年至2005年，文章数量成倍上涨到18篇；在2006年至2010年期间，文章数量激增到97篇(图1-1)[12]。

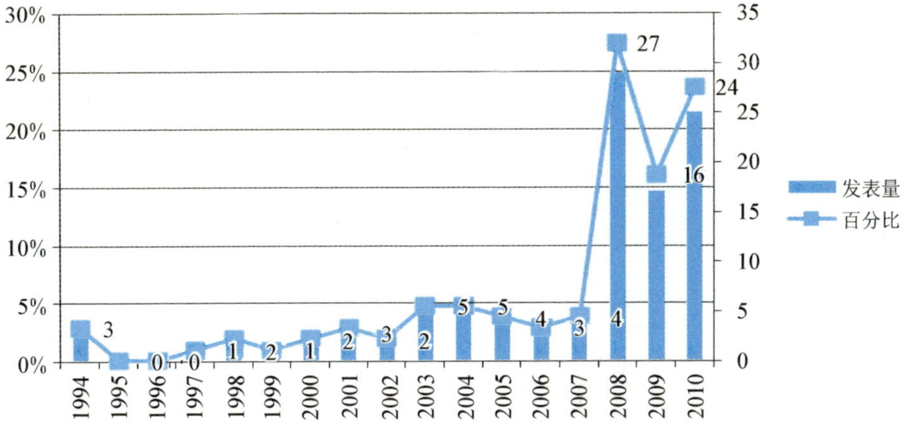

图1-1 1994—2010年关于绿色技术及低碳技术创新的文献发表情况

在国内，低碳技术创新管理的研究也引起了众多学者的关注，通过文献检索和分析，笔者发现：自2008年开始，有关低碳技术创新的研究出现了一个突破性的进展，并在2009年和2010年大量涌现(见表1-1)。其间中国学者在国际期刊上发表的文章也达到5篇(表1-1)[13]。这说明发展低碳经济、实施低碳技术创新正逐步被广大学者关注和重视。

表1-1 中国低碳技术创新期刊文献发表汇总

发表年份	1998	1999	2000	2001	2002	2003	2004	2005	2006	2007	2008	2009	2010
文献数量	1	0	0	0	0	1	0	1	1	0	7	25	236

注：此表数据截止时间为2010-12-30。

同时，笔者发现有关建筑业低碳技术创新管理的研究尚处于起步阶段，讨论低碳技术集成创新的研究暂时没有，相关研究还处于空白。

早在19世纪，在低碳概念提出之前，“生态建筑”思想就出现在西方建筑理论与实践中，“绿色建筑”思想则起源于20世纪60—70年代或更早[14]。20世纪90

年代可持续发展理论一经提出，即被融入绿色建筑理论中，以1993年国际建协在芝加哥会议上通过的《芝加哥宣言》和美国出版的《可持续发展设计指导原则》一书列出的“可持续建筑设计细则”为标志，形成了现代真正意义上的绿色建筑理论体系。2003年2月24日，英国首次提出低碳概念[4]。国内对建筑业的创新研究也经历了生态、绿色、可持续和低碳建筑的演变过程，且日趋成熟[15]。笔者在中国知网(CNKI)数据库以“生态建筑、绿色建筑、可持续建筑、低碳建筑”为标题及作为关键检索词分别检索，得到时间序列上相关研究文献的统计数据和演变趋势(图1-2)。研究发现，以“低碳建筑”为主题的研究文献起步较晚，研究主题主要集中在建筑设计、施工技术、建筑机械、智能建筑技术、建筑材料、绿色建筑和节能技术创新等方面，进一步分析发现，以低碳技术为研究主题的文献目前不多，笔者根据图1-2所在数据库以“低碳技术”为主题进一步检索发现，涉及此主题的文献只有17篇，且主要集中在近2年时间内(有些学者发表在国际期刊的未作统计)。

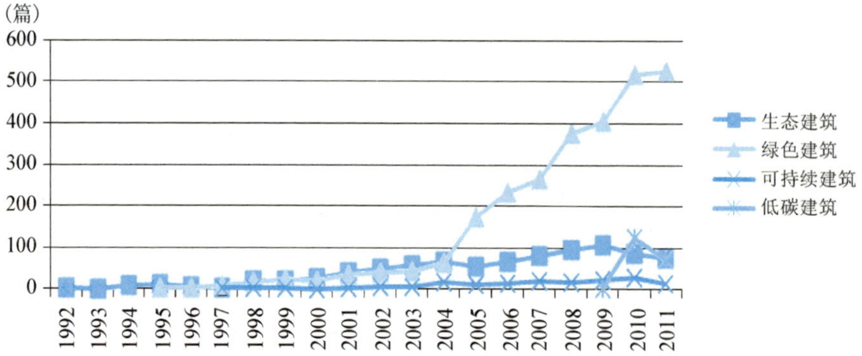

图1-2 生态建筑、绿色建筑、可持续建筑、低碳建筑文献研究统计

从上面分析看来，以二氧化碳排放控制为主要目标的绿色建筑、低碳建筑的研究越来越受到学者青睐。建筑产业受能源危机和全球气候变化影响，经历了一个从生态建筑、绿色建筑、可持续建筑到低碳建筑的演变过程，相关研究有持续增长的趋势。与建筑产业未来低碳经济转型密切相关的低碳技术创新管理研究虽处于起步阶段，研究主题大多停留在理论和概念层面，但正被广大研究者和从业者关注。因此，现有研究对满足建筑业企业低碳化转型需求仍有一定的差距，在学术上存在研究的必要性，这也正是本书选题的学术背景。

1.1.4 问题提出

低碳技术种类繁多，涉及范围广泛，这点在罗伯特·索克罗(Robert Socolow, 2004)[16]在其“稳定楔”理论(Stabilization Wedges)和麦肯锡(McKinsy, 2008)[17]发

布的全球温室气体减排成本曲线数已有论证。全国工商联房地产商会在2010年推出的《中国绿色低碳住区技术评估框架体系》中，详细列举了各建筑阶段涉及的八大技术系统[18]（低碳设计、低碳用能、低碳构造、低碳运营、低碳排放、低碳营造、低碳用材、增加碳汇），里面提出的低碳技术种类到达200多种。而建设工程项目生命周期长，参与主体众多（既包括项目业主、设计单位、监理、各级承包商、供应商和相关运营管理服务公司等直接参与主体，又包括政府、科研机构、客户及公众等间接参与主体），加上工程项目所处环境的复杂性和项目选址的不可移动性等特点，使建筑产业工程项目的低碳技术创新活动明显比其他行业的低碳技术创新活动的实施变得更加困难和复杂。

另外，以“低碳”视角来研究低碳经济和技术创新对高能耗产业的实现仍值得商榷，建筑业的复杂性和长周期性特点使其碳排放量控制也有极限，即建筑产业的低碳控制不能一味地“低”，否则会导致其他不确定性问题发生。如何从技术的本身规律上来解决当前能源紧张问题，减少建筑产业的二氧化碳排放量，有效的低碳技术创新管理是一个主要的实现途径。根据上面行业特点的分析，建筑产业低碳技术创新存在“多技术集成、多主体参与、长周期性和工程复杂性”等特点，因此需要以一种系统管理的模式来重新审视现行低碳建设项目的推广，由此提出本书的选题框架思路，见图1-3。

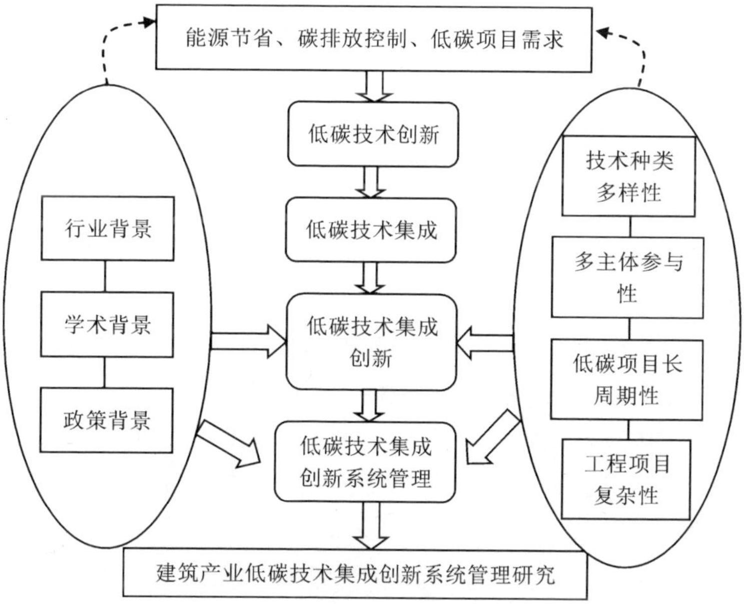

图1-3 建筑产业低碳技术集成创新系统管理研究选题思路

结合上面的背景分析与思路框架，本书选取“建筑产业低碳技术集成创新系统管理”为研究主题。从技术创新管理的角度，借鉴国内外已有研究成果，研究建筑产业低碳技术集成创新管理的内涵、特征、评估体系、影响因素、激励政策、创新主体间的驱动力因素及其相互作用、合作机制及相应的动力机制和管理机制等问题。本书力求探索中国建筑产业实现低碳经济转型的创新管理模式，破解“碳锁定”僵局并提出相应对策，为建筑行业实现由“高碳”到“低碳”转变提供参考。

1.2 研究目的与意义

本书是在以下课题项目的资助下完成：上海市科技发展基金软科学研究博士生学位论文资助项目（项目编号：12692192100），国家自然科学基金资助项目（项目编号：70972072）和教育部博士点基金资助项目（项目编号：20120072110055）。

本书以国家“十二五”有关节能减排目标为前提，以典型的高能耗产业——建筑产业为特定研究对象，从系统管理的角度，通过技术与经济分析相结合的方法，结合现有建筑行业的复杂性和高能耗的结构特点，以技术创新进步对节能减排的提升为目标，通过系统化、模型化、定量化的研究，力争从以下方面取得突破：

（1）在低碳经济、能源危机背景下，围绕建筑行业特点，分析建筑产业低碳技术集成创新和节能减排存在的宏观背景、碳排放与建筑产业经济增长的相互关系及影响，明确今后中国建筑产业实现低碳减排目标所要采取的措施、方向和选择路径。

（2）分析建筑产业企业参与低碳技术集成创新存在的障碍因素和影响机理，为本书研究及方案展开提供依据。

（3）通过分析国内外现有绿色建筑评价体系，结合建设工程低碳项目复杂性特点，提出低碳技术集成创新系统管理的评价体系及测算模型。

（4）构建低碳技术集成创新各参与主体的博弈模型，利用委托代理理论和最优激励理论，探讨建筑产业低碳技术集成创新实现的成本效益和激励机制，为政府的政策制定提供理论支持。

（5）构建系统动力学模型，从建筑产业低碳项目各参与主体驱动力因果关系分析入手，层层递进，构建建筑产业低碳技术集成创新驱动力系统动力学模型并模拟，分析建筑产业低碳技术集成创新驱动力因素对低碳绩效实现的影响。

根据上述研究，探讨低碳技术集成创新的系统管理机制、动力机制和建筑产业低碳化的实现路径与对策建议，破解建筑产业“碳锁定”僵局。

中国在2009年哥本哈根气候峰会上承诺，到2020年要实现单位GDP二氧化碳排放比2005年下降40%～45%的目标。在现有国内外对低碳技术创新理论和体系研究不是很完备的情况下，研究建筑行业如何实现由“高碳”向“低碳”的转变和实现途径，提出“低碳技术集成创新系统管理”的模式具有重要的理论意义和实际应用价值，对中国控制碳排放、提高能效和实现“十二五”规划目标具有重要的借鉴意义。

1.3 研究技术路线、内容和方法

1.3.1 研究思路及技术路线

本书以中国工业高速发展所造成的能源危机为背景，结合国家“十二五”规划有关“建设资源节约型、环境友好型社会”和中国力争在2020年实现40%～45%的碳减排目标，从低碳技术创新管理的角度，针对中国工业化进程对高能耗产业——建筑业所造成的“碳锁定”状态，在深入分析中国建筑产业碳排放状况及推行低碳技术创新存在的障碍因素的基础上，对中国建筑行业的低碳技术集成创新的评价体系、成本效益、激励机制、动力机制和管理模式等方面进行研究，并提出相关对策建议。本书对发展低碳经济模式、实现低碳建筑技术集成创新的方法和路径做出有益的探索。本书研究的主要思路如下：

第一步，分析国内外有关低碳技术创新的文献、明确低碳建筑技术集成创新的内涵、研究内容、目标和实现低碳技术集成创新的关键领域。分析建筑产业碳排放宏观环境因素、实施低碳技术集成创新存在的障碍因素。

第二步，构建建设项目低碳技术集成创新系统管理的绩效评价体系。分析国内外现有绿色建筑的评估体系，根据部分文献研究成果，结合调查分析，甄选指标，构建低碳技术集成创新系统管理评价体系，并结合案例确定权重，验证其科学性与可行性。

第三步，针对建筑产业工程复杂性的行业特点，分析建筑产业低碳技术集成创新各参与主体关系及相互间的参与意愿、风险因素和效益，构建基于低碳项目技术集成创新各参与主体的委托代理博弈模型、激励模型并推导其临界点，分析各参与主体合谋和政府打压的条件和临界点。

第四步，分析建筑产业低碳技术集成创新各参与主体的驱动力因素，找出各参与主体的驱动力推动因果关系，构建以政府推动、建设单位主导的低碳技术集成创新驱动系统动力学模型，探讨各驱动力因素对低碳技术集成创新的影响。

第五步，根据上述分析和研究结果，提出建筑产业低碳技术集成创新的系统管理思想，从管理机制、动力机制、系统协调和低碳技术集成创新的实现路径讨论并构建相关系统管理概念模型和管理框架，给出对策建议，强化研究的实用性和对策有效性。

本书具体研究的技术路线见图 1－4。

1.3.2 主要研究内容

第 1 章为绪论。介绍本书相关研究背景，得出具体的研究问题；阐述了全书的研究目的，在此基础上拓展本书重点研究对象、研究内容、研究方法及全书的技术路线和逻辑关系，是全书的总起部分。

第 2 章为理论基础和文献综述。对低碳技术集成创新的相关概念进行界定，界定本书的边界范围，详细梳理了国内外有关低碳技术创新管理的研究状况和发展脉络。为本书研究提供分析的思路、方法和工具的支持。

第 3 章为建筑产业碳排放状况分析及低碳技术集成创新必要性分析。运用低碳经济学基本原理，根据中国自 1985 年至 2010 年统计年鉴上建筑产业的能源消耗情况，采用卡亚模型对中国建筑产业的碳排放因素进行分解，从宏观层面分析中国建筑产业碳排放与建筑产业经济增长、能源强度、碳排放强度和建筑规模等因素之间的关系，强调实施技术集成创新的必要性。

第 4 章为低碳技术集成创新障碍因素分析。针对建设工程复杂性、多主体参与性的特点，采用文献分析、问卷调查和专家访谈等方法，从企业层面探讨建筑产业实施低碳技术集成创新存在的障碍因素。研究发现，建筑产业目前实施低碳技术集成创新存在的障碍主要有技术评价标准不统一、成本效益不确定性、政策激励机制不完善和专业技术人才缺乏等方面。

第 5 章为低碳技术集成创新系统管理评价。从建设项目低碳技术创新评价入手，根据系统集成论和全寿命周期相关理论，分析现有绿色建筑、低碳建筑评估体系指标和借鉴现有文献对建筑产业低碳技术创新评价的研究成果，从系统集成管理的角度，提出适合于建筑产业低碳技术集成创新的绩效评价体系。从

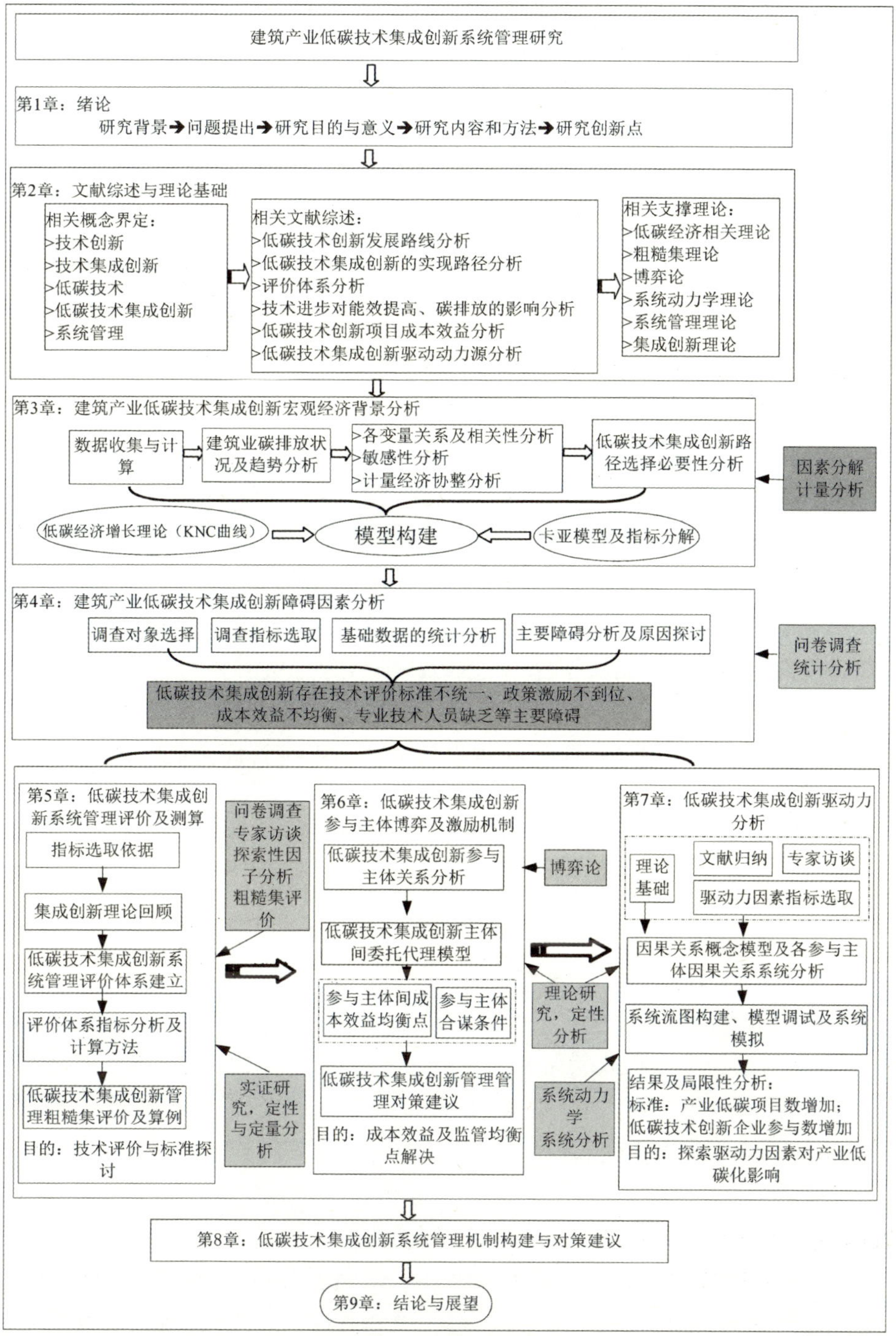

建筑产业低碳技术集成创新系统管理研究
第1章：绪论
研究背景→问题提出→研究目的与意义→研究内容和方法→研究创新点
第2章：文献综述与理论基础
相关概念界定：
>技术创新
>技术集成创新
>低碳技术
>低碳技术集成创新
>系统管理
相关文献综述：
>低碳技术创新发展路线分析
>低碳技术集成创新的实现路径分析
>评价体系分析
>技术进步对能效提高、碳排放的影响分析
>低碳技术创新项目成本效益分析
>低碳技术集成创新驱动动力源分析
相关支撑理论：
>低碳经济相关理论
>粗糙集理论
>博弈论
>系统动力学理论
>系统管理理论
>集成创新理论
第3章：建筑产业低碳技术集成创新宏观经济背景分析
数据收集与计算
建筑业碳排放状况及趋势分析
>各变量关系及相关性分析
>敏感性分析
>计量经济协整分析
低碳技术集成创新路径选择必要性分析
因素分解 计量分析
低碳经济增长理论（KNC曲线）
模型构建
卡亚模型及指标分解
第4章：建筑产业低碳技术集成创新障碍因素分析
调查对象选择
调查指标选取
基础数据的统计分析
主要障碍分析及原因探讨
问卷调查 统计分析
低碳技术集成创新存在技术评价标准不统一、政策激励不到位、成本效益不均衡、专业技术人员缺乏等主要障碍
第5章：低碳技术集成创新系统管理评价及测算
指标选取依据
集成创新理论回顾
低碳技术集成创新系统管理评价体系建立
评价体系指标分析及计算方法
低碳技术集成创新管理粗糙集评价及算例
目的：技术评价与标准探讨
问卷调查 专家访谈 探索性因子分析 粗糙集评价
实证研究，定性与定量分析
第6章：低碳技术集成创新参与主体博弈及激励机制
低碳技术集成创新参与主体关系分析
博弈论
低碳技术集成创新主体间委托代理模型
参与主体间成本效益均衡点
参与主体合谋条件
低碳技术集成创新管理管理对策建议
目的：成本效益及监管均衡点解决
理论研究，定性分析
系统动力学 系统分析
第7章：低碳技术集成创新驱动力分析
理论基础
文献归纳
专家访谈
驱动力因素指标选取
因果关系概念模型及各参与主体因果关系系统分析
系统流图构建、模型调试及系统模拟
结果及局限性分析：
标准：产业低碳项目数增加；
低碳技术创新企业参与数增加
目的：探索驱动力因素对产业低碳化影响
第8章：低碳技术集成创新系统管理机制构建与对策建议
第9章：结论与展望

图 1－4 技术路线图

低碳技术创新系统管理输入的制度保障、管理控制和系统输出的绩效评价等方面深入分析各指标选取的意义及测算方法。运用粗糙集评价，通过案例实证分析各指标权重，验证其可行性。

第 6 章为低碳技术集成创新项目各参与主体博弈及激励机制研究。基于委托代理理论基础，结合低碳建设项目参与主体众多、参与模式复杂等特点，构建相应的系统博弈模型。分析建筑产业低碳技术集成创新各主体间的参与意愿和博弈临界点、彼此合作的条件等。为相关决策部门激励政策的制定和机制改善提供依据。针对建设项目低碳技术集成创新政府监管难的特点，进一步探讨了各参与主体在低碳技术创新合作中的合谋条件及存在的风险。

第 7 章为对低碳技术集成创新驱动力因素系统的分析与建议。运用系统论原理，分析建筑产业技术集成创新的系统性、集成性特点，采用系统动力学模型，结合实证调查，分析低碳技术集成创新过程中各参与主体参与驱动力因素，构建低碳技术集成创新的系统驱动力模型并进行仿真。

第 8 章为建筑产业低碳技术集成创新管理机制的构建与对策建议。根据上述分析结果，结合系统论和综合集成管理理论基础，对建筑产业低碳技术集成创新的管理机制和动力机制做了探讨；然后从项目管理层面和产业层面对建筑产业低碳技术集成创新实现路径进行分析，提出要从制度创新、管理模式创新和观念创新等方面来提升建筑产业低碳技术集成创新系统管理的能力，并提出了相关对策建议。

第 9 章为结论与展望。对本书的研究做总结，分析本书存在的局限，对后续低碳技术集成创新管理的工作方向和研究内容做出展望。

1.3.3 研究的主要方法

本书采用规范性研究和实证研究相结合，以技术经济学、统计学、系统工程、集成创新、信息经济学和低碳经济学为理论基础，主要采用文献分析、问卷调查、专家访谈、因素分解法、计量分析、因子分析、探索性因子分析、粗糙集评价、博弈分析、系统动力学等方法进行研究，具体的方法应用安排如下：

（1）采用因素分解法和计量分析法，分析建筑产业宏观经济背景和碳排放状况，找出各要素间的现状、趋势及相互间的关系。

（2）在对建筑产业低碳技术集成创新障碍因素分析、评价指标和低碳技术创新驱动力指标选取时，均采用文献分析、问卷调查、专家访谈相结合的方法，对研究的问题进行系统梳理，尽量做到相关问题分析的全面性，以弥补采用单一方法所带来的不足。

(3) 运用主成分因子分析法对建筑产业低碳技术集成创新存在的障碍因素进行分析，结合企业实践，从定性和定量两个方面总结出存在的主要障碍因素。

(4) 运用探索性因子分析甄选低碳技术集成创新指标，并用粗糙集评价法确定低碳技术集成创新评价体系权重，以规避其他权重确定方法存在的主观性。

(5) 运用博弈论模型探讨低碳技术集成创新参与各方之间的成本效益、参与决策点和各主体间的合谋演化与相互影响。

(6) 最后，运用系统动力学分析低碳技术集成创新驱动力因素之间的因果关系，构建以政府推动、建设单位主导的低碳技术集成创新驱动力系统模型流图并进行模拟，为本书的相关结论和对策建议提供理论依据。

1.4 主要创新点

由于建筑产业工程项目本身的复杂性特点，低碳技术集成创新的管理模式研究也存在一定的复杂性和争议性。在现有研究资源、数据与工具受限情况下，本书选取“建筑产业低碳技术集成创新系统管理研究”作为主题，通过本书的综合研究分析，本书在以下方面体现了一定的创新性。

第一，管理理念上：以系统集成管理理念和方法，提出要以低碳技术集成创新为突破口实现建筑产业低碳经济转型和碳排放控制，构建了建筑产业低碳技术创新系统集成管理绩效评价体系。提出要从系统输入、过程控制和系统输出三大方面全面评估低碳技术创新绩效，而不是唯“结果论”。

第二，建筑产业经济增长与碳排放关系方面：运用低碳经济学卡亚模型和计量经济模型，发现建筑产业碳排放主要受建筑规模和建筑能源强度影响，能源消耗是碳排放的主因，建筑产业对化石能源的依赖程度有所降低，但无法摆脱化石能源的路径依赖；能源强度下降对减少建筑产业的碳排放起到促进作用，建筑产业能源消耗与 GDP 增长不存在库兹涅茨倒“U”形理论特征。

第三，低碳技术创新参与主体博弈及政策激励机制研究方面：构建参与各方相关博弈模型、激励模型和监管模型，研究各主体间的多目标优化和激励监管力度，构建碳减排目标下的低碳技术集成创新路径和选择模式，提出相应的对策建议，有助于填补目前学界对于低碳技术集成创新管理的不足。

第四，低碳技术集成创新驱动力动力源研究方面：构建建筑产业低碳技术集成创新多主体参与驱动力模型并仿真。从定性和定量角度讨论低碳技术集成创新管理的系统性、复杂性和低碳目标实现的可能性，并提出了相应的管理框架模型。从管理模式和方法上对可持续建设项目实现提出新的思路和对策建议。

第2章 文献综述及理论基础

本章主要目的是梳理相关概念和理论，为后续研究奠定理论基础。首先对技术创新、技术集成和集成创新的概念及内涵进行了总结；其次对低碳技术、集成创新和系统管理等相关概念进行了界定，提出了建筑产业低碳技术集成创新的概念及其涵盖的内容；然后对建筑产业低碳技术创新相关的文献及其发展脉络进行梳理和综述；最后重点介绍了低碳经济理论、粗糙集理论、博弈论系统动力学理论、系统论和项目集成理论，以便为后续章节的研究提供支撑。其中，低碳经济相关理论为第 3 章的研究基础；项目集成理论和粗糙集理论为第 5 章的研究基础；博弈论为第 6 章的研究基础；系统论和系统动力学理论为第 7 章基础；系统管理理论和项目集成理论为第 8 章的理论基础；此外第 4 章的多元统计理论为基本的研究方法，本书未作特别介绍。

2.1 相关概念界定及内涵分析

2.1.1 技术创新、技术集成与集成创新的内涵

经济学上，创新概念的起源为经济学家熊彼特在 1912 年出版的《经济发展概论》，他提出：创新是指把一种新的生产要素和生产条件的“新结合”引入生产体系[19]，它包括五种情况：引入一种新产品，引入一种新的生产方法，开辟一个新的市场，获得原材料或半成品的一种新的供应来源。熊彼特的创新概念包含范围很广，涉及技术性变化的创新及非技术性变化的组织创新。20 世纪 60 年代，美国经济学家华尔特·罗斯托提出了“起飞”六阶段理论，对“创新”的概念发展为“技术创新”，把“技术创新”提高到“创新”的主导地位。1962 年，伊诺思(J. L. Enos)在其《石油加工业中的发明与创新》一文中首次直接明确地对技术创新

下定义:“技术创新是几种行为综合的结果,这些行为包括发明的选择、资本投入保证、组织建立、制订计划、招用工人和开辟市场等。”[20]伊诺思的定义是从行为集合的角度来下定义的,而首次从创新时序过程角度来定义技术创新的林恩(G. Lynn)认为,技术创新是“始于对技术的商业潜力的认识而终于将其完全转化为商业化产品的整个行为过程”[21]。随后,许多学者都从经济学角度出发给技术创新下定义,如经济学家曼斯费尔德(M. Mansfield),他认为技术创新是从企业对新产品的构思出发,以新产品的销售和交货为终结的探索性活动[22];也有学者,如迪隆(Dillon)、多西(Dosi)、厄特贝克(Utterback)、纳尔逊(R. Nelson)、温特(S. Winter)、哈灵顿(Joseph Harrington)、安德瑞森(Andreason)等,继续沿着熊彼特思路重构创新理论,使技术创新研究内容更加丰富、完善,指出提高技术创新效果的关键在于处理好企业技术创新过程中的相互作用的各要素匹配关系,发挥协同作用。在此过程中,有关集成的思想已逐渐明朗,并逐渐在技术创新实践中得到推广和应用[23]。技术创新是企业获得竞争优势的源泉,是经济增长的源动力。实际上,技术创新不仅在于原创性的发明,还在于具有重大应用价值的技术集成创新[24]。

1982 年,美国学者内尔松(R. Nelson)和温特(S. Winter)在研究生物进化理论的启示和借鉴下,提出了创新系统演进的观点,认为技术创新过程的集成促进了各种资源要素经过优选,并以更适宜的结构形成一个有利于资源要素优势互补的有机整体[25]。弗里曼(C. Freeman)在其 1982 年的著作中,更广范围上展开对技术、组织、制度、管理、文化的综合性创新研究,并指出技术创新在经济学意义上包括与新产品的销售或新工艺、新设备的第一次商业性应用有关的技术、设计、制造、管理以及商业活动[26]。这表明创新管理的集成化趋势越来越明显,集成的思想和原理逐渐在科技管理实践中得到推广和应用。在 1995 年,哈佛大学的马尔科·扬西蒂首次提出技术集成的理念并指出:技术集成是一种更有效的创新管理方法和规程,它把新、旧知识从基础科学到企业的每一个技术细节都联系起来,技术集成通过组织过程把好的资源、工具和解决问题的方法进行应用,它为提高 R&D 的绩效、性能提供了巨大的推动力,可使企业更加有能力应付不连续的技术变化[27]。随后,在 1998 年,扬西蒂较为系统地提出了技术集成理论,认为技术集成是在寻求技术选项与市场需求之间有效匹配的过程中,对多种技术选项进行调查、评估和选择的一系列活动,他认为,“通过组织过程把好的资源、工具和解决问题的方法进行应用称为技术集成,它为提高 R&D 的性能提供了巨大的推动力”[28]。在后来的研究中,扬西蒂(1999)又对这一概念做了更加明确的解释，认为技术集成是对那些在研究阶段被开发出的并将在开发阶段中将被采用的一系列技术的研究、评价和精炼过程，这个过程形成了一个由问题选择、潜在问题解决方案选择、试验设计、执行和选项排除等组成的重复循环[29]。由此可以看出，Iansiti 的技术集成概念仅仅集中于单个组织的产品开发过程，侧重于创新的技术端。在技术集成概念提出后，国外还有一些学者（如 Jonathan West、Mark A. A. M. Leender、Berend Wierenga、Tarun Khanna 等人），在这一方向也进行了深入研究，他们认为，集成实际上是个组合的观念，集成过程中强调多部门之间的交流、协作和合作[30]。

在技术创新与技术集成理论和实践的发展过程中，中国学者也进行了深入研究和探索，逐步形成了有关技术集成方面的研究成果。

傅家骥、雷家骕等（2003）[31]认为，技术整合就是企业用以选择、提炼产品设计与制造技术，进而将这些技术集成为合理的产品设计方案与制造流程的系统化方法。江辉、陈劲等（2000）[32]认为，技术集成开发实际上就是企业根据企业现有的技术，抓住产品的市场特性，同时引进已有的成熟技术或参照技术资料进行学习，依据产品的特性，使各项分支技术在产品中高度融合，在短时间内进行集成开发，以最快的时间领先进入市场，充分获得产品的市场占有率的手段和方法。余志良等（2003）[33]认为，技术整合是企业在新产品（新技术）开发过程中，根据项目的要求和自身的技术基础以及其他资源条件，通过系统集成的方法评估、选择适宜的新技术，并将新技术与企业现有技术有机地融合在一起，从而推出新产品和新工艺的一种创新方法。这些概念的提出进一步丰富和拓展了技术集成概念体系。

结合上述相关文献的研究，本书认为：技术集成就是企业按照项目的技术原理或功能目的，结合组织资源和客观环境将两个或多个单项技术通过系统整合而获得具有统一整体功能的新技术或新工艺的创造方法。它往往可以实现单个技术实现不了的技术需求目的，技术集成不仅是两个或多个技术的简单耦合和重组，而是要以实现项目整体目标为目的的多技术集成的系统管理，离不开系统的集成创新。

南希·施陶登迈尔（Nancy Staudenmayer，1982）[34]把集成创新界定为按照社会和市场需求，系统地组织内外部优势资源（如技术、知识、信息等）而产生具有功能倍增性技术发明和创新产品的过程。扬西蒂（1998）[27]提出的较为系统的技术集成理论，也涵盖了集成创新的主要思想。H. K. 当（H. K. Tang，1998）[35]指出，集成创新思想所要解决的中心问题不是技术供给本身，而是日益丰富、复杂的技术资源与实际应用之间的脱节。集成创新的逻辑起点是把握技术的需求环节,在创造符合需求的产品与丰富技术资源供给之间建立匹配。菲利普·萨德勒(Philip Sadler,2001)[36]则认为,在当今企业创新管理中,构建柔性的组织结构、流程和创新型文化以快速响应环境的变化,更利于集成创新。贝斯特(Best,2001)[37]基于扬西蒂的研究成果,从国民经济和地区发展的角度提出了"系统集成"的概念,并以 Intel 公司为例进行实证研究,证实了系统集成既是企业新产品开发的驱动力,也是企业生产的组织方式。他的"系统集成"研究进一步明确了"集成"模式或方法的普遍适用性[38]。

中国学者从 20 世纪 90 年代开始专注于集成创新的有关研究。在集成创新的概念界定、理论模型、创新要素、机理、评价机制等方面取得了一定的成果。如许庆瑞和陈劲合作完成的"企业创新系统"研究和江辉、陈劲合作完成的"集成创新分析框架及评价"[39]等研究,他们认为,集成创新是将各种创新要素通过创造性的融合,使各项创新要素之间互相匹配,从而使创新系统的整体功能发生质的跃变,形成独特的创新能力和竞争优势。金军、邹锐(2002)认为集成创新是创新行为主体的优化、选择搭配,相互之间以最合理的结构形式结合在一起,形成的一个由适宜要素组成、相互优势互补匹配的有机体,从而使有机的整体功能发生质变的一种自主创新过程[40]。而李文博和郑文哲(2005)则认为集成创新是创新主体将创新要素(技术、战略、知识、组织)优化、整合,相互之间以最合理的结构形式结合在一起,形成具有功能倍增性和适应进化性的有机整体,组织通过学习为商业创新和竞争优势创建一个管理秩序[41]。

有关集成创新要素和内容的研究,中国学者针对不同的行业取得了不少成果。庄越等(2002)在研究分析现代企业产品创新集成化的基本原理、方法及模式的基础上提出了产品创新是多项技术、信息、管理的集成创新[42]。江辉和陈劲(2002)为分析研究企业形成集成创新的机制,将企业内部运转的三个层面,即技术集成、知识集成和组织集成作为构成企业集成创新的要素[32]。慕玲、路风(2003)认为,集成创新的关键并非是各种供给要素的集成或融合,而是以把握需求环节为起点,通过开放的产品建构和企业互动模式来集成各种各样的技术资源,以获得更好的产品开发绩效和更快的生产率提高。并归纳出集成创新的五个要素,即产品概念、建构技术能力、技术能力爬升、产品开发和技术管理模式的变革和政府的政策体系,通过分析新科 VCD/ DVD 技术集成创新实践的案例证明中国企业也可以成功开展技术集成创新活动[43]。欧光军等(2004)在汲取国内外有关集成创新研究的基础上，提出了面向产品创新的集成管理的理论体系：要素集成管理、过程集成管理、空间集成管理和管理集成(图 2－1)[44,45]。

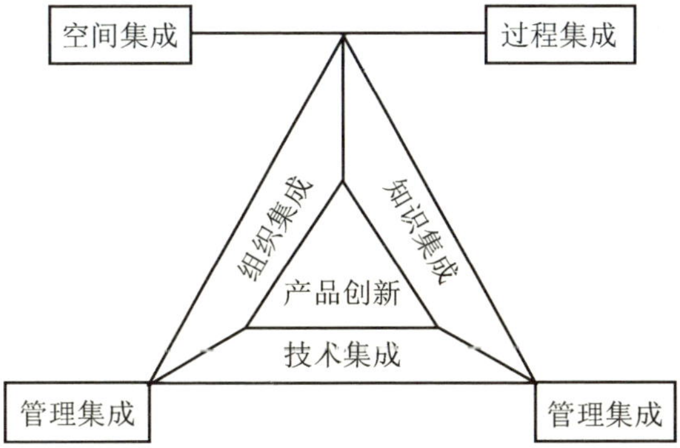

图 2－1　集成创新管理体系图(资料来源：欧光军等(2004)[44])

由上面文献分析，笔者发现集成创新呈现以下特点：

(1) 集成创新不只是在技术层面的集成创新，同时还要考虑组织、管理、知识、服务平台和其他等方面的系统集成。

(2) 集成创新是技术集成与融合的进一步延伸，是帮助企业技术整合和提升技术集成效用的系统创新与集成。

(3) 技术集成创新是集成创新系统中重要的组成部分。

(4) 集成创新是将各种创新要素通过创造性的融合，使要素间互相匹配和创新系统的整体功能发生质的跃变。

本书认为，技术集成创新是将技术及其相关成果系统化的组合，通过技术创新要素的融合与匹配、创新主体的优化与集成，使之成为一个新的具有创造性的技术方案直至获得实际应用，并产生良好经济和社会效益的商业化全过程活动。技术集成创新的主体是企业，其目的在于有效地集成各种资源与要素，提高技术创新水平，为企业获得竞争优势。

2.1.2　低碳技术、低碳技术集成创新与系统管理的内涵

低碳经济的实现，技术创新是关键，发展低碳经济的本质在于制度创新和技术创新(庄贵阳，2007)[46]，低碳经济的核心在于通过能源技术和碳减排技术的创新有效控制碳排放(周毅，2010)[47]。斯特恩(Stern N，2007)[48]指出，发展中国家能否在 2050 年实现碳排放增幅在 1990 年水平上不超过 25％的目标，取决于资金和技术。从发展低碳经济的途径来看，主要可以分为四个方面(Koji

Shimada et al.，2007[49]；付允等，2008[50]）：一是基底低碳（能源发展低碳化），促进能源供给结构调整，从“碳基能源”向“低碳能源”和“氢基能源”转变；二是结构低碳（经济发展低碳化），从经济生产对能源消费需求的角度分析如何改变能源消费结构；三是方式低碳（社会发展低碳化），促使人们消费的低碳化；四是支撑低碳（技术发展低碳化），而技术发展的低碳化对于其他三方面起到强有力的支撑作用。这就需要一个从系统、综合和全面的角度来看待技术创新在低碳经济中实现过程中的驱动力，研究和探讨高能耗产业的低碳技术创新管理显得尤其必要。

低碳技术，又称环境友好技术（Environmental Sound Technologies，EST），目前较为权威的定义为联合国环境与发展委员会（United Nations Commission on the Environmental Development，UNCED）21 世纪议程会议上做的详细阐述。首先，EST 是一种非连续的产品和工艺；其次，EST 是一种环境保护技术系统；第三，EST 是指环境保护方面的技术范式技术革命。作为第一层次的定义，EST 被定义为一个非连续的实体，EST 指产生较少或不产生废弃物的产品、工艺，包括末端污染治理技术等。第二层次，EST 被定义为技术系统，是将其视为包括技术方法、过程、产品、服务、装备及组织和管理过程的一个总系统。第三层次，EST 被定义为新技术范式或技术革命，如果说前两层次的 EST 的定义主要从减少环境污染的角度出发，则在第三定义层次上，EST 担负起了全面环保的责任。EST 意味着更低的污染、以一种更持续的方式利用资源与再利用废弃物、以一种比旧技术所采用的更可以接受的方式处理剩余废弃物，对旧技术取而代之。在第三层次的意义上，EST 被解释为“获得持续发展，支撑世界经济，保护环境，减少贫穷和人类痛苦”的技术[51,52]。中国业界普遍认可的定义有：低碳技术，也称为清洁能源技术，主要是指提高能源效率来稳定或减少能源需求，同时减少对煤炭等化石燃料依赖程度的主导技术。低碳技术涉及电力、交通、建筑、冶金、化工、石化等部门及在可再生能源及新能源、煤的清洁高效利用、油气资源和煤层气的勘探开发、二氧化碳捕获与埋存等领域开发的有效控制温室气体排放的新技术[53]。

什么是低碳技术创新？国外学者主流的观点是：以可再生能源技术为主体的低碳技术相对于传统化石能源技术而言，是一种突破性创新[54]。而霍费尔特（Hoffert）等人（2002）就认为“新的能源技术是对能源生产技术的革命性变化”，而现有的技术（传统能源技术）“具有严重缺陷，无助于稳定全球气候”[55]。贝尔库特（Berkhout，2001）则认为，低碳技术创新就是一个通过技术范式的转变来实现对原有技术经济系统进行解锁的过程。他指出，“真正的革命性创新（低碳技术)起于毫末,但最终将通过技术与社会系统的共同进化为自己创造出一个新的社会经济系统”。低碳技术可分为三个类型:第一类是减碳技术,是指高能耗、高排放领域的节能减排技术,煤的清洁高效利用、油气资源和煤层气的勘探开发技术等;第二类是无碳技术,比如核能、太阳能、风能、生物质能等可再生能源技术;第三类就是去碳技术,典型的是二氧化碳捕获与封存(CCS)[56]。

对于建筑产业的低碳技术创新定义,国内学界目前没有统一和权威的定义。在低碳概念提出之前主要是以绿色建筑的技术创新为主,它是指在建筑的全寿命周期内,最大限度地节约资源(节能、节地、节水、节材)、保护环境和减少污染,为人们提供健康、适用和高效的使用空间,与自然和谐共生的建筑[57]。自 2003 年“低碳经济”概念提出之后,低碳社会、低碳城市和低碳建筑等概念也如潮而至。低碳建筑是指在建筑材料与设备制造、施工建造和建筑物使用的整个生命周期内,减少化石能源的使用,提高能效,降低二氧化碳排放量[58]。低碳技术创新成果和效用正以低碳建筑项目发展的形式表现出来,目前低碳建筑已逐渐成为国际建筑界的主流趋势。

目前中国对于绿色建筑低碳技术创新的研究相对较少,且有一定的局限性,缺少从系统的、全面的角度来分析整个建筑行业的特征和在当今高能耗产业“碳锁定”状态下如何从技术、政策和操作层面来实现低碳建筑产业革新蓝图的研究成果。全国工商联房地产商会在 2010 年推出的《中国绿色低碳住区技术评估框架体系》中将建筑产业的低碳技术分为八个部分,即低碳设计、低碳用能、低碳构造、低碳运营、低碳排放、低碳营造、低碳用材、增加碳汇[18],并对建筑节能所涉及的低碳技术系统及量化指标做了详细的阐述。由此看来,建筑产业的低碳经济的转型和碳排放目标的实现,涉及多方面的低碳技术系统支持。建筑工程是一个复杂系统[59],建筑产业低碳经济的实现需要进行多技术、多目标和多参与主体的系统集成。

结合前面对技术创新及有关低碳技术和低碳建筑的相关定义,本书认为:建筑产业的低碳技术创新是指通过一系列有助于降低建筑能耗和改善建筑生态系统碳循环影响的技术创新,运用低碳设计、低碳施工、低碳运营和低碳管理等手段减少化石能源的使用,实现低碳建筑经济发展的碳中性技术。而低碳技术集成创新是指在建筑全寿命周期内,以低碳节能和碳排放控制为目标的任何有关节能和能效提升的技术或工艺创新的技术整合,通过技术、服务、组织管理和过程控制等方面的集成创新活动。有关技术创新、技术集成创新、低碳技术创新和低碳技术集成创新的关系网络见图 2-2。

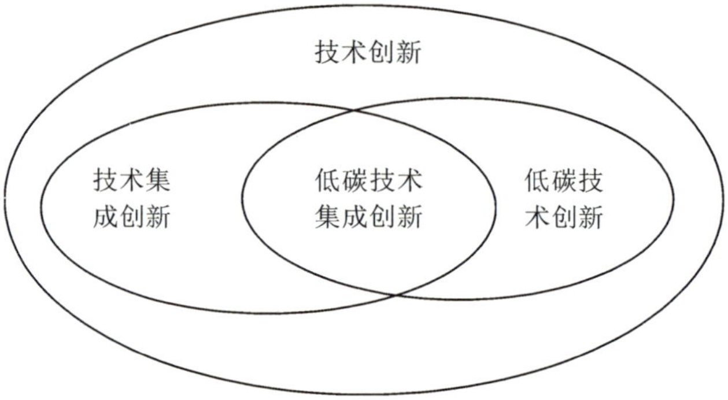

图 2-2　技术创新、低碳技术创新与低碳技术集成创新关系示意图

有别于一般意义上的“创新”，集成创新是把多种新的生产要素和生产条件的“新结合”引入生产体系，其效果强调的是多种技术或工艺的集成和系统绩效最优，而不是单一“创新”所带来的局部最优。而系统管理的思想可以有效地帮助企业管理者解决这一问题。系统管理的思想，就是按照事物本身的系统性把笔者所要研究的对象放在系统的形式中加以考察的思路和方法。系统管理即系统管理模式，也叫一体化整合管理模式，是以提升核心竞争力和整体价值最大化为目标，以企业核心价值导向和战略目标为核心，对企业整体的运行模式、运行效率和运行效益进行全面评估，确立整体全系统的解决方案[60]。低碳工程项目的复杂性使其低碳技术集成创新也具有系统管理的特征，需要综合的、系统的管理，帮助企业实现低碳控制目标，提升竞争力。通过对低碳技术创新活动的系统管理与政策支持，从技术集成、管理集成和过程控制等方面的管理，以实现建筑产业的低碳化转型目的，这也是本书的基点。

2.2　建筑产业低碳技术集成创新文献研究现状

建筑产业低碳技术集成创新管理是牵涉到多学科、多部门、跨专业的知识领域的管理。为了更清楚的表述，本书将文献综述分为以下几个部分：低碳技术创新发展路线研究、低碳技术创新实现路径、低碳技术创新评价体系、低碳技术集成创新对能效提高和碳减排的影响分析、低碳技术创新项目成本效益分析、低碳技术集成创新驱动动力源分析六大部分来论述。

2.2.1　低碳技术集成创新发展路线研究

目前,全球已有不少组织及政府成立了专门机构或组织探索能源减排的技术路线,如国际能源署(IEA)、世界自然基金会(WWF)、世界资源研究所(WRI)、欧盟与美国等,且取得了一些重要成果。比如国际能源署 2010 年就未来 50 年安全且清洁的能源供应做了最新的情景预测研究:《能源技术展望:2050 年的情景与战略》[61];世界资源研究所 2007 年 4 月 12 日发表的研究报告:《升级:稳定排放的全球技术部署》[62];世界自然基金会在 2007 年 5 月 15 日发表的研究报告:《气候对策:WWF2050 年远景展望》[63];马里兰大学全球变化联合研究院主持,多家研究单位参与的全球能源技术战略计划(GTSP)在 2007 年 5 月 18 日发表的研究报告:《全球能源技术战略:应对气候变化》[64];以及美国政府机构 2006 年 9 月发表的《气候变化技术计划战略规划(CCTP)》[65]和欧盟在 2008 年春季首脑会议上签署的《欧洲能源战略技术规划》等[66,67]。这些报告在强调新能源、新技术的同时,均不同程度地对高能耗的建筑产业节能和控制碳排放问题做出分析。

文献研究发现,有关低碳技术、低碳产业技术路线图研究主要采用两种思路:即以情景分析为核心和以技术预见为核心(表 2 - 1)。这两种制订低碳技术路线图的思路的主要区别在于关键技术选择方法不同。情景分析法主要通过模拟政策措施和技术发展情景对未来能源消费和温室气体排放所产生的影响,进而发现关键问题,对技术发展路径提出建议;而技术预见则在综合考虑保障能源安全需求和实现经济社会可持续发展要求前提下,以技术预见结果为主要依据,得到的关键技术发展目标和实现路径。

表 2 - 1　不同类型低碳技术路线图的特点及其代表性研究

类型	以情景分析为核心	以技术预见为核心
研究思路	基于对低碳技术特性和潜力分析,通过模拟政策措施和技术发展情景对未来能源消费和温室气体排放所产生的影响,认清技术发展过程中的关键问题,对技术发展路径提出建议	在综合考虑保障能源安全的需求和实现社会经济可持续发展要求的前提下,以技术预见结果为主要依据,得到的关键技术发展目标和实现路径
代表性研究	IEA:全球能源科技发展路线图; 姜克隽等(2009)[72]:中国 2050 年低碳情景和低碳发展之路	中科院能源领域战略研究组:中国至 2050 年能源科技发展路线图[73,74];国家技术前瞻课题组:节能减排技术路线图[75]

虽然低碳技术种类繁多，但主要发达国家和地区对低碳技术关注的侧重点并不相同。欧盟注重走清洁能源技术优先发展的低碳技术路线[68]，日本侧重于节能技术[69]，美国则选择了全面发展的低碳技术发展路线[70]（表2-2）。其他发达国家也分别提出了它们的低碳技术路线图，如文献 Seong Kon Lee et al.(2009)等[71]。

表2-2　主要发达国家低碳技术路线图制定

技术选择	欧　盟	美　国	日　本
重点技术选择	清洁能源技术	全面发展低碳技术	推崇节能技术
主要技术路线	发展低碳经济的6项计划："欧洲风力计划"、"欧洲太阳能计划"、"欧洲生物质能计划"、"可持续核裂变计划"、"欧洲电网计划"和"欧洲CO_2回收与储藏计划"	低碳技术路线主要涉及太阳能、风能、生物质能、地热能、氢能和核能等技术，智能电网技术，节能型交通工具及建筑技术，碳处理技术	超燃烧系统技术、超时空能源利用技术、信息生活空间创新技术、交通技术、半导体技术等

注：上述表格由笔者根据相关文献整理而成。

国家技术前瞻课题组对中国目前节能减排的关键技术作了全面评价，就低碳发展的关键技术和大规模应用时间做出预测，其中建筑节能和能耗输配系统被列为关键技术之一[75]。能源紧张和巨大的环境压力已经不允许中国走传统的经济发展模式道路，必须转型走低碳节能和开发可再生能源的低碳发展之路[76]，文献(Jiang KA et al.，2010)[77,78]对中国低碳经济技术路线图采用情景模拟的形式做了研究，通过对28种技术的模拟分析，认为中国实现2050年的减排目标是有可能的。

吴昌华(2010)针对中国低碳创新的技术发展路线图，对各产业重要技术发展存在的障碍和成本作了详细分析，并提出了一个低碳技术创新链条概念解决模型，提出应重视和加大基础研究、应用研究、示范工程、政府补贴等方面的力度[79]。从表2-3可以看出，目前建筑产业的技术创新路线的研究仍然停留在第一阶段，对于未来新概念低碳建筑还处于探索阶段。

可见，以低碳技术路线图作为脉络发展低碳经济模式在国内外都倍受推崇，清晰的能源技术战略、产业结构规划和明确的减排目标和任务是应对全球气候变化和实现低碳经济的一个前提。未来的低碳技术创新趋势应该是走"减碳"、"碳中和"，最后到"负碳"的技术发展路线。低碳技术创新的推广已成为国家绿色经济发展的主流。

表 2-3　中国低碳技术应用路线图(建筑业节选)

第一阶段 (2010—2020 年)	第二阶段 (2020—2035 年)	第三阶段 (2036—2050 年)	远期 (2050 年以后)
热泵技术、围护结构保温、太阳能热利用、区域热电联供、LED 照明技术、采暖空调、采光通风节能等	新概念低碳建筑	新概念低碳建筑	新概念低碳建筑

来源：摘自中科院能源领域战略研究组，2009；中国发展低碳经济途径研究课题组，2009；国家技术前瞻课题组，2008。

2.2.2　建筑产业低碳技术集成创新的实现路径研究

对绿色建筑和低碳建筑实现路径的探讨一直是低碳技术创新研究的一个热点，研究内容也较为广泛。有学者从能源、环境、经济和政治等方面对低碳技术创新的实现进行研究，有代表性的学者有：肖特·CA(Short CA, 2007)[80]、威廉·J(William J, 2009)[81]、内梅特和贝克(Nemet & Baker, 2009)[82]等。

丹麦学者约尔根森(Jorgensen, 2005)[83]从能源交易机制和可再生能源系统的技术创新角度对绿色建筑行业提出了政策性建议。美国学者霍夫曼和亨·R(Hoffman & Henn R, 2008)[84]指出，很多大型建筑公司采用技术创新大多是基于成本竞争和服务考虑，而并未考虑经济的可持续发展，要实现绿色建筑的发展，需要从个人、组织和制度上解决目前存的社会和心理障碍，如“总框架、目标人群、教育、结构调整、激励改革和风险补偿、绿色建筑标准的改进和税制改革”七大方面来解决问题。金·C 等(Changyoon Kim et al., 2009)[85]提出要通过跨学科的研究努力进行建筑技术研发创新。霍尔(Hall, 2010)[86]则从客户导向角度，鼓励通过工艺和实践创新以达到建筑业降低成本和减少 CO_2 排放目标。牛顿和塔克(Newton & Tucker, 2011)[87]采用情景分析的方法研究发现：要有效解决建筑产业的脱碳，减少碳排放问题，最好的途径是实施技术创新，推行低能耗、零排放的新标准综合建筑。

肖特等(2004)[88]针对英国岛屿上的自然通风要求，提出了低能耗建筑设计理念，按照该方案设计出来的建筑比传统设计的碳排放要低得多。随后，格拉斯等(Glass et al., 2008)针对英国建筑行业在能源、采光、通风等方面的特点，用 PEST 分析方法，提出了低碳理念下的新型建筑设计：从材料、技术、工艺和创新等方面构建一个可持续的、低能耗系统的新型建筑[89]。当然低碳设计要考虑施工项目所在地的地理位置[90]，采用全寿命周期的生态设计评估是一个较好的实现路径(Talbot，2005)[91]。

关于建筑行业的低碳技术创新实现路径，国内有学者认为，需从生态系统的角度考虑低碳技术创新的实现，从能源消耗、工业结构、技术创新来加强“碳沉淀”，在整个生态平衡系统的基础上推行绿色建筑，进而实现低碳经济[92]；也有学者从建筑产品技术创新[93]、建筑设计技术创新[94]、新型建筑技术应用等方面进行了阐述并提出相关建议。李忠民等(2010)[95]以山西建筑产业为例，论述了产业低碳化弹性脱钩因素及影响，指出“产业节能和减排弹性脱钩是降低二氧化碳排放、实现经济发展与碳排放脱钩的因素。因此，政府应大力支持技术创新”。谢颖和李慧(2010)[96]则从建筑产业的高能耗性对GDP经济效益的影响进行分析，指出发展低碳建筑是实现建筑产业转型的途径。节能技术一定减排，但减排技术不一定节能。低碳建筑的实现要解决一系列问题，如建筑碳排放的基准线，即建筑生命周期的碳排放量、土地稀缺性、激励机制和多元性评价等问题，同时要促进行为节能和行为减排，分析可行资源，选用情景模拟系统和合适的功能系统，“建立高效的系统调配和运行管理体系”，才能有效实现低碳节能的目标[97]。

另外，制度的创新可以助力绿色计划的执行[98]。有效的激励机制会对工程项目参与主体的行为产生影响。黑尔瓦根(Heerwagen，2000)[99]认为，好的绿色建设项目是组织管理和效率管理的典范，地方政府在绿色建筑的推行中扮演极其重要的角色[100]。海基宁和贝洛尼(Hakkinen & Belloni，2001)[101]通过访谈和案例研究，认为阻碍可持续建筑的发展不是没有先进的技术和评估方法，而是缺乏有效的组织管理和高效的流程。史蒂夫·索雷尔(Steve Sorrell，2003)[102]通过全面评估英国建筑产业的状况，认为建筑高能耗产生的原因之一是缺乏有效的整合和技术集成，需要建立合作伙伴关系的专家设计团队，采用垂直整合设计、价值管理、全寿命周期成本管理、必要的教育培训、信息传递和研发工具政策支持，文化教育的方面的改革以实现低碳或“零碳”建筑，同时建议环境政策的制定要密切与建筑产业的改革结合起来。

韩国学者(Cho S et al.，2008)[103]在一次欧盟与韩国合作的科技会议上提出，低碳技术集成系统(如环境控制、LED节能、节能技术集成网络等)的应用可有效减少建筑能耗，减少国家对能源的过度需求，低碳节能集成技术的开发需要国家政策和财政的支持。

以上分析表明，要实现建筑产业低碳经济的转型，实施低碳技术创新是一个必要的实现途径。然而与之配套的制度改革、技术的集成和有效的组织管理也必不可少。要实现建筑产业低碳经济转型，在加强低碳节能技术开发和利用的同时，要辅之以政策的支持。然而，现有文献对建筑业如何从传统建设模式向低碳建设模式转型过程中各参与主体行为模式的研究尚少，如何揭示多重复杂因素交互作用下低碳项目参与主体的行为特征和动态演化机理，进而制定有效的市场管制和政策激励措施来推进低碳项目的实施问题还有待于进一步研究。

2.2.3　建筑产业低碳技术集成创新评价文献分析

(1) 国内外绿色建筑评估体系对比分析

国际上比较知名的绿色建筑评价体系有美国的 LEED(Leadership in Energy and Environmental Design)、英国的 BREEAM(Building Research Establishment Environmental Assessment Method)、澳大利亚的 GSC(Green Star Certificate)、德国的 DGNB 和多国的 GBTool(Green Building Tool)等评估体系。以下是各主要评价体系的介绍与对比分析：

1) 美国的 LEED 评估体系

LEED 评估体系是一个兼具国际化和本地化特色的绿色建筑评估体系。目前已经成为描述建筑环境性能最有权威的国际标准。LEED 强调建筑在整体、综合性能方面达到绿化要求，很少设置硬性指标，且各指标间可通过相关调整形成相互补充，以适应不同地区的技术经济条件。LEED 体系主要用于评估建筑在其全生命周期中的环境性能表现。现有的 LEED 家族系列涵盖了对既有建筑、新建建筑、商业建筑、民用建筑等的评估。在 LEED 的各个子系统中，最早诞生的是 LEED-NC 和 LEED-EB，其主要评估指标包括：选择可持续发展的建筑场地，节水、能源和大气环境，材料和资源，室内环境质量，符合 LEED 的创新得分以及经过 LEED 认证的专业人员六大方面。LEED-CI 是第三个被推出的评估体系，主要用于评估商业建筑的室内装饰，其评价指标与前两个体系略有不同，主要内容包括：空间选择、节水节能、照明和照明控制、内部建筑系统和家具的使用、室内环保质量如综合排放标准等。一个完整的 LEED 体系，不仅包括评价指标体系，还包括其完备的专业培训、职业认证、资源支持和关于建筑性能的第三方认证等配套服务[104]。

2) 英国的 BREEAM 评估体系

创始于 1990 年的 BREEAM 是世界上第一个被广泛使用的绿色建筑评估方法，通常被称为英国建筑研究院绿色建筑评估体系。为保证各个项目之间具备可比性，BREEAM 评估体系在基本评估内容不变的情况下，可根据项目实际情况调整得分权重和技术指标来定制评估标准。综合各个指标算出建筑物的得分(Issue Category Scores),然后得到一个建筑物的评估分数(BPS)。根据建筑物评估所存在的时间不同,利用 BPS(设计建造阶段得分或经营管理阶段得分)求得 BREEAM 的总分,加上环境权重得出最终分数并进行分级。BREEAM 体系下的绿色建筑评估内容涉及九大方面[105],即包含对“管理、健康和舒适、能源、交通、水、材料、土地利用和生态、垃圾和污染”等方面的评估。

3) 澳大利亚绿色建筑评价体系

澳大利亚绿色建筑评价体系有“绿色之星”评价系统(Green Star Certificate)和全国建成环境评价系统(NABERS)两种评价系统。“绿色之星”由澳大利亚绿色建筑委员会开发,该体系多项评价内容是依据设计信息和管理程序的理想环境状况下,所有的设计预设,其表现效果将会怎样。澳大利亚全国建成环境评价系统(NABERS)建立的实际运行中的表现数据库,则是对“绿色之星”评价系统的大力补充,这样就构成了对于建筑师、工程师、开发商、租赁者和所有者的一个反馈环路[106]。“绿色之星”评价的主要目的是帮助房地产业和建筑业减少建筑的环境不利影响,保障使用者的健康,提升使用者的工作效率,真正做到节省开支。它是一种性能评价,而非运营评价系统,评价内容包括“管理、室内环境、能源、交通、水、节材、土地利用与生态、排放物和创新”九个方面。每个部分均细分为几类,将每一类别分别评分累加,乘以相应环境权重,其中创新得分分别计算累加到最后统分之中,得到最终的项目评价分数。与 LEED 不同的是,“绿色之星”评价体系把建筑的创新和设计单列出来作为一个评价指标,其得分可以直接累加,不需要考虑权重。

4) 德国的 DGNB 评价体系

创建于 2007 年的德国 DGNB 评价体系是当今世界第二代绿色建筑评估体系,该体系评价内容涵盖了生态、经济、社会三大因素以及建筑功能和建筑性能的评价等。主要内容有以下六个方面:① 经济质量:包括使用期内的耗费、面积使用率、使用灵活性、价值稳定性等;② 生态质量:包括水、材料、自然空间的使用、污染物、危险物和垃圾回收和处理;③ 功能及社会:包括热舒适度、空气质量、声效质量、采光照明、个性化需求、社会环境、环境设计的协调;④ 程序质量:包括设计、施工、经营管理、能耗管理和材料品质监督;⑤ 技术质量:包括防火技术、室内气候环境,控制的灵活性、耐久性、耐候性等;⑥ 场址选择:如基础设施管理、微观和宏观质量控制、风险预测、扩建发展可能等。

德国 DGNB 评价体系力求在建筑全寿命周期中满足建筑使用功能、保证建筑舒适度,不仅实现环保和低碳,更将建造和使用成本降至最低。该体系在世界范围内率先对建筑的碳排放量提出了完整明确的计算方法，该方法评价分“建筑材料的生产、建造和建筑使用期间的能耗，以及建筑在城镇周期维护的相对应能耗和建筑拆除方面的能耗”四大方面，按照建筑全寿命周期来评估整个建筑碳排放绩效。

5）GBTool 评价体系

GBTool 是由国际组织绿色建筑挑战（Green Building Challenge，GBC）开发的一种建筑物环境性能评价体系。加拿大是最初发起绿色建筑挑战的国家之一，于 1998 年确立。该体系的评估对象包括新建和改建翻新建筑，GBTool 的指标体系分为四个层次，由六大领域、120 多项指标构成，基本上涵盖了建筑环境评价的各个方面。该体系注重生命周期的全过程评价，内容包括“环境可持续发展指标、室内空气质量、可维护性、环境负荷、运行管理、经济性和资源消耗”7 大方面。GBTool 评价内容相对其他体系来看内容更为广泛和全面，但需要采用其他的软件来计算建筑物的能耗、含能、污染物的排放以及对室内热舒适和空气品质进行预测。由于 GBTool 采用基准方法进行评价，即评价对象的各项环境影响分别与这个基准进行比较，因此，当在每个国家和地区实际使用时，需根据各自国家和地区的实际情况对评价基准进行调整，因为这涉及最终指标权重与项目评价结果。

6）中国绿色建筑评估体系[107]

中国在绿色建筑评估体系的研究方面起步较晚，但发展很快，目前国内较权威的绿色建筑评估体系有以下三种：

① 中国生态住宅技术评估体系

《中国生态住宅技术评估手册》（V_3）从小区环境规划设计、能源与环境、室内环境质量、小区水环境、材料与资源五个方面对居住小区进行评估。主要包括规划设计的综合评价、基本性能评价、建筑寿命周期环境评价及后期验证四个方面。该体系存在的问题是定量指标所占比重太少而定性指标过多，一些应该有硬性数据的指标缺乏应有的数据，而是含糊或建议性的词语。评价体系中有些指标设置的标准过低，不能如实反映绿色建筑对环境的影响程度。

② 绿色奥运建筑评估体系

绿色奥运建筑评估体系为科技部“科技奥运十大专项”之一，其评价方法主要有两种思路，第一种采用全程监控、阶段评估的方法。根据中国建设项目的实际情况，按照全过程监控、分阶段评估的指导思想，评估过程由规划、设计、施工、验收与运行管理四个阶段评估组成。根据每个阶段的特点制定相应的评估体系，通过对各个阶段的控制，保证最终绿色建筑的实施。第二种是采用 QL“双指标”评分方法，评分时把评估条例分为 Q 和 L 两类：Q（Quality）指建筑环境质量和为使用者提供服务的水平；L(Load)指能源、资源和环境负荷的付出。评估建筑是否通过消耗最小的L而获取最大的Q，二者综合起来即可对建筑物的“绿色”程度进行全面评价。

绿色奥运建筑评估体系在引进建筑全生命周期分析的方法上，提出了全过程控制观点与相应评估方法，采用Q-L“双指标”体系及权重体系对绿色建筑进行评价，也开发了定量模拟计算、优化指导设计的软件。但对于建筑项目的经济性评价和低碳绩效指标重视不够。

③ 绿色建筑评价标准

由住房和城乡建设部颁发的《绿色建筑评价标准》，是中国第一部从住宅和公共建筑全寿命周期出发，从多目标、多层次角度对绿色建筑进行综合性评价的推荐性国家标准。其评价体系指标包括以下六大方面，即：节地与室外环境、节能与能源利用、节水与水资源利用、节材与材料资源利用、室内环境质量、运营管理(住宅建筑)、全寿命周期综合性能(公共建筑)。各大指标体系中的具体指标分为控制项、一般项和优选项三类。

表2-4　各国绿色建筑评价体系指标对比分析

评估指标	美国 LEED	英国 BREEAM	澳大利亚 GSC	德国 DGNB	加拿大 GBTool	中国 GB
能　源	√	√	√	√	√	√
水资源	√	√	√	√	√	√
场　地	√	√	√	√	√	√
室内环境质量	√	√	√	√	√	√
材　料	√	√	√	√	√	√
污染与废弃物	√	√	√	√	√	√
管　理	√	√	—	√	√	√
健　康	√	√	—	—	√	—
交　通	√	√	√	√	√	√
生态系统	√	√	√	√	√	√
服务质量	√	—	√	√	√	—
创新设计	√	—	√	—	—	—
长周期性考察	—	—	—	—	√	—
社会与经济功能	—	—	—	√	√	—

表 2-4 是对以上各体系指标的总结汇总。从表中可以看出，以上六个评价体系的主要评价内容大体相同，有的评价指标只在个别评价体系中得到考虑，例如设计创新，只出现于 LEED 体系和澳大利亚的“绿色之星”(GSC)体系中，德国 DNGB 体系有针对技术质量的评价，但对技术创新的指标也没有设计独立指标。另外 GBTool 和 DNGB 评价体系中考虑了建筑项目的社会和经济功能，而其他评价系统对此项指标却没有明确评价。GBTool 是最为全面的评价体系，除“创新设计”外，该体系包含了几乎所有评价指标，但又不像 BREEAM 或 LEED 等指标体系的内容那样详细。与其他评估体系相比，DGNB 体系最突出的特点在于：它不仅仅是一部绿色建筑的可持续评估体系，同时也涵盖了建筑项目的生态保护和经济价值评估这些基本内容，DGNB 还提出了社会文化与健康和可持续发展的密切关系。最后来看中国的绿色建筑评价体系，其评价指标基本涵盖了国外评价体系指标的内容，与国外体系有别的是，在运营管理的评价中，中国绿色建筑评价体系对公共建筑的全寿命周期综合性能评价较为重视。

从以上对各评价体系指标内容来看，现有评价体系主要集中在绿色节能和绿色宜居等方面，对于建筑碳排放的评价重视不够。各评价体系的指标权重在实际操作中也存在很大差异性。另外，各指标体系对于建筑活动中的管理和建筑设计中的创新评价也存在争议，目前只有美国 LEED 和澳大利亚的“绿色之星”评价体系有独立的指标对建筑项目的“技术创新”进行评价。对建设项目的社会性、经济性和综合管理能力的评价也有不足之处。而这些恰是现行建筑产业实现低碳经济转型和碳排放控制管理不可忽视的因素。

(2) 国内外学者对低碳建筑指标评价体系研究

国内外学界对绿色建筑评估体系的研究文献也不少。施骞等(2007)[108,109]在分析国外建筑材料、建设项目和建筑物综合性能的三类绿色评估体系基础上，对中国绿色建筑的评估给出了一个从绿色性能、项目周期性和专业系统性的三维评估体系框架。国外学者 Lent and Walsh(2009)[110]认为，绿色建筑和绿色材料的评价体系应考虑健康与污染、环境资源等和社区管理三大指标，其中健康与污染包括室内空气质量、危险品管理、温室气体、空气质量和水质等六个方面；环境资源包括内生能源、可再生能源、可持续材料、固体废弃物和栖息地五个方面；社会指标包括居民安全、消费安全、公平公正、企业领导力和社区关系五个方面。

由全国工商联房地产商会和精瑞(中国)不动产研究院 2010 年联合推出的《中国绿色低碳住区减碳技术评估框架体系》(讨论稿)[18]前瞻性地讨论了目前中国绿色低碳住宅区的减碳技术评估方法并基于建筑全寿命周期的理念提出了

一套对建筑节能、绿化系统、节水、交通、建造和建材六个阶段的碳排放评价指标和测算方法。具体内容为：① 建筑节能及相应的CO_2减排量；② 住区节水及相应的CO_2减排量；③ 住区绿化系统对CO_2的固定量；④ 低碳交通对应的CO_2的减排量；⑤ 建筑营运低碳评价；⑥ 建筑材料低碳评价。随后介绍了建筑产业与低碳节能有关的八大方面的低碳技术体系。此后，学者聂梅生(2011)[111]也在原有绿色建筑评估体系的基础上对“低碳建筑住区”提出了一套评估体系，该体系评估内容主要是对建设住区的“低碳性能、低碳技术及测算”进行评价，而对于低碳住区建设项目的社会性和经济性评价未作要求。

有学者认为，低碳或绿色建筑的评价不仅要关注低碳建筑本身，同时也要关注其带来的社会性和经济性效益。如贾宏俊等(2010)[112]就指出，建筑业低碳绩效评价要从低碳建筑的社会性、经济性和环境性三个方面来评价。张晓清等(2011)[113]提出了一个基于解释结构模型的低碳建筑指标体系，从能源和可再生能源的有效利用、低碳行为、资源利用、交通、运营管理和软技术六大方面来评估建设项目的低碳性能。邱红等(2011)通过对城市设计项目的碳排放评估研究，认为低碳项目的评估要考虑“固定碳源碳排放、移动碳源碳排放、过程碳源碳排放和碳汇碳清除”等方面[114]。

作为城市发展与城市建设一部分的建筑产业，其低碳技术创新的评价也与低碳城市的评价关系密切。2010 年中科院公布了评价低碳城市的新标准体系，从低碳生产力、低碳消费、低碳资源和低碳政策四个一级指标和十二个二级指标方面进行评估。具体指标如下：① 低碳生产力：碳生产力、单位产值能耗指标；② 低碳消费：人均碳排放、家庭人均碳排放；③ 低碳资源：零碳能源在一次性能源中所占比例、森林覆盖率、单位能源消耗的CO_2排放系数；④ 低碳政策：低碳经济发展规划、建立碳排放检测、统计和监管机制、公众对低碳经济的认知度、符合建筑物能效标准和非商业性能源的激励措施五个方面。

文献(杜栋和王婷，2011)认为，低碳城市的评价涉及经济、社会、资源、政策和技术等方面(图 2-3)，低碳生产力评价可以具体化为对低碳建筑、低碳交通、低碳产业等的评价(图 2-4)。并由此提出了一套包括低碳技术、低碳政策、低碳消费、低碳城市和低碳建筑、低碳交通及低碳产业的城市评价体系，其指标内容增加了科技系统的碳汇和碳捕获技术(CCS)的评估，以提高能源的利用率。其中低碳建筑、低碳交通、低碳产业等的评价内容包括单位经济产出碳排放、单位产值能耗、人均碳排放、零碳能源在一次性能源中所占的比例、单位能源生产碳排放、政府政策科学性和执行度、企业和公众对低碳的认知度和对政策的满意

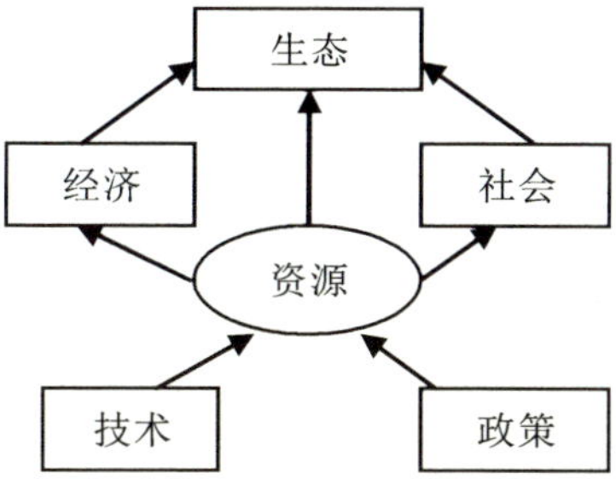

图 2－3　低碳城市的指标层

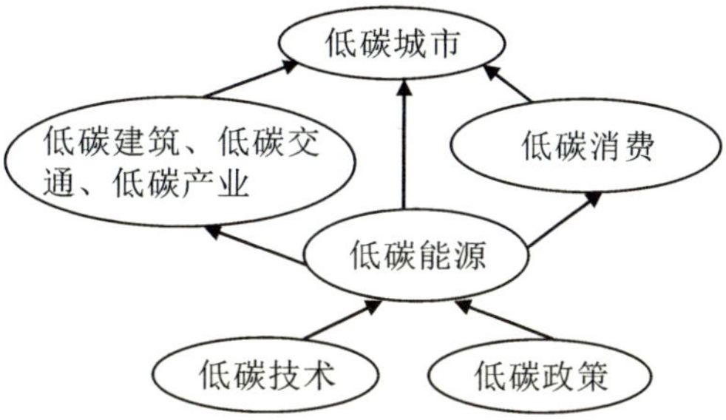

图 2－4　低碳城市指标体系构成

度、碳汇及碳捕获技术先进性和推广度等方面的评价[115]。

中国对绿色建筑评估的研究还在不断完善之中，有关绿色建筑或低碳建筑评价的研究相对于国际研究还处于初始阶段，现有评价体系与低碳建筑的评价衔接也不够充分，这需要在原有绿色建筑评价体系基础上做出修正。从现有学者的研究状况来看，低碳建筑的评价已经不仅仅是一个建筑项目的低碳评价，同时也与建筑项目所在住区甚至城市的低碳评价密切相关。因此，有关低碳建设项目的低碳技术创新评价也必然涵盖来自对社会、经济、环境和技术等层次的评价，本书在第 5 章将会进一步探讨该方面的内容。

2.2.4　低碳技术集成创新对建筑能效提高和碳减排的影响分析

（1）建筑产业低碳技术创新与能效提高

随着能源问题与环境问题的日益突出，能源效率的提升越来越受到国际社会的重视。安德鲁・沃伦（Andrew Warren，1982）[116]把能源效率称为“第五类能源”，建筑产业的低碳技术创新主要目的之一是节能，“能效”就是能源创新的重中之重。一般认为，能源效率的提高源于两类因素，一是能源从低生产率的产业流向高生产率的产业，即产业结构的调整；二是通过技术进步提高要素利用效率。海兹・克里奇（Hydes Creech，2000）[117]认为建筑产业节能和能效的提高在设计阶段就要考虑尽可能地减少设备或设施的使用，同时也是节省成本，提高能效的有效途径。李廉水和周勇（2006）[118]采用非参数的 DEA-Malmquist 生产率方法对中国工业部门的实证检验结果表明，技术效率是工业部门能源效率提高的主要原因，而科技进步的贡献相对低些，但随着时间推移，科技进步的作用逐渐增强，技术效率的作用慢慢减弱。如何利用低碳技术使建筑的能源效率达到最优？王志宏（2010）[119]指出，改善建筑领域能源效率，具低碳特征显著的工程建设标准急需出台。科技创新与建筑的能效关系密切，要辅之以必要的政策支持[120,121]。

(2) 建筑产业上游供应链低碳技术创新与能效提高

也有学者对建筑产业上游供应链的技术创新和能源节省关系做了研究。Ke Wang et al. (2007)[122]采用情景分析方法对中国的钢铁企业碳减排潜力作了分析。韩一杰和刘秀丽(2011)[123]采用 DEA 的方法对建筑产业上游供应链钢铁行业的能源效率及节能减排潜能做实证分析发现：只有技术创新，提高行业技术水平，才能真正提高中国钢铁行业的节能减排率。利用科技进步，向高性能、高附加值产品方向调整产业结构，将显著降低中国钢铁行业的能耗和 CO_2 排放量。Gustavsson 和 Sathre(2006)[124]通过对比研究发现：在建筑过程中使用木材并把木材作为建筑副产品应用到能源系统比采用混凝土技术更为节能。Shalini Anand 等(2006)[125]采用动态模拟的方法对水泥行业的碳排放作了评估。李志生等(2006)[126]认为，建筑能耗包括施工过程和使用过程中的总能耗，不能只注重建筑节能的初次投资，或只对运行成本进行节能考虑，而要使整个建筑寿命期内嵌入的建筑能量最小，才能有利于建筑节能。van Boggelen WM(2011)[127]提出建筑材料产业采用精益生产的模式可以有效降低成本，减少浪费和能耗。徐刚和潘祺志(2010)[128]通过对中国 6 大产业的能源消耗、经济增长和能源效率的实证研究发现：不管是从能源效率的长期趋势，还是从能源效率的短期分析结果来看，建筑业的能源效率都是最低的，加快产业结构和提升技术进步势在必行。

从上述分析来看，建筑产业低碳技术创新对能效提高和低碳目标的实现的作用毋庸置疑，科技进步和新技术的采用担当着建筑产业节能减排的有力推手，政策扶持和引导，加上市场调节，可帮助产业链能源效率的提高。然而，有关能源消耗、经济增长和建筑碳排放的相互关系的研究文献不多，如何量化复杂建筑产业的能耗目前还没有统一的技术标准，值得相关学者进一步深入探讨。

2.2.5 低碳技术创新项目成本效益分析

经济利润会影响到工程项目参与主体的行为和低碳技术集成创新的管理与实施，成本效益的分析可应用于低碳经济建设项目的规划决策，以寻求在推行低碳经济、碳排放控制的过程中如何达到以最小的成本获得最大的收益。然而，低碳经济碳排放成本的计算并非像采用低碳技术和购买碳排放权需要支付的直接成本那么简单，很多时候由于信息的不对称而出现“碳黑箱”[129]。以成本效益分析法作为项目的决策问题在国内外已经很普遍，早在 20 世纪 30 年代，美国联邦政府就要求水务工程投资项目都要先经过成本效益比较，并在 50 年代对成本效益问题进一步规范化[130]。英国于 1991 年颁发的《环境政策评估》也提出以成本效益的财务指标来衡量政策的环境效益[131]。业界认为，中国低碳经济的实现存在“技术低端、高成本、融资难”三大障碍[132]，作为高能耗建筑产业的低碳技术集成创新，则面临更为复杂的成本与效益问题。2009 年底联合国哥本哈根峰会在争议中未达成任何有约束力的协议，原因之一是企业并不知道碳排放的成本与收益[133]。

中国学者对低碳项目推广的成本效益问题研究也相当关注，叶祖达(2012)[134]认为，政府公共政策的制定，低碳生态城市规划指标的实施必须要考虑生产的经济成本和效益。由于低碳建设项目参与主体的多样性，决定了低碳技术创新过程中效益分析的复杂性，王猛均和陆洋(2011)[135]采用博弈论的效益分析了建设项目参与主体间的矛盾冲突，认为制度设计对建设项目行为主体的策略选择有明显制约和引导作用，有利于各参与主体的利益共享和合作共赢。

在低碳建设项目的有效实施过程中，工程项目参与主体的不同利益导向对行为模式也有影响，Fuzhou L(2007)[136]认为，一个大型工程项目的成功实施，要充分考虑工程项目各参与主体的不同效益目标、管理模式和运作流程，加强业主、承包商和监管机构间的合作，并认为采用伙伴管理模式是解决这一问题的有效途径。施骞和赖小东(2011)[137]通过对低碳建设项目各参与主体的博弈分析发现：各参与主体在低碳技术创新实施的过程中存在各自的成本利益均衡，这种均衡会直接影响到各参与主体的积极性，政府应针对不同的参与主体采取相应的激励措施，并有效规避各参与主体的合谋，才能推进低碳建设项目的发展。

由上分析可见，建筑产业低碳技术集成创新能否顺利实施关键在于参与者和推广者能否有效控制和协调在此过程中的成本与效益均衡，让企业获得经济利润，从而推动低碳技术创新的发展。

2.2.6　低碳技术集成创新驱动动力源分析

技术创新驱动力因素研究是技术创新管理研究的重要内容，学术界也有不少的研究成果。项保华(1994)[138]指出，企业实施技术创新的驱动力来源主要来自于企业的内在需求、技术进步和外在激励三个方面。安立仁、张建申(1995)[139]则认为，企业的技术创新是基于利润、成就和社会价值等方面的驱动。冯晓莉(2005)[140]认为，企业的技术创新驱动力主要来自与企业内部和外部环境相关的驱动力，其中内部驱动力因素包括创新目标、创新意识、创新能力和内部制度四个方面，外部驱动力因素包括科学技术发展、技术创新政策、技术创新制度和其他外在因素。杨志海(2009)[141]则认为,企业的技术创新内部驱动因素来自企业家精神、企业家利润、内部激励和企业文化,外部驱动因素则来自科技推动、市场需求、竞争压力和政府支持等方面。庞建刚(2012)[142]基于循环经济的视角,认为企业的技术创新来自企业的技术进步与风险投资的推动、消费需求的拉动和行业竞争压力、政府的相关激励政策推动等方面。

有关低碳技术创新驱动力或动力源的分析,目前文献多集中在绿色技术、可持续发展、低碳经济和生态经济的驱动力因素等方面的探索。20 世纪 90 年代初,杨发明和许庆瑞(1998)[143,144]等学者对绿色技术创新问题进行了系统的理论和实证研究,总结出绿色技术创新的动力源包括政府法规要求、突破工艺瓶颈需要、应对社会舆论压力、用户需求、进入国际市场需要五个方面。C. 凡·赫梅尔和 J. 克拉默(C. van Hemel & J. Cramer, 2002)[145]则从产品设计的角度对企业的绿色创新做了分析,指出企业产品的生态设计来自内外部的二元驱动,其中外部驱动力因素包括法律和政府法规、环境压力、客户或产业环保要求、公众或环保组织的舆论披露、供应商环保材料上市需求和来自竞争者的压力等六大方面,而企业内部的驱动则包括企业创新机遇、产品质量要求和应对新兴市场需求等方面。有关需求对绿色创新的拉动作用,已被一些实证研究所证实,如对西欧的一项研究表明,企业主要是从用户那里得到需求信息反馈,作为产品创新的基本依据。全新首创新思路有 100%来自用户;重大革新思路有 58%来自用户,30%来自企业生产需求,12%则源于其他。关于英国的另一项研究表明,来自技术推动的创新仅为 27%,源于市场需求的为 48%,来自企业生产需求的为 25%,后两项(需求拉动)合计 73%[146]。彭海珍(2007)[147]认为企业采取绿色行为并获得竞争优势的重要因素是来自政府管制形成的管制许可证、利润动机形成的经济许可证和社会反响形成的社会许可证三方面的驱动。当然,也有学者认为绿色技术创新的驱动因素应该要从法规标准、政府强制、经济利益驱动、社会需求拉动、技术进步推动、职工工作条件要求等几大方面来研究[148,149]。华景阳(2011)[150]则以威慑理论(deterrence theory)[151]、激励理论[152,153]、制度理论(Dimaggio et al., 1991, Scott W. R,1995)[154,155]和企业社会责任理论(Keith, 1973,1984;Bowen,1953)[156,157]为理论基础对中国制造业的低碳驱动力源做了分析,认为制造业低碳技术创新的主要驱动力因素主要表现为应对政府监管、获取经济利益和竞争优势、维护企业声誉和企业公民责任与自发环保意识四大方面。Yi Jinchao et al. (2011)[158]从区域经济的角度,认为企业低碳技术创新的驱动力因素应包括企业创新意识、利润与使命驱动、企业社会资本、市场驱动、技术成熟度和宏观环境驱动等方面。付丽苹、刘爱东(2012)[159]在研究低碳经济清洁能源的技术创新时发现，企业的科研人才、科研经费、创新激励措施、知识产权保护和创新文化也是低碳技术创新的驱动力因素。

此外，低碳技术创新文化的培养也有利于推动绿色建筑的发展。文献(Hans-Joachim，Thomas，2008)[160,161]将环保运动中的创新定位于环保知识、环保态度和环保行为，并基于精细加工可能性模型和创新扩散理论，采用多主体仿真分析发现“强论证”在有大量接触的绿色人群中最有效，而“边缘提醒”在少量接触的非绿色人群中最有效。这一研究也证实了采用多主体仿真方法来分析环保行为的有效性。Swarup et al. (2011)[162]以质量、有效性和可靠性等数据为基础，通过对美国 12 家绿色办公建筑工程的主要参与主体(项目业主、承包商和设计单位)的调查发现，业主方对可持续发展承诺越强，施工方执行的力度就越大，可持续建设的效果就越明显，预期的目标就越容易实现。

可见，企业低碳技术创新驱动力因素存在多样化的特点，基于不同的视野，企业参与低碳技术创新的动力源有所不同。挖掘企业技术创新驱动力因素将有助于决策者制定相应的措施和做出更好的决策。

从上述相关文献的梳理可以看出：传统的技术创新管理已经跟不上现代低碳经济发展模式的要求，低碳技术创新研究是一个跨学科、跨专业的系统研究，而作为集成多种技术的建筑产业低碳技术创新管理更是一个复杂系统。建筑业的可持续发展经历了一个持续演变的过程，其创新管理内容涉及社会、经济、能源和环境等多方面要素，目前的理论研究仍然有一定的局限性，缺少一个从系统的、全面的角度来分析整个建筑行业的特征以及在当今高能耗产业“碳锁定”状态下如何从技术、政策和操作层面来实现低碳建筑产业的革新，即从技术创新的本身规律和管理上来解决当前能源紧张和碳排放问题，这也是本书研究与选题的主要思路。

2.3　相关理论基础

2.3.1　低碳经济相关理论

低碳技术是指为实现低碳经济而采取的技术，主要包括清洁能源技术、节能技术和碳排放降低技术。目前相关理论的研究主要是从技术体系的角度对低碳技术的进行探索，其中比较著名且具有标志性意义的低碳技术体系研究理论包括史帝芬·巴克乐(Stephen Pacala)的“稳定楔理论”、麦肯锡(McKinsy)的全球温室气体减排成本曲线和低碳经济增长理论等。

(1) Pacala 的“稳定楔理论”

“稳定楔”理论(Stabilization Wedges)[163]是目前被公认的处理气候变化问题的最佳策略之一。其创立者是普林斯顿大学的史帝芬·巴克乐(Stephen Pacala)和罗伯特·索克罗(Robert Socolow),他们从各种可能的气候变化减缓技术中筛选出了 15 种关键技术,将其命名为“稳定楔”,并认为这 15 种技术的应用可以像楔子一样,在稳定全球大气二氧化碳浓度的过程中发挥重要作用。

按技术性质的不同,巴克乐和索克罗等将这 15 种“稳定楔”技术分为 5 类:1) 提高能源效率,加强管理。包括提升燃料的使用效能、减少车辆的使用、建造高效能的建筑物、提高发电厂效能;2) 燃料使用的转换与 CO_2 的捕获及储存,包括以天然气取代煤作为燃料、储存发电厂捕获的 CO_2,储存氢气电厂捕获的 CO_2,储存综合燃料发电厂捕获的 CO_2;3) 核能发电,用核能替代燃煤发电的技术;4) 可再生能源及燃料。包括风能、太阳能、可再生燃料、生物质能等;5) 森林和耕地对 CO_2 的吸收作用。包括森林管理和耕地管理。

“稳定楔”理论源于普林斯顿大学环境研究所(PEI)的“碳减排倡议”(Carbon Mitigation Initiative, CMI)项目,它第一次全面审视了人类现有技术与碳排放之间的相互关系,并根据管理学中的 ABC 原理,按照不同技术的碳排放贡献及减排潜力对各种可能的气候变化减缓技术进行了筛选,为人类的减排行动指出了重要方向。

(2) 麦肯锡(McKinsy)全球温室气体减排成本曲线

麦肯锡(2008)[164]在全球 10 个领军企业和组织的支持下,开发出一个全球温室气体减排数据库。该数据库包括了至 2030 年的时间范围内,对 10 个经济部门和全世界 21 个地区的 200 多种温室气体减排机会的潜力和成本的深入评估。第一版报告于 2007 年 1 月正式发表,第二版报告《通向低碳经济之路——全球温室气体减排成本曲线(V2.0)》也在 2009 年 12 月正式发表。该报告不仅包括了对低碳技术发展的最新评估和最新的宏观经济评价,对不同地区和行业减排潜力也做了详细分析,并对碳减排的投资和融资需求评估及成本估算做了探讨,采用情境模拟分析,更加动态性地阐述了如何才能实现碳减排。

图 2-5 展示了该报告给出的最新的全球范围内低碳技术减排成本曲线,横坐标是减排潜力,纵坐标是减排成本。其减缓技术按减排成本的大小从左向右排列,负的纵坐标值表示减排的净收益。其中“建造高能效的新建筑”的减排成

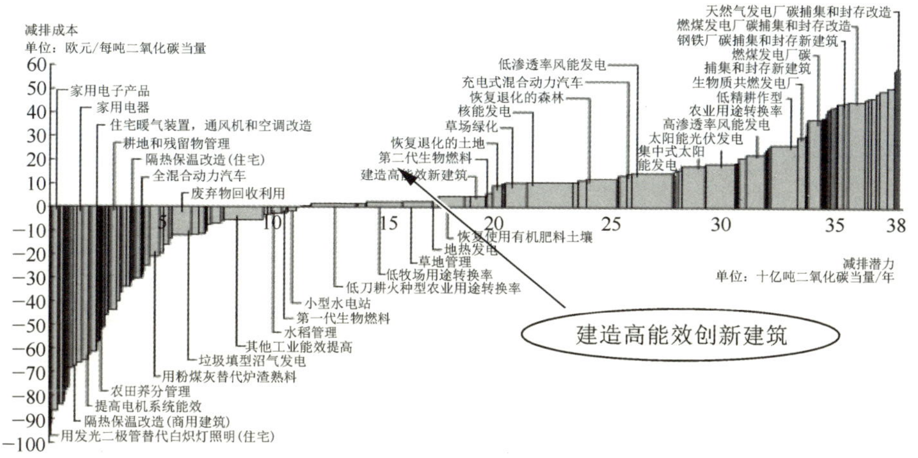

说明：本曲线给出的是成本低于每吨二氧化碳当量 60 欧元的所有技术性温室气体减排措施的最大潜力估计值(如果每种措施都被积极实施的话)，它并不是对不同的减排措施和技术将发挥何种作用的一种预测。

资料来源：全球温室气体减排成本曲线 2.0 版。

图 2-5　麦肯锡碳减排成本比较示意图

本和年减排潜力也做了详细的计算。与“稳定楔”理论不同的是，麦肯锡咨询公司的评估报告不仅注意了各种气候变化减缓技术减排潜力，而且分析了各种减缓技术的应用成本与投资需求，这对政府和投资决策者具有极重要的参考价值。

(3) 低碳经济脱钩理论与低碳经济增长理论

所谓脱钩是指经济增长与 CO_2 气体排放之间不断减少的过程。人们对低碳经济发展的度量体系有不同的看法，有些学者认为低碳经济的发展是指“没有 CO_2 的排放，即零排放”，也有人认为低碳经济的度量是对“绝对排放量的减少”。也有些是根据 GDP 增长速度比 CO_2 排放的增长速度来作为判断依据[165]。不同的国家持有不同的发展目标，对于发达国家，应当追求 CO_2 绝对量的减少；而对于发展中国家，理应首先做到 GDP 的增长率高于碳排放量的增长率，即以 CO_2 浓度不影响气候大环境的水平为前提。

回顾全球经济发展历程不难发现，经济的增长和社会的发展在很长一段时间里都是基于能源的助推作用，即经济与能源保持正相关的增长关系。伴随技术革新与知识经济的高速发展，经济与能源之间产生了新的关系，世界经济合作组织根据脱钩的情况限定了相对脱钩与绝对脱钩。其中，当经济增长率(GDP 增长率)大于 CO_2 排放量的增长率即为相对脱钩，在 CO_2 排放量减少情况下经济依然保持增长，称为绝对脱钩。或者说 CO_2 排放量增长相对于经济增长仅有非常小的正增长，就属于相对脱钩，如果零增长或负增长，就是绝对脱钩[166]。

20世纪50年代，经济学家库兹涅茨从分析人均收入水平与分配公平程度间的关系入手，发现收入不均等随着经济增长先升后降，呈倒“U”形曲线。20世纪90年代美国经济学家格鲁斯曼等人，通过对42个国家的截面数据进行分析，同样发现环境污染物排放总量与经济增长，呈倒“U”形曲线。即当一个国家或地区经济发展水平较低时，环境污染的程度较轻。但是，随着人均收入的增加，环境污染由低增高，环境污染程度因经济的不可持续增长而恶化，经济发展到某个水平点后，随着人均收入的增长，环境的污染程度也会由严重变轻。即呈现出倒“U”形变化趋势，环境质量与经济增长两者之间的这种先变坏后改善的现象称为环境库兹涅茨曲线(Environmental Kuznets Curve，EKC)[167]。

在此基础上，薛进军(2011)[168]根据柯布-道格拉斯的生产函数，引进环境保护技术因素，推导出一个新的库兹涅茨曲线，该曲线表示，如果在经济增长中引进环境技术进步因素，人均GDP增长路径会逐渐向前推进，与此同时，污染物排放也会逐渐从轻度增加到逐步下降，在短时间内达到高峰，并最终实现理想的可持续发展(图2-6)。

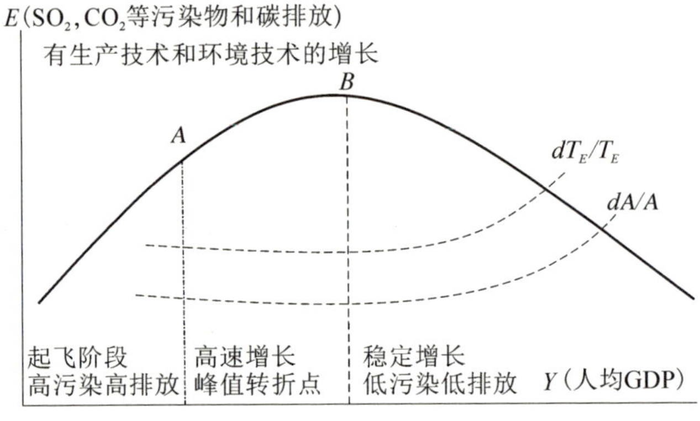

图2-6 有生产技术和环境技术的新环境库兹涅茨曲线(来源：薛进军，2011)

2.3.2 粗糙集理论

粗糙集(Rough Set，有时也称Rough集、粗集)理论是帕夫拉克(Pawlak)教授于1982年提出的一种能够定量分析处理不精确、不一致、不完整信息与知识的数学工具[169]。粗糙集理论作为一种数据分析处理理论，最开始由于语言的问题，该理论创立之初只有东欧国家的一些学者研究和应用它，后来才受到国际上数学界和计算机界的重视，并逐渐在各个学科领域推广应用开来。粗糙集理论作为一种处理不精确、不一致、不完整等各种不完备信息有效的工具，一方面得益于他的数学基础成熟、不需要先验知识；另一方面在于它的易用性。粗糙集理论与其他处理不确定和不精确问题理论的最显著的区别是它无需提供问题所需处理的数据集合之外的任何先验信息，所以对问题的不确定性的描述或处理可以说是比较客观的，由于这个理论未能包含处理不精确或不确定原始数据的机制，所以这个理论与概率论、模糊数学和证据理论等其他处理不确定或不精确问题的理论有很强的互补性[170]。

粗糙集理论在实践中有很强的实用性。在数据预处理过程中，粗糙集理论可以用于对特征更准确地提取，在数据准备过程中，利用粗糙集理论的数据约简特性，对数据集进行降维操作。在数据挖掘阶段，可将粗糙集理论用于分类规则的发现。由于应用粗糙集理论可以对一些不需要先验知识的分析，得来的结果相对比较客观可行，在许多领域得到了广泛应用，如医学、电力系统、工业故障判断、预测与控制、数据识别与分类、机器学习和数据挖掘和图像处理等。

粗糙集理论认为，人类对研究对象的认识是基于一个知识系统。如果知识系统完善，则认识深刻；反之，认识比较粗糙。而知识是人类对研究对象的一种分类，据此可将研究对象分解为若干“微粒”。关于研究对象的任何概念或范畴都可以用这些“微粒”的集合描述，对同一个研究对象可以基于不同的知识系统来认识它，不同知识系统下对同一研究对象的认识可能一致，也可能不一致。粗糙集理论的基本处理方式是在保持分类能力不变的前提下，进行知识约简，进而可以确定组合评价模型中的权系数[171]。这种权重评价方法相对于其他评价方法（如层次分析法和综合评价法等）有它独特的优势。有关粗糙集理论及应用本书将在第 5 章进一步详细介绍。

2.3.3　博弈论

博弈论（Game theory）是研究决策主体行为发生直接相互作用时的决策及这种决策均衡问题的理论，从这个意义上说，博弈论又称为“对策论”。它强调决策主体各方面策略的相互依存性，即任何一个决策主体必须在考虑其他局中人可能的策略方案基础上来确定自己的最优行动策略，其精髓在于博弈中的一个理性决策者必须考虑在其他局中人反映的基础上来选择最理想的行动方案以及最佳策略，最终达到均衡；均衡是博弈论的核心概念，是指博弈达到的一种稳定状态，没有一方愿意单独改变战略。博弈论提的最多的均衡就是纳什均衡，它是一稳定的博弈结果,就是所有局中参与人的最优策略组合,各方博弈产生的结果是一个均衡结局,它是在自己给定信息与知识条件下的一种必然结果,因为任何一方改变策略而导致均衡的变化都有可能使自己得到一个更差的结果。现实中,博弈的结局往往是博弈各方一种博弈策略组合所产生的均衡结果,称之为纳什均衡,它是一种僵局,因为策略一旦确定,局中没有任何人有积极性偏离这种僵局,因为这种冲动会导致更差的结果。经济学中的完全竞争博弈均衡就是纳什均衡,因为买卖双方都是按照既定的价格进行交易量的选择,结果使变动的净趋向为零的状态,导致零利润[172]。

一般认为,博弈主要可以分为合作博弈和非合作博弈。合作博弈和非合作博弈的区别在于相互发生作用的当事人之间有没有一个具有约束力的协议,如果有,就是合作博弈、如果没有,就是非合作博弈[173]。

目前经济学家们现在所谈的博弈论一般是指非合作博弈,由于合作博弈论比非合作博弈论复杂,在理论上的成熟度远远不如非合作博弈论。非合作博弈又分为:完全信息静态博弈、完全信息动态博弈、不完全信息静态博弈、不完全信息动态博弈。与上述四种博弈相对应的均衡概念为:纳什均衡(Nash Equilibrium)、子博弈精炼纳什均衡(Subgame Perfect Nash Equilibrium)、贝叶斯纳什均衡(Bayesian Nash Equilibrium)、精炼贝叶斯纳什均衡(Perfect Bayesian Nash Equilibrium)。

博弈论应用于低碳经济和环境管理上,主要表现为政府与企业间的污染博弈,假如市场经济中存在着污染,但政府并没有管制的环境,企业为了追求利润的最大化,宁愿以牺牲环境为代价,也绝不会主动增加环保设备投资。按照看不见的手的原理,所有企业都会从利己的立场出发,采取不顾环境的策略,从而进入“纳什均衡”状态。如果一个企业从利他的目的出发,投资治理污染,而其他企业仍然不顾环境污染,那么这个企业的生产成本就会增加,价格就要提高,它的产品就没有竞争力,甚至企业还要破产。这是一个“看不见的手的有效的完全竞争机制”失败的例证。因此,只有在政府加强污染管制时,企业才会采取低污染的策略组合。企业在这种情况下,获得与高污染同样的利润,但环境将更好。

当然,随着经济的全球化和全球气候变暖严峻趋势,国家间的资源和可持续发展的贸易战博弈也愈演愈烈,特别是在碳排放市场和温室气体排放目标上,任何一个国家都面临着经济发展与环境压力的两难选择,也是一个“纳什均衡”。

2.3.4　系统动力学理论

系统动力学(system dynamics,SD)是系统科学理论与计算机仿真紧密结合,研究系统反馈结构行为的一门学科,是系统科学与管理科学的一个重要分支[174]。它主要通过定性与定量结合的方法,研究系统内部的动态结构与反馈机制,用于解决社会、经济、生态等一类复杂大系统问题。系统动力学同时也是一门交叉性强、综合类研究系统问题的学科。它综合了系统论、控制论、伺服机械学(Servo-mechanism)、信息理论、决策理论及模拟仿真等多个学科。系统动力学最初由美国麻省理工学院(MIT)杰伊·W. 福里斯特(Jay W. Forrester)教授在 1956 年创立,代表著作被认为是《工业动力学(Industrial Dynamics)》。系统动力学的第一份计算机模型语言由 Richard Bennett 创造,在 1958 年最初编译,称 SIMPLE(Simulation of Industrial Management Problems with Lots of Equations)。经过几十年的发展,系统动力学的应用领域十分广泛。在理论研究方面,用于各类复杂系统的理论问题,例如混沌理论等。在应用方面,主要应用在工业和企业管理、国民和区域经济调控、世界人口和资源问题、资本市场波动和不稳定性等方面,目前应用几乎延伸到各类系统及各个领域。

在国际上,系统动力学方法也广泛应用于可持续发展的研究,最经典的著作源自《增长的极限》(米都斯,1997)[175]。1968 年,意大利学者奥雷利奥·佩切伊(Aurelio Pecci)和来自十多个国家的 30 多名科学家、教育学家、经济学家、人类学家、国际组织人员共同探讨世界发展前景问题,建立了系统动力学全球模型(SD WORLD Ⅰ),用来研究工业化、资源、污染、人口、粮食、贫困、教育等全球性发展的系统问题,并由 1972 年发布了《增长的极限——罗马俱乐部关于人类困境的报告》,引发了可持续发展的新理念和新思考,明确提出了系统动力学研究方法的优越性。也有学者利用系统动力学研究企业的发展,如建筑企业的可持续发展或管理。20 世纪 90 年代,戴维·福特(David Ford)就将系统动力学用于建筑业企业的研究,并且特别关注其项目管理能力的模块建设(Ford,1995)[176]。

由于建筑企业是典型项目驱动型企业,主要利润源于承接各类建设项目,因此,建筑企业项目管理能力决定了企业的整体水平,建筑业企业的项目管理核心模块如图 2－7 所示(Lyneis et al.,2001)[177]。杨文斌(2006)[178]把企业的发展和成长过程总结为系统性发展观点的阐述,认为企业任何现实中显现出的复杂行为特征是由企业系统内外部因素所有变量共同作用的结果。企业系统模块主要包括管理能力子块、财务能力子块、资源规模子块、销售规模子块和生产知识子块等模块,各子块间关系如图 2－8 所示。

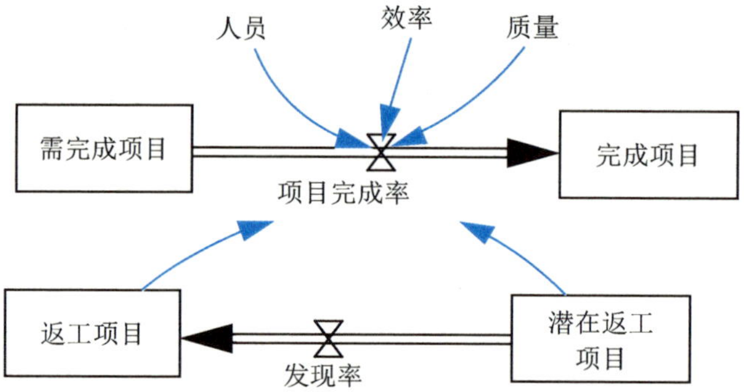

图 2-7　系统动力学下建筑业企业基本结构(Lyneis et al. ,2001)

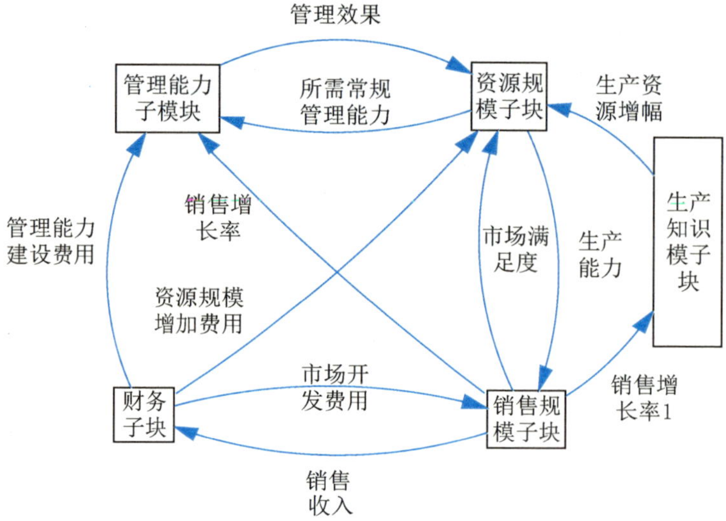

图 2-8　企业成长的经典系统模型(杨文斌,2006)

总之,利用系统动力学来研究建筑产业相关论题已经相当普遍,因为系统动力学可以很好地解释整个系统中各参与主体间的关系和因果链接,并且可以从定性和定量上来分析建筑产业的可持续发展,有关系统动力学的相关应用本书第 7 章将会进一步论述。

2.3.5　系统管理理论、项目集成创新理论

系统论或狭义的一般系统论,是研究系统的模式、原则和规律,并对其功能进行数据描述的理论(汪应洛,2011)[179]。系统论与信息论、控制论的产生和应用,为现代自然科学的进一步丰富和发展提供了必不可少的理论基础和分析工

具。系统论最初是由美籍奥地利人、理论生物学家贝塔朗菲(L. Von. Bertalanffy)创立的,其代表作为《一般系统理论基础、发展和应用》(*General System Theory: Foundations, Development, Applications*)。系统工程是用定量与定性相结合的系统思想和方法处理大规模复杂系统问题的方法,是一门综合性的工程技术,同时也是一门组织管理的技术。中国科学家钱学森曾指出:"系统工程是组织管理系统的规划、研究、设计、制造、试验和使用的科学方法,是一种对所有系统具有普遍意义的科学方法。"系统方法(Systems Approach)和系统工程(Systems Engineering)的概念最早从 1930 年至 1940 年正式提出并使用。随着第二次世界大战期间,军事运筹学和系统分析得到了广泛的应用,并有了系统分析(Systems Analysis)的概念。之后的 1957 年,由 H. 古德(H. Good)和 R. E. 马霍尔夫(R. E. Machol)出版的第一本名为《系统工程》的著作表明系统工程学科的正式形成(汪应洛,2011)[179]。中国自从 1978 年以来,老一辈科学家钱学森等人开始倡导系统工程,钱学森在 20 世纪 90 年代初提出了从定性到定量的综合集成系统方法论,将社会系统、人体系统、地理系统三类巨系统的研究实践形成一个整体。中国系统工程专家顾基发等人也提出了物理-事理-人理(WSR)的系统方法论,使这门学科在中国得到运用并取得显著成效[180]。系统工程作为一类开发、改造、管理大规模复杂系统的一般方法,既是一门交叉学科,也具有其明显的差异性和优势特征[59]。一般系统都具有整合性、相关性、阶层性、整体性、目的性和环境适应性六大特征[181]。应用综合集成方法研究和解决复杂系统或复杂巨系统问题时,它的研究方式、工作方式都不同于传统的个体研究方式和工作方式。它是专家群体和机器体系结合起来的研究方式和工作方式,这就需要有相应的体制和机制、组织与管理[182]。综合集成系统开发研究是一项非常重要的科研课题,它必然涉及理念、理论、方法论、思路、技术、实现、应用,以及组织管理等多层次、多方面的一系列的思考[183]。江辉等(2000)[184]通过对包含技术集成、知识集成和组织集成整个分析框架的综合研究,提出了集成创新的评价指标体系。

所谓集成管理,是指运用集成思想,通过保证管理对象和管理系统完整的内部联系,提高系统的整体协调程度,最终达到提高管理效益的目的[185]。建设项目集成管理,不仅是指建设项目全寿命期从策划、设计、施工到使用的集成管理,而且包括建设项目工期、造价、质量、安全、环境等要素的集成管理,此外还应考虑建设项目组织管理体系的一体化。它包括对"技术集成、过程集成、信息集成和组织集成"等方面的创新与管理。

集成管理理念在低碳经济发展领域也逐渐受到重视，学者徐玖平(2010)[186]基于中国循环经济发展在节能减排、能源结构、产业模式存在的现状与困境，构建了一个低碳发展模式的综合理论框架，认为实施低碳模式是一项复杂的系统工程，要以综合集成视角，从能源结构调整、产业模式优化和技术体系创新等方面综合考虑，加上低碳政策体系的保障，才能较好实现低碳经济的转型。综合集成的方法也可用于区域经济的可持续发展的战略规划[187]，在节能建筑的建设体系规划[188]与建筑技术集成[189]评估中也应用广泛。

可见，由于建筑工程系统的复杂性和涉及技术的多样性，以系统的、集成的理念实现建筑产业低碳经济的转型已成为一个趋势，本书将在第 5 章和第 8 章对该理论的应用展开进一步讨论。

2.4 本章小结

本章主要介绍了国内外有关低碳经济、低碳技术创新和建筑业低碳技术创新相关的文献研究状况及基本理论。通过上述分析可以看出，传统技术创新管理已跟不上现代低碳经济发展模式的要求，低碳技术集成创新的管理研究将是一个跨学科、跨专业的系统研究。作为集成多种技术的建筑产业的低碳技术集成创新管理更是一个复杂系统。建筑业的可持续发展经历了一个由绿色、生态、低碳到可持续发展演变的过程，其低碳技术创新管理的内容涵盖社会、经济、能源和环境等多方面的要素管理。目前文献的研究仍然有一定的局限性，缺少从系统的、全面的角度来分析整个建筑行业的特征以及在高能耗产业“碳锁定”状态下如何从技术、政策和操作层面来实现低碳建筑产业革新的相关研究成果，即如何从技术创新的本身规律和管理上来解决当前能源紧张和碳排放问题，这也是本书研究与选题的主要思路。

第3章 建筑产业低碳技术集成创新宏观经济背景分析

本章根据1985—2010年中国建筑产业的能源消耗数据，对中国当前建筑产业碳排放的基本情况和碳排放趋势做了分析。借鉴低碳经济学的卡亚模型对建筑业碳排放因素进行分解，从宏观角度探讨中国建筑产业能源消耗、碳排放总量、经济增长和能源强度的关系。最后运用计量经济学模型对各变量与碳排放之间的影响关系进行进一步分析和验证。研究发现，建筑产业碳排放受多方面因素影响，能源消耗是碳排放的主因，建筑业对化石能源的路径依赖依然存在，存在“碳锁定”现象，建筑产业GDP产出与碳排放不存在库兹涅茨倒“U”曲线关系。建议建筑产业的低碳经济转型需要采用低碳技术集成创新管理模式，以进一步打破当前的“碳锁定”僵局，这也是本书提出建筑产业低碳技术集成创新系统管理框架的宏观背景和后续研究重点。

3.1 建筑产业碳绩效与经济增长理论分析

随着中国温室气体(Greenhouse Gas，GHG)减排压力加大，建筑产业面临严峻的低碳经济转型压力。然而，建筑产业的转型涉及因素众多，如何在保证碳排放控制目标实现的同时，确保建筑经济产值增长，是目前企业界面临的主要问题。因此，探讨现阶段建筑产业碳排放与GDP增长等相关因素的关系对于正确理解低碳技术集成创新的必要性显得尤为重要。根据绪论2.3.1阐述的低碳经济增长理论，在考虑建筑投入、能源消耗、建筑碳排放、技术进步和政策支持力度的基础上分析建筑产业的低碳经济增长理论模型。

根据柯布-道格拉斯生产函数，将生产函数的资本投入改为建筑产业资本投入，劳动力改为建筑产业劳动力投入，再引入碳排放绩效、低碳技术进步率和低碳政策强度等五个变量，则建筑产业的经济增长模型可以表示为：

$$Y = F(K, L, E_c, T_c, P_c) \tag{3-1}$$

Y：建筑产业经济增长；K：建筑产业资本投入；L：建筑产业劳动力投入；E_c：建筑产业碳绩效；T_c：低碳技术进步率；P_c 低碳政策强度。

对式(3-1)全微分求导的：

$$\mathrm{d}Y = \frac{\partial Y}{\partial K}\mathrm{d}K + \frac{\partial Y}{\partial L}\mathrm{d}L + \frac{\partial Y}{\partial E_c}\mathrm{d}E_c + \frac{\partial Y}{\partial T_c}\mathrm{d}T_c + \frac{\partial Y}{\partial P_c}\mathrm{d}P_c \tag{3-2}$$

将式(3-2)两边同时除以 Y，则有：

$$\frac{\mathrm{d}Y}{Y} = \frac{\partial Y}{\partial K}\frac{K}{Y}\frac{\mathrm{d}K}{K} + \frac{\partial Y}{\partial L}\frac{L}{Y}\frac{\mathrm{d}L}{L} + \frac{\partial Y}{\partial E_c}\frac{\mathrm{d}E_c}{Y} + \frac{\partial Y}{\partial T_c}\frac{\mathrm{d}T_c}{Y} + \frac{\partial Y}{\partial P_c}\frac{\mathrm{d}P_c}{Y} \tag{3-3}$$

由文献(薛进军，2009)[168]的推导结论，有：

$$\frac{\mathrm{d}Y}{Y} = \theta\frac{\mathrm{d}K}{K} + (1-\theta)\frac{\mathrm{d}L}{L} + \frac{\partial Y}{\partial E_c}\frac{\mathrm{d}E_c}{Y} + \frac{\partial Y}{\partial T_c}\frac{\mathrm{d}T_c}{Y} + \frac{\partial Y}{\partial P_c}\frac{\mathrm{d}P_c}{Y} \tag{3-4}$$

令 $\omega = \theta\frac{\mathrm{d}K}{K} + (1-\theta)\frac{\mathrm{d}L}{L}$，整理式(3-4)得：

$$\frac{\mathrm{d}Y}{Y} = \omega + \frac{\partial Y}{\partial E_c}\frac{\mathrm{d}E_c}{Y} + \frac{\partial Y}{\partial T_c}\frac{\mathrm{d}T_c}{Y} + \frac{\partial Y}{\partial P_c}\frac{\mathrm{d}P_c}{Y} \tag{3-5}$$

$$\frac{\partial Y}{\partial E_c} = \frac{\frac{\mathrm{d}Y}{Y} - \omega - \frac{\partial Y}{\partial T_c}\frac{\mathrm{d}T_c}{Y} - \frac{\partial Y}{\partial P_c}\frac{\mathrm{d}P_c}{Y}}{\frac{\mathrm{d}E_c}{Y}} \tag{3-6}$$

上式表述了碳绩效与经济增长的关系，由于低碳技术进步对于 GDP 的贡献是正的[168]，即 $\frac{\partial Y}{\partial T_c}\frac{\mathrm{d}T_c}{Y} > 0$，低碳政策强度对 GDP 的贡献也是正的，即 $\frac{\partial Y}{\partial P_c}\frac{\mathrm{d}P_c}{Y} > 0$，而$\frac{\mathrm{d}Y}{Y} - \omega < 0$，所以技术进步与低碳政策促进了经济的增长，即有

$$\frac{dY}{Y}-\omega-\frac{\partial Y}{\partial T_c}\frac{dT_c}{Y}-\frac{\partial Y}{\partial P_c}\frac{dP_c}{Y}<0 \tag{3-7}$$

同时，低碳技术的采用提升了碳绩效，低碳政策强度对碳减排的效用也是正的，即有：

$dE>0$，或者 $dE\to 0$，此时 $\frac{\partial Y}{\partial E_c}<0$ 或者 $\frac{\partial Y}{\partial E_c}\to\infty$，对应的建筑产业库兹涅茨曲线的斜率 $\frac{\partial E_c}{\partial Y}<0$，或者 $\frac{\partial E_c}{\partial Y}\to 0$。库兹涅茨曲线呈下降或平稳趋势，即建筑产业的碳排放绩效与经济增长的关系从理论角度也遵循倒“U”形的库兹涅茨曲线。

3.2　基于卡亚模型的建筑产业碳排放状况分析

要有效控制高能耗产业的碳排放，正确分析该产业的碳排放因素至关重要，Kaya 模型是一个较为实用的用来讨论经济增长和碳排放关系的方法之一。为考察中国建筑产业 CO_2 排放的影响因素，分析能源强度、建筑碳排放与产业规模的关系，本书引入碳排放的要素分析法，根据卡亚公式(Kaya Formula)[168,190]原理，定量分析建筑规模、建筑产业 GDP、能源强度对中国建筑产业 CO_2 排放量变化的影响，为建筑产业减排政策制定、探索建筑产业碳排放控制的路径选择提供依据。

3.2.1　低碳经济碳排放卡亚模型介绍

设 Z 为 $X_i(i=1, 2, \cdots, n)$ 的函数，n 为自然数，

$$Z=\prod X_i=X_1X_2\cdots X_n \tag{3-8}$$

设 $X_i(i=1, 2, \cdots, n)$ 在特定期限的平均变动率为 γ_i，变量 Z 的变动率为 γ_z，于是式(3-8)可以写成以下形式：

$$Z_0\exp(\gamma_z t)=\prod X_{i0}(\gamma_i t) \tag{3-9}$$

则有，$\gamma_z=\sum_1^n\gamma_i=\gamma_1+\gamma_2+\cdots+\gamma_n$　　(3-10)

其中 Z_0 是初始值，X_{i0} 是 X_i 的初始值，式(3-9)表示 Z 的变动率是 X_i 的变

动率之和。所以建筑产业的碳排放卡亚模型测算的要素分析法可用式(3－8)和式(3－10)来分析。

假设变量 X 的变动率为 ΔX，可将建筑产业 CO_2 排放分解为以下三个要素：

$$CO_2 = C/E \cdot E/G_b \cdot G_b \tag{3-11}$$

各参数代表意义如下：E 为建筑业初始能源消耗，C 为建筑业二氧化碳排放总量，G_b 为建筑产业的 GDP 产值。于是式(3－11)右边的两个要素可以理解为：C/E 建筑消耗能源对二氧化碳排放量的敏感度，即单位能耗碳排放。E/G_b 为建筑产业 GDP 产值对能源的敏感度，即单位 GDP 产值能耗，通常也叫能源强度。根据式(3－11)，可得建筑产业的卡亚等式如下：

$$\Delta CO_2 = \Delta C/E + \Delta E/G_b + \Delta G_b \tag{3-12}$$

$\Delta C/E$ 表示能源消耗对二氧化碳排放量的贡献度，也叫能源脱碳变动率；$\Delta E/G_b$ 表示经济增长对二氧化碳减少的贡献度，即建筑产业单位 GDP 能源变动率；ΔG_b 为随时间推移建筑产业的经济增长率。

表 3－1 是根据中国统计年鉴整理的 1985—2010 年中国建筑产业竣工面积、能源消耗、碳排放总量和 GDP 产值的详细数据。为便于计算和统一量纲，建筑规模仅采用竣工面积作为计算指标，碳排放总量根据历年统计年鉴建筑产业所消耗的各类能源乘以相应碳排放系数折算而成，其中电力消耗碳排放采用国家电网 2005 年公布的区域电网单位供电平均二氧化碳排放均值，即有：

$$C(t) = \sum E_i(t) \cdot \lambda_i + E_e(t) \cdot \lambda_e \tag{3-13}$$

$C(t)$：建筑产业第 t 年碳排放总量；$E_i(t)$：建筑产业第 t 年消耗的第 i 种能源总量；λ_i：第 i 种能源的碳排放系数；$E_e(t)$：建筑产业第 t 年的电力消耗；λ_e：单位供电平均碳排放值，可查阅国家电网获得。该数值根据建筑工程所处电网服务区域有所不同，这里采用二氧化碳排放均值 0.954 kg/kW・h 作为单位供电平均碳排放值。

表 3－1 建筑规模、碳排放总量、建筑产值与碳排放强度数据汇总

年份	建筑规模（10 万 m^2）	建筑能耗（万吨标准煤）	碳排放总量（万吨）	建筑业产值（亿元）	碳排放强度（吨/万元）	能源对 CO_2 排放的敏感度 C/E	GDP 对能源的敏感度 E/G_b
1985	1 707.3	1 302.0	2 020.49	417.9	4.83	1.55	3.12
1986	1 665.1	1 223.0	1 982.51	525.7	3.77	1.62	2.33

续 表

年份	建筑规模（10 万 m^2）	建筑能耗（万吨标准煤）	碳排放总量（万吨）	建筑业产值（亿元）	碳排放强度（吨/万元）	能源对 CO_2 排放的敏感度 C/E	GDP 对能源的敏感度 E/G_b
1987	1 433. 9	1 260. 0	2 153. 89	665. 8	3. 24	1. 71	1. 89
1988	1 703. 1	1 159. 0	1 917. 74	810	2. 37	1. 65	1. 43
1989	1 972. 3	1 271. 0	1 970. 50	794. 0	2. 48	1. 55	1. 60
1990	1 955. 3	1 213. 0	1 906. 56	859. 4	2. 22	1. 57	1. 41
1991	2 025. 6	1 278. 0	2 027. 02	1 015. 1	2. 00	1. 59	1. 26
1992	2 404. 6	1 392. 0	2 220. 80	1 415	1. 57	1. 60	0. 98
1993	2 868. 5	1 349. 3	2 078. 18	2 266. 5	0. 92	1. 54	0. 60
1994	3 238. 3	1 349. 3	1 864. 95	2 964. 7	0. 63	1. 38	0. 46
1995	3 566. 6	1 334. 5	1 752. 21	3 728. 8	0. 47	1. 31	0. 36
1996	6 004. 8	1 448. 6	1 843. 60	4 387. 4	0. 42	1. 27	0. 33
1997	6 224. 4	1 179. 0	1 725. 10	4 621. 6	0. 37	1. 46	0. 26
1998	6 568. 3	1 612. 1	2 251. 93	4 985. 8	0. 45	1. 40	0. 32
1999	7 392. 5	1 381. 4	2 135. 49	5 172. 1	0. 41	1. 55	0. 27
2000	8 071. 5	1 433. 0	2 243. 05	5 522. 3	0. 41	1. 57	0. 26
2001	9 769. 9	1 453. 0	2 334. 04	5 931. 7	0. 39	1. 61	0. 24
2002	1 1021. 7	1 610. 1	2 487. 77	6 465. 5	0. 38	1. 55	0. 25
2003	12 282. 8	1 771. 9	2 623. 95	7 490. 8	0. 35	1. 48	0. 24
2004	14 736. 4	3 259. 0	2 962. 55	8 694. 3	0. 34	0. 91	0. 37
2005	15 940. 6	3 409. 3	3 171. 04	10 367. 3	0. 31	0. 93	0. 33
2006	17 967. 3	3 715. 2	3 328. 26	12 408. 6	0. 27	0. 90	0. 30
2007	20 399. 3	4 031. 4	3 397. 74	15 296. 5	0. 22	0. 84	0. 26
2008	22 359. 2	3 812. 5	3 399. 55	18 743. 2	0. 18	0. 89	0. 20
2009	24 540. 2	4 562. 0	3 742. 33	22 398. 8	0. 17	0. 82	0. 20
2010	27 745. 0	6 226. 3	4 482. 9	27 102. 5	0. 16	0. 68	0. 23

数据来源：以上数据根据国家统计局历年统计年鉴数据整理而成，2010 年数据是基于 2009 年物价指数核算所得。

3.2.2 中国建筑产业历年碳排放状况趋势分析

从建筑产业 1985—2010 年的碳排放散点图可以发现(图 3-1)，随着时间的变化，建筑产业的二氧化碳排放量逐年增长，且呈四个阶段特征：

第一阶段为 1985—1992 年，这期间的碳排放量为波动阶段，二氧化碳排放总量维持在 2 000 万～2 220 万吨区间，年均碳排放量增长率为 1.19%；

第二阶段为 1993—1997 年，此阶段的碳排放量缓慢下降，年均碳排放量呈负增长，为-3.66%，1997 年达到低谷，排放量仅为 1 725.1 万吨；

第三阶段为 1998—2003 年，此阶段的碳排放量呈现一种平稳上升趋势，年均碳排放量增长率为 2.21%；

第四阶段为 2004 年到现在，此阶段的碳排放量快速上升，年均碳排放量增长率达到 4.04%。

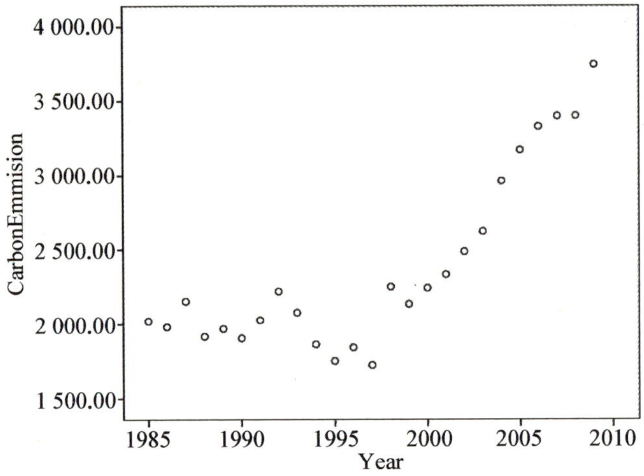

图 3-1 中国建筑产业碳排放时间序列散点图(1985—2010)

3.2.3 建筑产值、建筑能耗、碳排放强度与碳排放影响因素分析

从图 3-2 中的趋势可以看出，自 1985—2010 年以来，建筑产业 GDP 产值随着建筑规模的增加逐年加大，二氧化碳的排放量也逐年增长。建筑产业 GDP 自 1995 年以后的增长斜率明显高于前面 10 年的幅度，而建筑产业的碳排放总量波动幅度相对平稳，增长趋势明显小于建筑产业 GDP 产值增长幅度，年均碳排放增长率维持在 5.27%的水平。

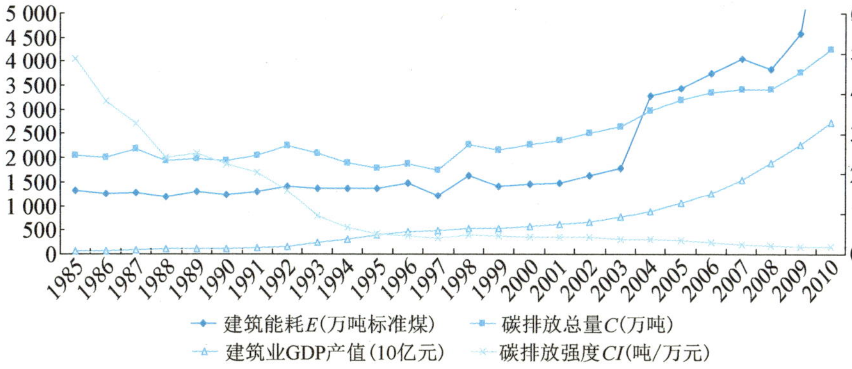

图 3-2　建筑产值、建筑能耗、碳排放总量与碳排放强度趋势图

建筑能源消耗与建筑碳排放总量在不同阶段表现均有不同。第一阶段为1985—1996年，此阶段建筑能源消耗总体呈现平缓趋势，建筑碳排放总量则呈现波动趋势；第二阶段为1997—2003年，此阶段建筑能源消耗出现波动，碳排放则呈现平缓上升趋势；第三阶段为2004—2010年，此阶段建筑能源消耗放量上升，年均增长率达18.5%，而建筑碳排放斜率却明显低于建筑能源消耗斜率。说明建筑碳排放因素受到来自能源消耗和GDP增长的共同作用，加上国家对碳排放的宏观调控政策，建筑碳排放增长也得到抑制。

在碳排放强度方面，1985—2010年期间，中国建筑碳排放强度以年均−11.96%呈持续下降趋势(图3-3)。从碳排放强度变动趋势来看大致可分为两个阶段，第一阶段为1985—1997年，此阶段的建筑碳排放强度下降明显，斜率显著，年均下降率为−17.93%；第二阶段为1998—2010年，建筑碳排放强度下降趋势放缓，年均下降率仅为−6.55%，与第一阶段的下降率相差近11%。经查阅统计年鉴建筑竣工面积相关数据，进一步分析对应的建筑单位面积碳排放，

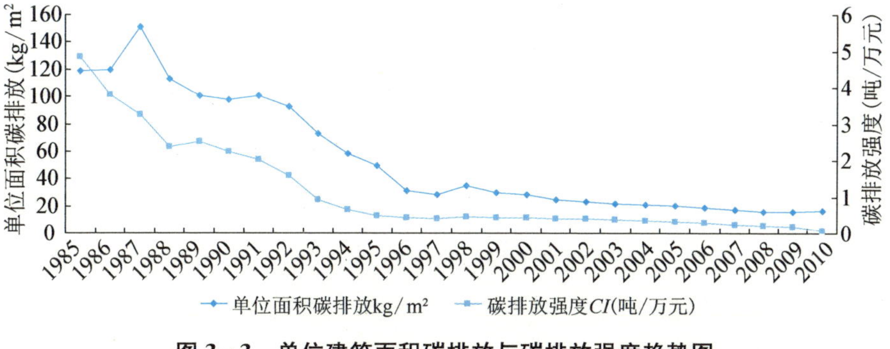

图 3-3　单位建筑面积碳排放与碳排放强度趋势图

发现此 26 年期间单位面积碳排放均值也是负增长(−6.96%),其趋势和建筑碳排放强度大致相当(参见图 3-3)。结合上述年均碳排放量的增长散点图可知,尽管建筑产业的碳排放随着建筑 GDP 产值和能耗的增长而增长,但建筑单位面积碳排放和单位 GDP 碳排放(即碳排放强度)却呈现负增长趋势,说明国家在促进建筑产业发展的同时,对建筑产业的碳排放控制也取得了一定成效。

3.2.4 单位能耗碳排放与能源强度敏感性分析

按表 3-1 相关数据可计算出 1985—2010 年建筑产业能源消耗对 CO_2 的敏感程度 C/E 和建筑产业 GDP 产值对能源强度的敏感程度 E/G_b。从图 3-4 中可以看出,建筑产业源消耗对 CO_2 的敏感程度 C/E 在 1985—2003 年期间呈现出平缓放量趋势,期间 C/E 的均值为 1.52,此期间单位能源消耗的碳排放表现出一种波动,说明在此之前能源消耗对碳排放增长的敏感度很强,相关调控没有起到有效作用或未受到重视,建筑产业能源结构并没有产生太大变化。2003 年后单位能源消耗的碳排放呈明显下滑趋势,在 2003 年基础上下降趋势达到 −8.0%,建筑产业能源效率得到明显提高。反观建筑产业经济增长对二氧化碳减少的贡献度,即建筑产业单位 GDP 能源变动率 $\Delta E/G_b$,自 1985 年起至 2010 年,呈现出一种持续减缓趋势,年均递减率为 −11.54%,即建筑产业 GDP 增长对能源的依赖程度逐渐减少,斜率逐渐下降,到"十一五"期间趋于平缓,"十一五"期间单位建筑 GDP 产值的能源变动率平均为 0.24 吨标准煤/万元,2009 年最低为 0.20 吨标准煤/万元。

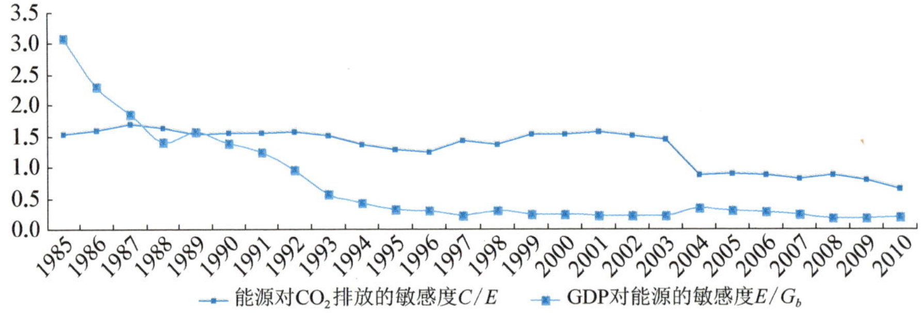

图 3-4 建筑产业 C/E 和 E/G_b 的变动率(1985—2010)

建筑产业 GDP 产值随着中国经济的发展呈现放量增长趋势,对建筑产业 CO_2 的排放量有正相关作用。单位建筑面积碳排放量与碳排放强度逐年减少,到 1997 年开始呈现放缓趋势。其中"十一五"期间单位面积碳排放量均值维持在 16.18 kg/m^2，碳排放强度均值维持在 0.20 吨/万元。

从上面分析可以看出，建筑产业能源消耗是引起碳排放增长的主因，随着建筑产业经济的发展和能效的提高，建筑能源强度持续下降对减少二氧化碳排放起到积极的促进作用。但建筑能源消耗总量还是呈现持续加剧趋势，建筑产业对石化能源的依赖程度还很强，建筑能源消耗和建筑碳排放总量存在一定的路径依赖关系。

3.3　建筑规模、碳排放总量、能源强度与建筑产值相关分析

由 3.2 分析可知，建筑产业的建筑规模、GDP 产值、能源强度与碳排放总量存在一定的路径依赖和相互关系。本书关注的问题是，这些数值与指标之间存在着怎样的动态变化关系，这些关系包含了哪些意义，以助于笔者分析如何在全球气候变暖、能源短缺的大背景下实现建筑产业经济发展与碳排放控制的双赢模式，如何选择适合现阶段中国建筑产业的低碳经济发展路径及对应策略。为了回答这些问题，研究对表 3-1 中 1985—2010 年的时间序列数据，基于向量自回归与向量误差修正模型，运用回归分析方法实证检验建筑产业规模、建筑产值 GDP 增长、能源强度与碳排放之间的动态变化与因果关系，以便进一步分析中国建筑产业低碳发展的路径。

针对高能耗建筑的特定建筑产业来说，其产业规模、建筑 GDP 产值和碳排放强度是否存在 EKC 的理论假说，目前尚没有相关研究验证。有不少实证研究只考察人均收入对碳排放的影响，这样便于估计人均收入对碳排放的净影响，但可能遗漏和忽略了能源强度、产业结构等重要解释变量的影响。所以，如果能采用计量经济建模，探讨建筑规模、建筑产业 GDP 增长、能源消耗和碳排放强度之间的相互关系，既可以分析各碳排放有效因素，又可以避免上述研究中一些逻辑缺陷，对中国建筑产业的低碳经济转型的实现有一定的现实指导意义。

3.3.1　模型假设

鉴于上述分析，笔者采用基于年度时间序列数据(1985—2010)的向量自回归(VAR)模型进行实证研究，以考察建筑规模、建筑产业 GDP、能源消费强度和建筑碳排放之间的关系。VAR 模型是一种非结构化多方程模型，系统中每个内

生变量的变化不仅影响该变量自身，而且还会通过 VAR 模型的滞后结构动态地传递给其他内生变量。因此，相比较而言，VAR 模型是研究多变量时间序列系统动态关系的一种性质良好的分析工具，本书采用的五变量 VAR 模型如式(3－14)所示。

$$V_t = \beta_1 V_{t-1} + \beta_2 V_{t-2} + \cdots + \beta_p V_{t-p} + \lambda X_t + e_t \qquad (3-14)$$

在上式中，V_t 是一个(5×1)期内生变量的列向量，即 $V_t = (\ln CE_t,\ \ln A_t,\ \ln EI,\ \ln G_b,\ (\ln G_b)^2)$，其中，$CE$ 表示建筑碳排放量，G_b代表建筑产业 GDP 值，A_t代表建筑规模，EI 代表能源强度，t 代表不同的年份，为消除异方差和数据剧烈波动的影响，各变量均取其自然对数值，P 为变量的滞后阶数，X_t 是 V_t 生成过程中可能包含的确定性成分(如常数项、截距等)，β_1、β_2，…，β_p 均是(5×5)系数矩阵，e_t 是(5×1)白噪声随机误差列向量。

3.3.2 各变量的协整分析

根据协整理论，若多个非平稳时间序列的特定组合表现出平稳性，则这些非平稳的时间序列之间存在长期协整关系。研究运用协整检验，分析建筑规模、建筑 GDP 产值、建筑 GDP 产值的平方、建筑能源强度与建筑碳排放量之间的长期协整关系，并检验碳排放量与建筑 GDP 产值之间是否满足 EKC 的理论假说，即通过协整检验对下列线性对数形式的回归方程式(3－15)进行估计：

$$\ln CE_t = \beta_0 + \beta_1 \ln A_t + \beta_2 \ln EI_t + \beta_3 \ln G_b + \beta_4 (\ln G_b)^2 + e_t \qquad (3-15)$$

其中，e_t 为随机误差项，且是服从独立同分布的白噪声过程；参数 β_1 和 β_2 的符号能刻画建筑碳排放量与建筑 GDP 关系曲线的形状，若 $\beta_3 > 0$ 且 $\beta_4 < 0$，表明建筑碳排放与建筑 GDP 产值之间也满足倒“U”形的 EKC 关系假设；参数 β_3 的符号能描述建筑碳排放与建筑规模之间的相关关系，从上述分析，可以看出，建筑规模的增加会对建筑碳排放产生正效应，即建筑规模越大，其碳排放总量也越大。因此，笔者预期 $\beta_1 > 0$；同样道理，参数 β_4 的符号刻画建筑能源强度与建筑碳排放量之间的关系，一般而言，能源强度越高，建筑产业总体碳排放量会越多，故预期 $\beta_2 > 0$。

协整分析要求所有变量均为同阶单整。因此，在进行协整检验之前，要对变量的平稳性进行检验，以确定其单整阶数。本书采用常用的 ADF 检验法进行单位根检验，从图 3－3 中可以看出，建筑碳排放、建筑 GDP 产值、建筑规模和碳排放强度等序列随时间变化均有上升或下降趋势，所以此处的单位根检验则采用包含常数和时间趋势的检验方程[191]。表 3-3 显示各变量的单位根检验结果，各变量原始序列均不拒绝原假设即均不平稳，其中建筑 GDP 和建筑 GDP 对数的平方与建筑碳排放对数同一序列不平稳，因此不满足进一步协整检验条件。

表 3-2　各变量的描述性统计分析

Series	Ln CE	Ln A	Ln EI	Ln Gb	$(\ln G_b)^2$
Mean	7.748 466	10.923 19	−0.666 200	9.651 579	94.130 61
Median	7.675 030	11.038 82	−1.108 119	10.108 90	102.189 9
Maximum	8.227 464	12.410 65	1.136 415	11.018 46	121.406 5
Minimum	7.453 040	9.570 731	−1.592 538	7.806 376	60.939 50
Std. Dev.	0.231 560	0.954 084	0.870 909	1.009 145	19.028 03
Skewness	0.744 380	0.057 748	0.740 908	−0.468 094	−0.374 667
Kurtosis	2.262 252	1.562 536	2.020 109	1.807 754	1.754 248
Jarque-Bera	2.875 705	2.166 292	3.287 465	2.393 646	2.201 457
Probability	0.237 437	0.338 529	0.193 257	0.302 153	0.332 629
Sum	193.711 6	273.079 8	−16.655 00	241.289 5	2 353.265
Sum Sq. Dev.	1.286 876	21.846 61	18.203 59	24.440 96	8 689.578
Observations	26	26	26	26	26

表 3-3　各变量的单位根检验结果

水平变量	ADF 值	K	差分变量	ADF 值	K	检验结论
ln CE	−1.477 470	2	△ln CE	−5.587 863	1	I(1)
ln A	−3.578 671	2	△ln A	−4.891 119	1	I(1)
ln EI	−1.414 777	2	△ln EI	−4.314 958	1	I(1)
$\ln G_b$	−1.516 588	2	$\triangle\ln G_b$	−5.365 597	1	I(1)
$(\ln G_b)^2$	−1.691 841	2	$\triangle(\ln G_b)^2$	−5.625 870	1	I(1)

注：k 是回归方程的扩展程度，k=0 表示不包括常数项和时间趋势，k=1 表示包括常数项，k=2 表示包括常数项和时间趋势；** 表示在 10% 显著性水平下拒绝存在单位根的原假设。

3.3.3　各变量的相关性分析

将上述数据进一步分析，检验各变量的相关性如表 3-4。发现模型(3-15)

总体检验结果显著，模型总体可决系数 R^2 解析度达 95.4%，方差分析 Sig 值为 0.000。从表 3-5—表 3-6 分析发现，建筑规模的 Sig 值为 0.008，能源强度为 Sig 值为 0.000，则建筑碳排放与建筑规模和建筑能源强度相关性显著，而建筑 GDP 对数及其平方的 Sig 值为 0.566 和 0.770，说明建筑规模和能源强度与碳排放存在显著相关性，而建筑 GDP 经济增长与建筑碳排放有相关性，但显著性不强。

根据回归结果，模型(3-15)可以表述为

$$\ln CE_t = 3.061 + 0.343\ln A_t + 0.357\ln EI_t + 0.111\ln G_b + 0.001(\ln G_b)^2 + e_t \tag{3-16}$$

经分析发现，相关系数 β_3，β_4 分别为 0.111 和 0.001 均大于 0，与前面预期假设相反，说明建筑产业 GDP 产值与碳排放不存在倒“U”关系。也就是说，此时建筑碳排放与建筑 GDP 产值函数间无顶点峰值(图 3-5)，这与前面笔者分析的传统库兹涅茨曲线理论相悖。

表 3-4　各变量的相关性分析(N=26)

		ln CE	ln A	ln EI	ln Gb	ln Gb2
ln CE	Pearson Correlation	1	.842**	−.242	.762**	.796**
	Sig. (2-tailed)		.000	.234	.000	.000
ln A	Pearson Correlation	.842**	1	−.511**	.939**	.952**
	Sig. (2-tailed)	.000		.008	.000	.000
ln EI	Pearson Correlation	−.242	−.511**	1	−.659**	−.621**
	Sig. (2-tailed)	.234	.008		.000	.001
ln Gb	Pearson Correlation	.762**	.939**	−.659**	1	.997**
	Sig. (2-tailed)	.000	.000	.000		.000
ln Gb2	Pearson Correlation	.796**	.952**	−.621**	.997**	1
	Sig. (2-tailed)	.000	.000	.001	.000	

**. Correlation is significant at the 0.01 level (2-tailed).

表 3-5　模型总体相关性检验

Model Summary

Model	R	R Square	Adjusted R Square	Std. Error of the Estimate
1	.954[a]	.911	.893	.073 23

a. Predictors: (Constant), Ln Gb2, Ln EI, Ln A, Ln Gb

表 3－6　模型方差分析（ANOVA[b]）

Model		Sum of Squares	df	Mean Square	F	Sig.
1	Regression	1.095	4	.274	51.061	.000[a]
	Residual	.107	20	.005		
	Total	1.202	24			

a. Predictors：(Constant)，Ln Gb2，Ln EI，Ln A，Ln Gb. b. Dependent Variable：Ln CE

表 3－7　模型各变量的回归系数 Coefficients[a]

Model		Unstandardized Coefficients		Standardized Coefficients	t	Sig.
		B	Std. Error	Beta		
1	(Constant)	3.061	1.820		1.682	.108
	Ln A	.343	.073	1.460	4.675	.000
	Ln EI	.357	.078	1.372	4.576	.000
	Ln Gb	.111	.339	.501	.328	.746
	Ln Gb2	.001	.018	.095	.061	.952

a. Dependent Variable：Ln CE

实证结果表明，建筑产业的低碳经济增长与传统低碳经济理论存在差异，建筑产业低碳经济并未出现拐点现象。虽然有学者提出库兹涅茨曲线并不适合中国国情[192]，或认为环境库兹涅茨假设由于指标选取和研究对象的差异性也会出现不同的曲线，出现“N”形、正“U”形或倒“U”形的现象[193,194]。但上述分析表明，建筑产业的碳排放控制仍面临严峻压力，能源强度的下降并没有缓解环境的

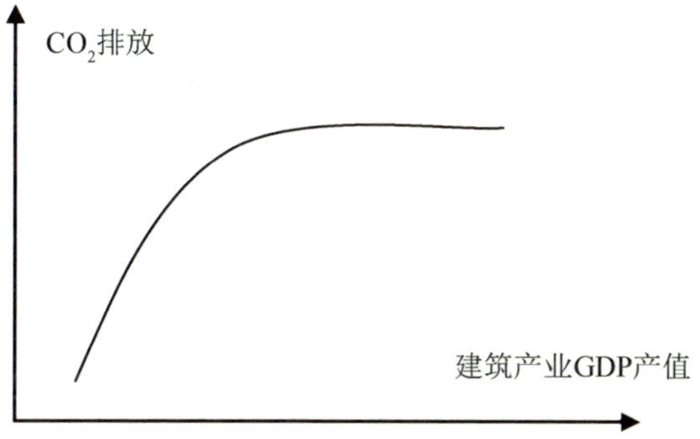

图 3－5　建筑产业 GDP 增长与二氧化碳排放关系示意图

压力，建筑产业的经济增长目前仍然以环境的付出作为代价。需要重新审视中国建筑产业经济增长模式与石化能源消耗关系的突破。

3.4 建筑产业经济发展与低碳技术集成创新路径选择

建筑产业是国民经济发展的支柱性产业之一，为全社会和国民经济各部门提供最终建筑产品，涉及的行业众多，如钢铁、水泥、制造及其他建材相关产业，按照中国当前的能源结构模式，这些行业生产所需能源基本是靠煤炭或电力展开生产活动；此外，工程项目的长周期性和施工环境复杂性，使建筑产业集聚着各种高能耗的建材衍生产品或高能耗的施工模式。

由上述建筑产业经济增长与能源强度以及其他碳排放因素实证分析可知，自 1985 年以来，建筑碳排放总量虽然逐年增长，但其增长呈现放缓趋势，单位 GDP 碳排放即碳排放强度曲线斜率为负数(图 3 - 3)。然而，建筑碳排放强度和单位面积碳排放下降一定时期后趋于平稳，能源对 CO_2 的敏感度和 GDP 也呈平稳放缓状态，出现一种“碳锁定”现象，就目前趋势来看，这种经济发展模式一直存在，且形成产业发展惯性，即建筑产业发展技术路径与现行能源结构制度的“碳锁定”。

西班牙学者乌恩鲁(Gregory C Unruh)认为，当今世界的一个重要特征是：对化石能源系统高度依赖的技术，自工业革命以来成为主导技术而盛行于世，并与政治、经济、社会结成一个“技术-制度综合体”(Techno-Institutional Complex, TIC)，并不断为这种技术寻找正当性，并为其广泛商业化应用铺设道路。结果形成了一种共生的系统内在惯性，导致技术锁定和路径依赖，阻碍替代技术(零碳或低碳技术)的发展，即“碳锁定”[195]。这种锁定主要来自技术、结构、产业、社会和制度层面(Gregory C Unruh, 2002)[196]。建筑产业的发展模式和对传统建筑技术的依赖所形成的技术惯性使建筑产业的碳排放控制处于一个瓶颈，而解除“碳锁定”的一个有效途径之一就是采用低碳技术创新。

低碳技术创新通过一系列有助于降低建筑能耗和改善建筑生态系统碳循环影响的技术，结合制度创新、产业转型、新能源开发等多种方式和方法，达到经济社会发展与生态环境保护“双赢”的一种经济发展形态[197]。另外，作为低碳技术创新载体的建筑项目所具有的固定性、多样性和长周期性特点，使得建筑产业集聚着多种技术和综合服务的同时，也在一定地理空间上集中着多种建筑企业，建筑产业存在一定的产业集群特征。管理者需要从系统上综合考虑如何通过与参与主体企业的有效沟通和产业内部的集成创新活动，推进建筑产业的低碳技术创新。通过一系列的制度、管理和技术集成的创新活动，为建筑产业的能源节省、材料节省和效率提升提供服务，实现二氧化碳排放的控制要求。因此，要“破解”建筑产业经济发展对石化能源的“路径依赖”与“碳锁定”现象，实现低碳经济的产业转型，亟待一个新型的技术创新管理模式，即走低碳技术集成创新的新型路径。

3.5　本 章 小 结

研究发现，建筑产业碳排放主要受建筑规模和能源强度影响，与建筑产值相关，显著性不强，能源消耗是引起碳排放的主因。建筑业对化石能源依赖程度有所降低，能源强度下降对建筑产业碳减排起促进作用，单位面积碳排放和碳排放强度随经济发展和建筑规模的加大反而呈逐年下降的趋势。建筑产业对化石能源的依赖程度有所降低，趋于平稳，但无法摆脱化石能源的路径依赖，建筑产业 GDP 产出与碳排放不存在库兹涅茨倒“U”曲线关系。

建筑产业这种“碳锁定”现象在短期内无法消除，需要从系统管理的角度综合考虑建筑产业的能源节省和效率提升，以满足国家对温室气体减排的总体目标控制要求。要“破解”建筑产业经济发展对石化能源的“路径依赖”与“碳锁定”现象和实现低碳经济的产业转型，需要采用多技术集成、多主体参与的集成创新与系统管理，即走低碳技术集成创新的新型路径。这也是本书提出“建筑产业低碳技术集成创新系统管理”论题的宏观背景和后续研究重点。

第4章 建筑产业低碳技术集成创新障碍因素分析

本章旨在探讨建筑产业低碳技术集成创新存在的障碍因素。首先,对现有文献进行梳理,筛选出有关低碳技术集成创新障碍因素。然后,设计问卷调查,通过对上海市建筑业管理署资质管理范围内的34家建筑企业展开调查,以了解这些障碍因素在企业实践中的反馈情况。最后,利用主成分因子分析法挖掘建筑产业实施低碳技术集成创新存在的关键障碍因素及影响机理。研究发现,要有效推进建筑产业低碳经济的转型和加强建筑产业低碳技术集成创新管理,需要帮助企业从评价标准、政策激励、成本效益和专业人才培养等方面解决问题。企业要从全面的、系统的角度考虑建筑产业的低碳模式转型,而不是靠单一的低碳技术创新来解决问题,即采用集成创新和系统管理的思想来推进建筑产业的低碳经济转型,并由此提出后续第5—7章节的研究思路和解决方案。

4.1 调查对象选择

建筑产业工程项目的复杂性,使得低碳技术集成创新管存在参与主体多样性和多技术集成性等特点。在项目全寿命周期内,低碳技术集成创新涉及的参与主体主要有项目业主(建设单位)、承包商、设计单位、材料商、监理公司、能源合同管理公司和政府(包括土地规划部门、环保局、工商局、国土资源等部门,这里统一以政府代表)等(图4-1)。与传统技术创新一样,企业依然是低碳技术集成创新的主体,因此探求建筑产业低碳技术集成创新企业层面的影响因素显得尤为必要。故本次调查对象选定在企业层面,调查任务是在上海市杨浦区建筑业管理署所辖范围内的建筑企业帮助下完成的。

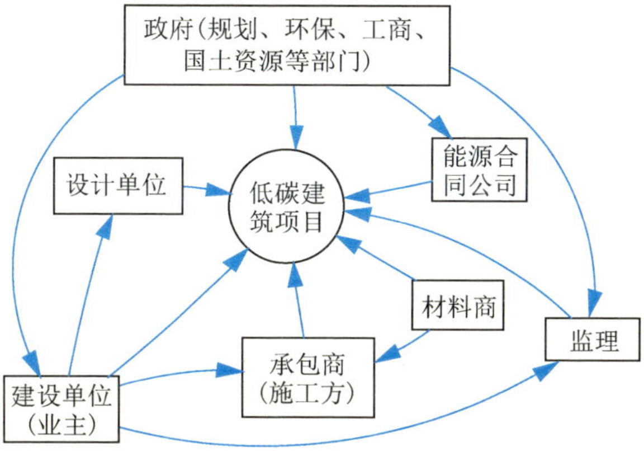

图 4-1　建筑产业低碳技术集成创新参与主体架构分析

4.2　调查指标选取

低碳经济是一种新生的经济发展模式,需要技术创新的支撑和推动,早在2002 年,潘安平(2002)[198]就认为,建筑产业的技术创新存在"技术创新动能不足、人才组织结构不合理、技术创新投入不足、缺乏有效的技术创新外部支援"等问题。随着 2003 年低碳经济概念的提出,低碳技术创新障碍及影响因素的研究也被广大学者关注。表 4-1 是经笔者整理的中国学者近年对低碳技术创新障碍或影响因素的研究汇总。

表 4-1　低碳经济发展及低碳技术集成创新存在障碍因素汇总

文献出处	障碍因素
赵卓,肖利平(2010)[199]	缺乏激励低碳技术创新的长效动力机制,低碳技术科技创新研发能力薄弱,低碳消费观念滞后
曹小琳等(2010)[200]	社会参与意识问题、政策与机制问题、低碳技术问题、低碳资金问题
王文军等(2011)[201]	产业发展超前压缩了技术创新空间;技术基础薄弱,缺乏配套技术和装备;存在成本与信息障碍
陈文建等(2011)[202]	技术风险障碍;市场失灵障碍;路径依赖障碍;技术转让障碍
谢庆(2011)[203]	研究基础薄弱,研究经费投入不足;研发不均衡;相应转化政策和转化机制缺乏,专业人才缺乏等

续 表

文献出处	障碍因素
孙丽芝(2011)[204]	路径依赖锁定低碳技术创新;低碳技术的创新风险阻碍了企业投资的积极性;低碳技术创新受制度的约束
方毅,李世新(2012)[205]	现有能源结构在中长期内难以改变;提高能源效率的社会环境需进一步完善;低碳技术创新与推广应用能力不足;对低碳发展重要性的认识短期内难以提高
王莉(2012)[206]	传统思想观念束缚,资金短缺,人才缺乏,技术和信息相对落后,市场行为不规范

从表 4-1 中可以看出,影响建筑产业低碳技术集成创新的障碍因素是多方面的,有来自企业内部的微观因素,也有来自企业外部的宏观因素。为保证指标选取的全面性、科学性和代表性和了解这些障碍因素在企业实践中的反馈情况,本书在总结上述研究成果基础上,选取表 4-2 中的障碍因素进行调查。考虑指标选取的全面性,在问卷的设计最后一栏注明“其他”一栏,以便被调查者填写其他可能疏忽的指标(详见附录 A)。

表 4-2 建筑产业低碳技术集成创新存在的障碍调查指标

#	指标内容	#	指标内容
X_1	低碳技术落后,没有掌握现有的低碳技术	X_5	低碳建设项目评估标准不一、市场不完善
X_2	缺少低碳技术方面的研发人才	X_6	市场认可度不高,居民环保意识淡薄
X_3	资金投入大,周期长,缺乏资金	X_7	现有技术无法摒弃,替代成本高
X_4	政府支持和鼓励不足	X_8	其他

指标选定后,采用李克特量表的编制方法对各指标进行赋值,设定问卷以调查建筑产业低碳技术集成创新各障碍因素对企业实施低碳经济转型的严重程度。李克特量表是李克特(Rensis A. Likert,1932)[207]在 1932 年提出来的,这种量表由一组与主体相关的问题或陈述组成,用来表明被调查者对某一问题的态度、看法、评价及意向,在实际应用中通常采用 5 级量表形式,对量表中问题答复态度积极程度的 5 个等级(例如:十分同意、同意、未定、不同意、十分不同意)用 1—5 分给 5 种答案分别给分,它反映了被调查者对该主题调查的综合态度,量表总分越高,表明被调查者对该主题的态度越积极。李克特量表是社会调查和

心理测试等领域中最常用的一种态度量表形式[208]。其基本步骤如下：

第一步：拟定若干条关于态度对象的语句。这些语句所表达态度的倾向有积极的和消极的两个方面，每一语句的答案相同，均为五个(或七个)等级。例如：十分同意、同意、未定、不同意、十分不同意。

第二步：把所有语句分为积极态度的语句和消极态度的语句。对这两类语句的答案所给的分数不同。积极态度语句的给分方法是：十分同意 5 分，同意 4 分，未定 3 分，不同意 2 分，十分不同意 1 分；消极语句的给分方法恰好相反：十分同意 1 分，同意 2 分，未定 3 分，不同意 4 分，十分不同意 5 分。

第三步：选定若干受调查者，要求他们针对态度，依据自己的看法，就所列出的每一语句一一评分。

第四步：选择有鉴别力的语句，组成正式量表。选择语句的方法通常有两种：平均值差数法和内在一致法。

4.3　基础数据统计学分析

4.3.1　调查对象分析

在杨浦区建筑业管理署的帮助下，于 2012 年 6—7 月期间，挑选了 34 家建筑企业开展问卷调查，每家企业要求企业负责人或技术人员填写，得到绝大部分企业的配合。发出 250 份，共收回 169 份有效问卷。其中，来自监理公司的回复有 75 份，承包商(施工方)的回复有 43 份，项目业主的回复有 18 份，建筑材料商的回复有 13 份，其他类型企业的回复(如咨询公司、能源合同公司等)占 20 份(图 4-2)。样本企业国有企业占了 89 份，民营企业有 75 份，其余的为外商独资或中外合资企业。所填问卷调查人员级别普通员工占 37%，基层管理者占 18%，中高层干部和技术骨干占 45%(图 4-3)。鉴于该批样本来自杨浦区重点

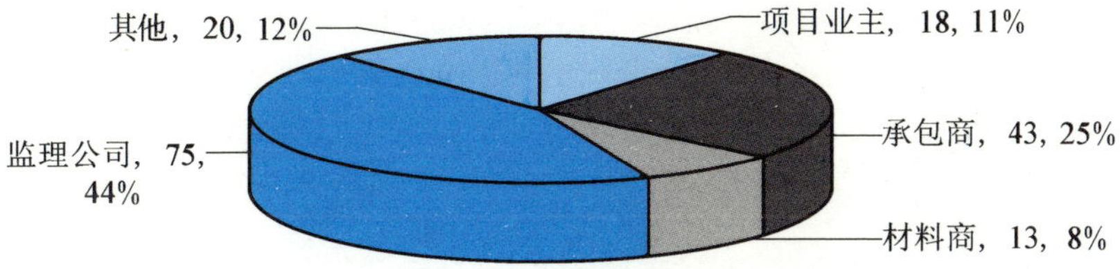

图 4-2　调查对象分布图

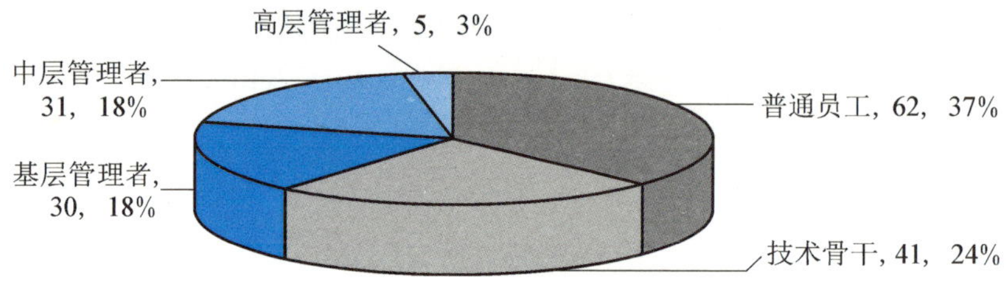

图 4－3　调查对象层次分布图

监测企业，比例正常，可信度较高。

4.3.2　低碳技术集成创新影响因素统计分析

表 4－3 是使用 SPSS16.0 统计软件对上述调查量表结果的比较分析。量表显示，除障碍因素 X_1、X_2、X_7 3 个指标均值得分较低（<3 分）外，其他 4 个指标得分均大于或接近于“同意”得分（≥4 分），说明此次调查对象对建筑产业低碳技术集成创新障碍因素指标选择群体态度趋向于积极认可态度。图 4－4 进一步显示了此次调查对象对各障碍因素认可程度的分布情况。

表 4－3　建筑产业低碳技术集成创新影响因素分析统计（N=169）

	低碳技术集成创新影响因素	非常不同意	不同意	不一定	同意	非常同意	均值	标准差
X_1	国内的低碳技术落后，企业也没有掌握现有的低碳技术	28.4%	37.3%	13.6%	17.2%	3.6%	2.3	0.089
X_2	企业内部的研发人员不了解低碳技术，低碳技术方面的人才少	17.8%	23.7%	29%	23.7%	5.9%	2.76	0.09
X_3	低碳技术要大量资金投入，且投入周期长、资金回笼慢、企业缺乏资金	3%	7.1%	19.5%	49.7%	20.7%	3.78	0.073
X_4	政府对低碳技术创新的支持和鼓励不足	1.2%	4.1%	13.6%	39.1%	42%	4.17	0.069
X_5	国家尚未出台权威的低碳建设项目绩效评估系、市场不完善	3%	5.3%	8.9%	37.3%	0.6%	4.18	0.078
X_6	低碳建设项目市场认可度不高，居民环保意思淡薄	6.5%	11.8%	31.4%	34.9%	15.4%	3.41	0.084
X_7	企业现有技术无法摒弃，低碳技术替代成本高	24.9%	32.5%	19.5%	13.6%	9.5%	2.5	0.097

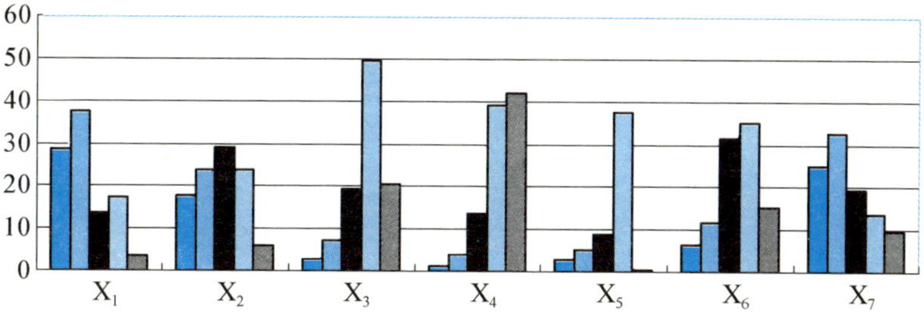

图 4-4　调查对象对低碳技术集成创新各障碍因素认可程度

从表 4-3 显示情况来看，多数调查者认为以下因素对建筑产业低碳技术集成创新的影响较大，依次为表中的 X_3：资金投入大，周期长，缺乏资金；X_4：政府支持和鼓励不足；X_5：低碳建设项目评估标准不一、市场不完善和 X_6：市场认可度不高、居民环保意识淡薄等四个方面。

4.3.3　低碳技术集成创新影响因素因子分析

为进一步考察上述因素的合理性和所选量表的基本结构，将量表中的 7 个变量视为影响低碳技术集成创新的主要指标，用 SPSS16.0 对汇总数据先进行因子相关性分析验证，发现各成分(即变量)间的相关性均大于 0.5，KMO 值为 0.5，可进行因子分析。后采用主成分分析法提取公因子，并进行最大正交旋转，各指标的共同度及其对应公因子上的因子符合均达到中等或中等以上水平[209]，共提取 3 个主成分，累积方差贡献率为 68.43%，因子分析结果如表 4-4 所示。

表 4-4　低碳技术集成创新障碍因素因子分析结果(N=169)

Total Variance Explained									
Component	Initial Eigenvalues			Extraction Sums of Squared Loadings			Rotation Sums of Squared Loadings		
	Total	% of Variance	Cumulative %	Total	% of Variance	Cumulative %	Total	% of Variance	Cumulative %
1	1.838	26.260	26.260	1.838	26.260	26.260	1.813	25.904	25.904
2	1.693	24.191	50.451	1.693	24.191	50.451	1.633	23.329	49.234
3	1.259	17.982	68.432	1.259	17.982	68.432	1.344	19.199	68.432
4	.843	12.048	80.481						
5	.635	9.071	89.552						
6	.424	6.052	95.604						
7	.308	4.396	100.000						

Extraction Method: Principal Component Analysis.

表 4-5 低碳技术集成创新影响因素主成分因子载荷分析结果（$N=169$）

Component Matrix[a]			
Item	1	2	3
X_1	.728	−.373	.192
X_2	.843	−.300	.006
X_3	.501	−.251	−.497
X_4	.362	.667	−.378
X_5	.272	.733	−.277
X_6	.259	.623	.429
X_7	.271	.180	.756

Extraction Method: Principal Component Analysis.　a. 3 components extracted.

表 4-6 低碳技术集成创新影响因素因子分析结果

因子	题　号	共 同 度	因子负荷绝对值	方差贡献率(%)	累积贡献率(%)
F_1	X_1，X_2，X_3	0.561—0.706	0.501—0.843	26.260	26.260
F_2	X_4，X_5，X_6	0.639—0.718	0.623—0.633	24.191	50.451
F_3	X_7	0.677	0.756	17.982	68.432

对各主成分分布进一步汇总如表 4-6。一般认为，当共同度大于 0.4 时公因子就能很好地解释该测量指标。从分析汇总来看，这 3 个主成分的共同度均满足要求。由表 4-4 和表 4-6 可得建筑产业低碳技术集成创新障碍因素指标的因子分析模型：

$$X_1 = 0.728F_1 - 0.373F_2 + 0.192F_3$$
$$X_2 = 0.843F_1 - 0.3F_2 + 0.006F_3$$
$$X_3 = 0.501F_1 - 0.251F_2 - 0.497F_3$$
$$X_4 = 0.362F_1 + 0.667F_2 - 0.378F_3$$
$$X_5 = 0.272F_1 + 0.733F_2 - 0.277F_3$$
$$X_6 = 0.257F_1 + 0.623F_2 + 0.429F_3$$
$$X_7 = 0.271F_1 + 0.18F_2 + 0.756F_3$$

从因子模型可以看出，第一个主成分主要是由“国内低碳技术落后，本企业也没有掌握现有的低碳技术”、“企业内部的研发人员不了解低碳技术，低碳技术方面的人才少”和“低碳技术要大量资金投入，且投入周期长，资金回笼慢、企业缺乏资金”三个指标决定，这三个指标的载荷均在 0.5 以上(分别为 0.728、0.843 和 0.501)，代表着企业对技术、人才和资金的渴求及成本的考虑。第二个主成分主要是由“政府对低碳技术创新的支持和鼓励不足”、“低碳建设项目评估标准不一、市场不完善”和“市场认可度不高，居民环保意识淡薄”三个指标决定，这三个指标的载荷均在 0.6 以上(分别为 0.667、0.733 和 0.623)，代表着企业对市场技术评价标准、政府激励和市场等方面的需求。第三个主成分主要是由“企业现有技术无法摒弃，低碳技术替代成本高”指标决定，指标载荷达 0.756，说明当前传统建筑技术对低碳技术创新的实施和推行还存在相当的障碍，其原因将在下一小节进一步分析。当然由于将定性指标转化为定量指标存在的局限性，此处因子 F_3 只有一个变量对应，此量表尚需改进，但这并不影响研究对低碳技术创新障碍因素的定性分析结果。

4.4 低碳技术集成创新主要障碍因素分析

创新障碍是指阻碍技术创新成功实施或者降低技术创新成功率的内外因素总和[210]。低碳技术是低碳经济发展模式的支撑因素，低碳技术创新和应用是低碳经济发展的核心。作为多技术集成的建筑产业，低碳技术集成创新面临参与主体多样性和技术应用复杂性等特点，建筑产业的技术创新实施既有来自由企业内部的压力，同时也受来自宏观政策和市场接受度的压力。为进一步验证上述障碍因素分析的正确性，笔者用同样的指标进行第二轮调查，调查结果如图 4-5 所示，其中部分问卷“其他”一栏填写的主要也是与技术创新的成本有关的因素，如“低碳技术集成创新成本高”，笔者将这个指标归到第二个障碍因素之中，作为资金与成本的指标选项。

调查显示，低碳技术集成创新中存在的前三大障碍因素依次为“低碳建设项目评估标准不一，市场不完善”(占最大比例：51%)、“企业低碳技术创新研发人才缺乏”(比例为 47%)和“政府对低碳技术创新的支持和鼓励不足”(占 39%比例)。

此外，在上面调查过程中发现，传统建筑技术对低碳技术集成创新顺利实施也存在一定的障碍。关键是企业不愿意摒弃既有的建筑技术，在此次调查中，主

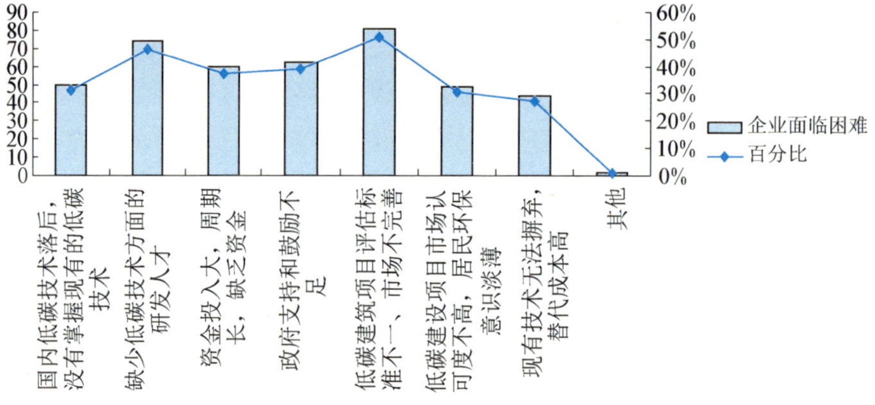

图 4-5　建筑产业低碳技术集成创新障碍因素分布情况

要的原因体现如下：1）现有技术已经投入使用且相对成熟，还存在规模经济效益；2）企业现有设备只能满足目前技术标准，对于新的低碳技术使用设备要求需重新投资；3）企业所掌握的设计技术和产品信息资源无法应用到新的技术上，会造成资源的浪费等；4）低碳技术市场不确定性风险高，企业的风险承担能力有限；5）低碳技术信息资源少，企业做出的技术更换决策不一定最优。其中大多数调查对象认为"企业目前设备只能适用于使用现有传统技术"是当前决策者难以摒弃传统建筑技术的主要原因，各原因认可程度数据见图 4-6。

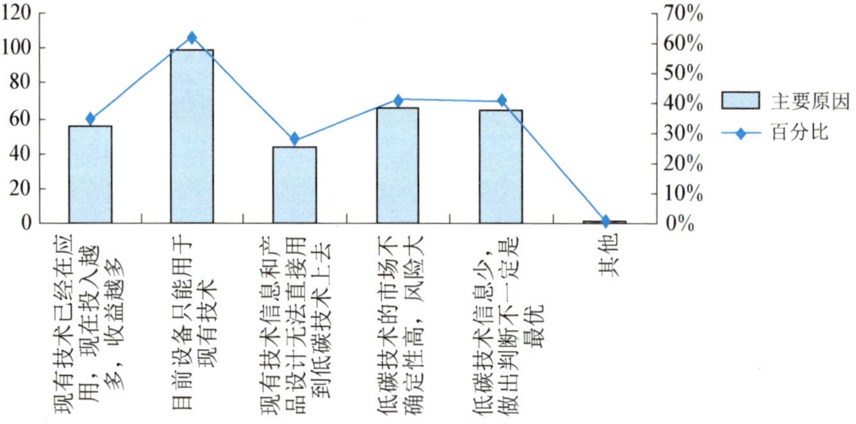

图 4-6　建筑企业传统技术与低碳技术创新冲突障碍因素调查汇总

从上面数据分析来看，目前建筑企业实施低碳技术集成创新存在多方面的障碍因素，其中比较突出的主要有在技术评价标准、市场完善、人才缺乏、政府激励机制和企业资金投入风险等几大方面。高能耗、低能效、高排放是中国经济发展中存在的一个基本现状。

从调查反馈问卷来看，有 39%的企业认为影响企业实施低碳技术创新与政府的支持和激励程度有关(图 4-5)。与国际上相比，中国低碳技术基础薄弱，这使得中国建筑产业低碳技术创新面临的技术不确定性风险远高于其他产业的技术创新。低碳技术领域是一个依赖大量研发投入的高技术领域[211]，从事低碳技术创新的企业创新活动一旦失败，将面临巨额的研发投入损失。因此政府也和企业一样面临低碳技术创新投入与资金回报的风险障碍。

一方面，在技术创新市场中，市场引致的创新不一定是社会最优水平的创新，这需要政府在产业的技术创新过程中发挥积极作用。欧美等发达国家低碳经济发展的经验表明，政策对于推进新能源技术的技术创新与商业化应用具有不可替代的作用[54]。政府出台的法律法规、产业战略可推动产业竞争规则体系的形成，诱导技术创新活动。中国在应对低碳减排和减缓气候变化方面一直是积极的，并颁布了一系列的措施，如：在法律法规方面，《可再生能源法》、《中国应对气候变化国家方案》、《中国应对气候变化白皮书》等极大地刺激了可再生能源产业发展和技术进步；在科技政策方面，《国家中长期科技规划纲要》对中国低碳技术发展进行了战略部署，其优先主题的第一个重点领域即是能源战略；在产业政策方面，大力资助低碳研究、风电特许权制度、可再生能源电力全额收购等政策，都能直接对低碳技术创新产生有力的驱动作用[202]。然而，这些政策纲要在实际执行过程中面临一系列的困难，比如 CDM 低碳项目的申请，建筑产业项目申请和审批数量几乎没有，方法、理念和经验的缺乏是制约中国建筑业 CDM 项目难以申请成功的原因[212]，同时也说明低碳技术创新政策执行与产业结合的困难。

另一方面，国内低碳产业的市场竞争能力仍然较弱。中国新能源产业取得现在的成绩，源于政府的一系列财政补贴政策的出台，这从侧面反映了当前新能源产业较弱的市场竞争能力。对于建筑产业，低碳建筑市场认可度不高也是政府面临的障碍之一，政府不仅要对低碳技术创新参与主体进行补贴，同时也要进行必要的宣传和推广，引导低碳消费市场。

目前，中国每美元 GDP 的能耗是日本的 11.5 倍，美国的 4.3 倍，德国和法国 7.7 倍；世界自然基金会发布的《气候变化解决方案——WWF2050 展望》中文版报告称，目前中国能源利用效率仅为 33%左右，相当于发达国家 20 年前的水平[213,214]。低碳经济的转型关键在于低碳技术是否能顺利实施，政府在此过程中同时面临来自宏观和微观层面的障碍：即中国对外承诺的到 2020 年要在

2005年的基础上实现40%—45%的减排目标[215]，引导和保障低碳经济发展目前已成为政府的一项重要举措之一，即把低碳技术创新活动看作是一种政府行为，因为最先开发并掌握相关低碳技术的国家自然会成为业内的领先者与主导者。目前全球有50多家金融机构，加入改善全球气候变化的投资网络，主要围绕低碳经济，推动低碳产业的开发与发展，投资总额已经达到了13万亿美元，而且各国在低碳技术的研发中已经取得了一些突破性成果[216]。然而，从上面的调查结果来看，仅仅依赖企业的市场行为难以有效发展低碳经济，政府在节能减排的引导和规范方面仍然发挥指导性的作用，既要进行全面的低碳规划设计，又要制定相应的激励措施。这在国家的“十一五”和“十二五”规划中已有相关规定。

最后，低碳建设项目的市场认可度、居民低碳环保意识淡薄在此次调查中有占低碳技术集成创新障碍因素31%的比例。在现有的技术条件下，引导消费者的低碳消费行为，培养居民的低碳消费生活方式，是中国发展低碳经济的重要环节。基于成本考虑，开发商往往将“低碳技术集成创新”成本反映到销售单价上转嫁给消费者，加上居民低碳环保意识提高严重不足，大部分消费者不愿意接受较高售价的低碳建筑产品。国际气候组织在2011年发布的《中国低碳建筑案例分析》政策简报中也提到，当前推行低碳建筑的消费者障碍主要有两点：一是消费者“缺乏消费低碳建筑的动力”。目前由于低碳建筑的建造成本通常高于普通建筑，而国家在低碳建筑的消费上又没有相应的鼓励政策，因此，这部分附加成本无疑会通过房价转嫁给最终消费者。在相关税收优惠不足以抵消掉购房成本的增加额时，低碳建筑往往只能成为高档住宅的尝试，难以赢得绝大多数市场。二是“对低碳消费的引导和鼓励有待加强”。很多消费者在决策过程中比较注重近期利益，地产商若因为标榜“低碳或绿色”而提价，大多数消费者必然不愿承受。这主要是由两个因素导致的：其一是消费者误认为购买节能建筑只是一种节能减排的“利他”行为，因为在购买节能住宅的最初阶段，消费者无法体会建筑节能所带来的直接效益，但支付成本的增加却是显而易见的；其二是由于市场对于绿色建筑宣传普及不足，消费者尚存疑虑[217]，低碳建筑消费支出成本对居民生活质量提高的效用是否有正相关性目前尚处于讨论阶段。

4.5 本章小结

从上面的分析和讨论可以归结认为：建筑产业低碳技术集成创新的实施目

前存在的主要障碍表现在以下几个方面，即技术评价标准不统一、政府激励政策不到位、成本效益压力和专业技术人员缺乏等因素。要有效推进建筑产业低碳经济转型和加强建筑产业低碳技术集成创新，需要帮助企业从评价标准、政策激励、成本效益和专业人才培养等方面解决问题，即要从全面的、综合的角度考虑建筑产业的低碳模式转型以及相应的配套措施，而不是靠单一的低碳技术创新来解决问题。

基于以上对各障碍因素的分析，本书后续章节的研究安排如下：首先，分析低碳建设项目的技术评价指标，从低碳技术集成创新的保障体系、过程控制体系和综合集成绩效体系三方面建立低碳技术集成创新管理评价体系，并验证其可行性。其次，分析建筑企业实施低碳技术集成创新的博弈条件，探讨各参与主体参与创新的激励机制、成本效益均衡点和监管条件等。然后，从系统的观点，探求低碳技术集成的驱动力因素并构建系统动力学模型分析仿真，进一步分析各驱动力对建筑产业低碳绩效实现的影响。最后，在上述研究基础上，对建筑产业的低碳技术集成创新系统管理的管理机制、动力机制和低碳技术创新实现路径模式进行探讨，并提出相应的对策建议。

第5章 建筑产业低碳技术集成创新系统管理评价及测算

本章旨在探讨第4章有关低碳技术创新管理障碍因素技术标准评价不统一的问题，提出建筑产业工程项目低碳技术集成创新管理评价应该从系统输入的保障体系、管理过程的控制体系和系统输出的综合绩效管理三方面进行，并对评价指标来源、选取依据、计算和权重确定及可行性做了详细阐述，以期对建筑产业低碳技术集成创新系统管理评价做出新的尝试。

5.1 低碳技术集成创新系统管理评价问题提出

按照中国对外承诺的碳排放目标，到2015年，中国二氧化碳排放量要在2005(基年)基础上减少40%～45%[215]，作为能源消耗大户的建筑产业也面临极大的挑战。由于建筑产业项目工程复杂性、低增值性和长周期性特点，要有效控制二氧化碳排放和提高能效，除了要采用有效的节能技术和低碳技术之外，与之配套的系统管理和评价机制也相当重要。在国家统一低碳建筑评估体系尚未权威公布之前，低碳建设项目和低碳技术创新的实施主要靠政府推动和企业自觉参与，但评价标准的不统一将影响企业参与积极性。基于此，探讨现阶段中国建筑产业低碳技术创新管理绩效评估体系和相关指标测算就显得尤为必要。

从第2章2.2.3部分“建筑产业低碳技术集成创新评价”文献分析来看，国际上的绿色评价标准已经比较成熟，但对于二氧化碳的控制和技术创新评价的要求目前还没有明确的、统一的标准，中国低碳建筑或低碳建设项目的评价标准相对于国际研究还处于初始阶段。现有评价体系与低碳建筑的评价衔接不是很完善，仍然停留在传统绿色建筑项目的评价上面。另外，国内外学者对于低碳建筑或绿色建筑的评价也存在一定差异，评价内容与指标选择也不统一。有学者指出“低碳建筑不仅需要一种计算方法，还更需要一种标准”，在标准问题尚未解决之前，仍需对低碳建筑积极的研究[218]。而作为实现建筑产业低碳化的低碳技术评价，在现有体系中均未体现，需要在原有绿色建筑评价体系基础上做出修正和完善。本书认为，对工程项目的低碳评价不能仅仅局限于对项目本身的低碳性能或绿色性能的单一评价上，而需要一个系统、全面的综合低碳技术集成创新的系统评价体系，以更好地反映建筑产业低碳化性能的绩效，由此提出 5.2 部分的体系构建思路和评价指标。

5.2　建筑产业低碳技术集成创新系统管理评价体系构建

5.2.1　低碳技术集成创新评价理论基础及构建思路

(1) 系统集成管理理论基础

系统集成管理就是集成主体管理者或组织以集成思想为指导，将集成的基本原理和方法创造性运用到管理实践中。从集成创新视角看待、分析人类有组织、有目的的社会活动，将人类认识与实践活动的各种资源要素纳入管理的范围，拓展管理的视野和疆域，并将组织内外的各种集成要素按照一定的集成模式进行整合，综合运用各种不同的方法、手段、工具，促使各集成要素功能匹配、优势互补、流程重组，从而产生新的系统并使得系统整体功效倍增的过程。其核心就是运用集成的思想，保证管理对象和管理系统完整的内部联系，提高系统的整体协调程度，以形成一个更大范围的有机整体，因此，集成管理也是主动寻优的过程[180,59]。

系统集成管理具有综合性、复杂性、协同性和创新性等几大特点。管理过程也是过程观和技术观相结合的二元管理模式，也就是说，集成管理本身就是一种技术。从第 2 章 2.2.3 部分国内外有关绿色建设项目评估体系的文献综述来看，建筑产业低碳项目及效益的评价涵盖内容丰富，评价角度广泛。建设项目的碳排放控制涉及项目全寿命周期的集成创新管理和系统过程控制，需要各参与主体的整体协同，同时又要克服彼此间的冲突与矛盾，达到集成创新的效果。因此，相关低碳技术集成创新的评价也是一个系统的、集成的综合评价。早在 1969 年，美国学者霍尔提出了系统工程“三维结构体系”，它由时间维、逻辑维与知识维，组成了一个三维立体空间结构，是一种解决规模较大、结构复杂、因素众多的大型复杂工程组织与管理问题的思想方法。系统工程的“三维结构体系”正是从全寿命周期角度考虑一个大的复杂系统的集成管理问题。学者丁士昭(2002)[219]指出，建设项目的集成管理要考虑三个方面的集成，即基于全寿命周期的纵向管理集成、基于全要素成本管理的横向管理集成和基于全面一体化的管理环境集成。

(2) 低碳技术集成创新评价体系框架

基于以上基础，本书认为，对建设工程项目技术集成的系统管理评价也需遵循一个系统输入、系统控制和系统输出的集成管理过程评价。低碳项目系统绩效的体现不能光关注最后的输出结果，更重要的是注重系统的全过程评价，包括对系统的信息、资源、技术、资金的输入，项目参与主体行为、创新等方面综合输出和管理控制，基本概念模型详见图 5-1。

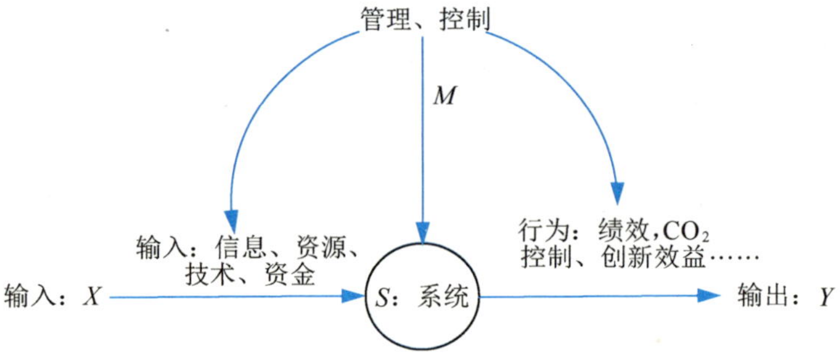

图 5-1　系统输入与输出基本模式概念图

其中，系统的输出可以用 $Y-S(X, M)$ 的函数关系来表示。为了保证系统的输出在有干扰的情况下，仍能达到满意的结果，可以通过改变输入量来实现，而输入变量的改变就需要进行一定的干扰和过程控制。在项目全寿命周期内，不论项目参与的哪一方都是围绕项目相应过程的低碳技术创新及要求进行全过程的目标控制。尽管时间不一致，内容有差别，方法各不同，但归纳起来均是对技术创新过程中费用、进度、质量、技术、资源和风险等要素的控制。这些目标整合在一起的协同运转便组成了目标控制集成系统。同样，对于建筑产业低碳目标的达成，也遵循一个系统集成寻优的过程。各参与主体的系统协同程度与工程项目管理过程系统相互作用，系统内部各参与主体相互融合，克服个体间的冲突，如技术集成冲突、参与主体间的角色冲突、利益冲突等，这样就形成一个并行的多主体、多目标相结合的综合集成创新系统。因此，对建筑产业低碳技术集成创新绩效的评价需从系统的输入、输出和过程控制等方面综合评估。

基于上述对国内外评估体系分析和学术界对低碳建筑的评价研究，结合系统管理的理念特点，笔者发现，建筑产业作为一个复杂的工程系统，技术创新绩效的评价体系应该是多维度、多层次和多技术集成的系统综合评价。低碳建筑的实现是要基于技术集成、目标集成、过程管理和政策理念等方面的综合绩效产出。按照系统输入、过程控制和系统输出的观点，建筑产业低碳技术集成创新的系统管理评价应该是对低碳建筑技术集成创新的输入保障体系、全寿命周期的综合集成管理控制体系和低碳性能实现的输出体系三方面的综合评估。其中低碳技术集成创新的保障体系包括资源保障、制度保障和技术保障三个方面；管理控制体系主要包括建筑全寿命周期管理的过程控制和管理控制，而系统输出体系主要包括对建设项目的低碳性能、经济效益和社会效益评价等方面（图 5 - 2）。

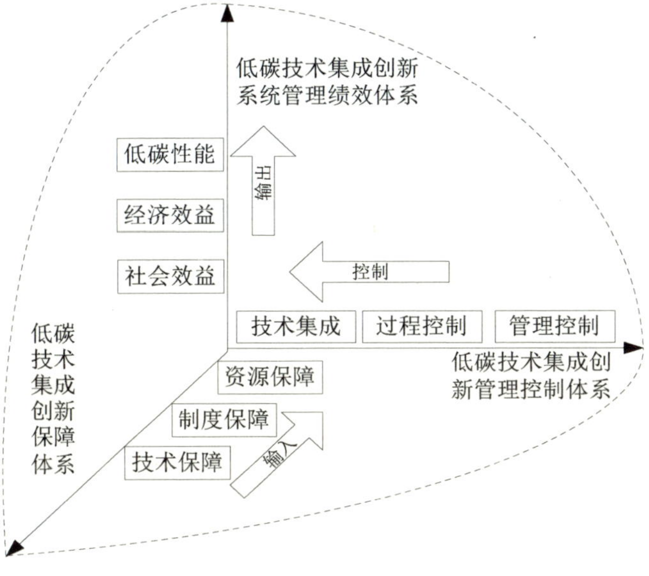

图 5 - 2　全寿命周期理念下建设项目低碳技术集成创新系统管理三维评估体系

5.2.2　低碳技术集成创新系统管理评价指标的建立

低碳建筑的主要特征是对能源与资源的需求较传统建筑的需求要低，特别是在建筑施工和营运期间的碳排放量尽可能低，以减少温室气体对大气和周围环境的影响。对于很多工程项目的参与方来说，影响项目低碳技术创新绩效的因素主要包括哪些？诸如这些因素又是怎样影响低碳技术创新系统运作？应该用哪些指标或方法来衡量系统的技术集成创新绩效？目前在建筑产业还没有一些经典理论给出较好的答案。Robert et al.（2003）[220]认为，对于工程项目评价指标的设定，应该能够很好地反映项目各层次综合目标的完成情况，而不应仅将重点放在项目的成本效益评价上。

（1）指标选取的原则与方法

本书指标选取主要考虑的出发点是：突出重点，以点带面，力图使所选指标具有代表性和可操作性。注意以下原则的把握：

1）目标一致性原则

目标一致性是指各指标的选取需结合低碳技术集成创新项目评价的总体目标，体现建筑工程项目技术创新在经济、社会、环境和技术之间的一致性。指标的目标有效性应作为指标选取的重点。指标的选择是按照总体目标确定的，而总体目标的实现是通过下一层级分目标的实现来保证，这在客观上要求有效性评价的指标必须与评价目标相一致，同时要服务于该层级有效性评价的目标。

2）科学完整性

构建建筑产业低碳技术集成创新项目评价指标体系是一项非常复杂的工程，既要反映低碳技术创新系统集成管理的主要特征，又要反映低碳建筑、建筑节能与技术新的相关指标，更要注重低碳技术本身内在规律的评价，因此，要用系统科学的观点，将各指标有机地结合起来，形成一个层次鲜明的整体。

3）可操作性原则

建筑产业低碳技术集成创新管理体系评价的主体是建筑项目相关的低碳技术创新绩效管理，对象是低碳建筑项目的低碳技术创新活动，它是一个集社会、经济、环境和技术于一体的复杂系统，如何获得和计算各有效性评价指标是问题的关键，因为该指标体系的可操作性设计直接影响到评价结论的准确性。

4）可比性原则

该原则要求评价指标对建筑产业低碳技术集成创新管理具有较为普遍的指导意义，使得评价结果能够实现不同低碳建设项目之间的横向和纵向比较。

5）层次性原则

按指标体系设立的常识性主导原则，指标体系的构建应具有一定的层次性，从结构上分出层次，由宏观到微观，构建目标层——准则层——指标层三级指标体系，以体现该指标体系的有效性。图 5－3 是本章指标体系构建的研究思路。

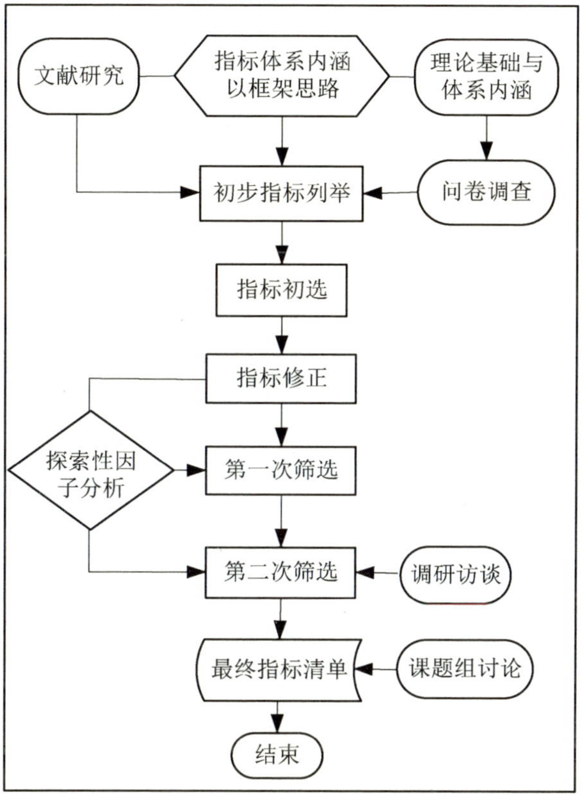

图 5－3　建筑产业低碳技术集成创新系统管理指标体系建立流程

对于指标选取，首先，用文献分析和基础调研相结合的方法，借鉴国内外绿色建筑评估体系和国内外学者对低碳建筑评估和低碳技术评估指标的研究成果（有关指标评价内容请见文献综述 2.2.3 部分）。有别于传统低碳建设项目的评价标准，增加低碳技术集成创新效益性、经济性和管理性等评估要素。

其次，经课题组和导师共同讨论，重点选取与建筑产业低碳技术评价有关的指标共 31 项指标，并按照系统管理和图 5－1 的框架思想把指标初步分为三大类，即系列 A 代表建设项目低碳技术集成创新系统管理的保障体系指标、系列 B 代表过程管理的控制体系指标，系列 C 代表系统输出的综合绩效评估体系指标，具体编号、编码(Code)和指标选取依据详见表 5－1。

表 5-1　建筑产业低碳技术集成创新管理评估体系初始指标汇总

#	编码	名　　称	来　　源
1	A1	管理制度	贾宏俊等(2010)[112]
2	A2	低碳技术专业人员参与比例	自建
3	A3	评价低碳的标准是否合理	LEED-NC(2.2版)(2005)[104]
4	A4	低碳技术创新投资率	贾宏俊等(2010)[112]
5	A5	政策支持	杜栋、王婷(2011)[115]
6	A6	参与主体低碳技术开发能力	自建
7	A7	组织运营成本	参考文献(郭峰,刘慧,2011)[224]自建
8	A8	参与主体合同履约率	刘立波(2008)[226]
9	B1	设计中创新	LEED-NC(2.2版)(2005)[104]
10	B2	低碳设备	LEED-NC(2.2版)(2005)[104]
11	B3	建筑运营无不达“三”废排放	LEED-NC(2.2版)(2005)[104]
12	B4	废建材回收率	LEED-NC(2.2版)(2005)[104]
13	B5	低碳技术集成创新投入强度	自建
14	B6	施工设计和方法低碳评价	绿色建筑评价标准 LEED-NC(2.2版)(2005)[104]
15	B7	单位产值能耗	上海市建委(2007)[225]
16	B8	参与主体协同度	刘立波(2008)[226]
17	B9	参与主体冲突管理能力	Magrath,Hardy(1988)[227],郭晓宇(2004)[228]
18	B10	经济支持	杜栋,王婷(2011)[115]
19	B11	低碳选材	绿色建筑评价标准[57],LEED-NC(2.2版)(2005)[104]
20	B12	低碳工艺	绿色建筑评价标准[57],LEED-NC(2.2版)(2005)[104]
21	C1	单位建筑面积碳排放	全国工商联产商会、精瑞(中国)不动产研究院(2010)[18]
22	C2	人均碳汇	根据文献[18],邱红等(2011)[114],自建
23	C3	单位建筑面积固碳量	全国工商联房地产商会、精瑞(中国)不动产研究院(2010)[18]

续　表

#	编码	名　　称	来　　源
24	C4	能源节省率	全国工商联房地产商会、精瑞(中国)不动产研究院(2010)[18]
25	C5	单位周转量碳排放水平	全国工商联房地产商会、精瑞(中国)不动产研究院(2010)[18]
26	C6	是否配有循环存储器	LEED-NC(2.2 版)(2005)[104]
27	C7	低碳技术集成创新收益率	贾宏俊等(2010)[112]
28	C8	低碳技术创新碳排放回报率	根据传统技术创新评价指标自建
29	C9	低碳相关技术项目专利	根据传统技术创新评价指标自建
30	C10	低碳技术采用率	根据传统技术创新评价指标自建
31	C11	低碳技术创新社会效益评价	贾宏俊等(2010)[112]

再次，按照上面的研究思路设计调查问卷如附件 B，共发出 120 问卷，回收 91 份，均为有效问卷。(调查对象与问卷设计思路与第 4 章相似，这里不再赘述)。汇总得到调查问卷的总体情况如附件 D。据李克特五级量表设计原理，相关数值说明如下：1. 不重要；2. 一般重要；3. 重要；4. 很重要；5. 非常重要。

然后，根据上述量表分析结果，采用探索性因子分析法，甄选指标，逐步筛选，确定指标清单。再邀请专家访谈(部分为电话访谈)，前后共访谈了 10 位专家(访谈问卷指标内容详见附件 C)。剔除得分权重较低的评价指标，与探索性因子分析结果对比，甄选出关键指标。

最后，与导师课题组共同讨论，甄选和确定最终指标清单，作为建筑产业低碳技术集成创新系统管理评价的主要内容。

(2) 指标分析与确定

表 5-2 是本次调查样本情况汇总。由于该样本数据较多，初次指标选取是在借鉴现有文献的基础上经课题组共同讨论所得，个别指标难免会出现偏颇或不能如实反映本书体系构建目标。指标过多在操作上也不易实施，其合理性和科学性有待商榷，故决定采用探索性因子分析方法对现有 31 个指标进行降维，精简指标。

表 5-2 建筑产业低碳技术集成创新管理评估体系初始指标分布情况($N=91$)

编码	均值	均值标准误差	标准差	最小	最大
A1	3.593	0.090	0.856	2	5
A2	3.934	0.081	0.772	2	5
A3	4.121	0.095	0.905	1	5
A4	2.396	0.105	0.999	1	4
A5	3.615	0.097	0.928	2	5
A6	3.901	0.106	1.012	1	5
A7	2.923	0.110	1.046	1	5
A8	2.659	0.115	1.098	1	5
B1	2.912	0.088	0.839	1	5
B2	3.549	0.109	1.036	2	5
B3	3.934	0.071	0.680	3	5
B4	3.681	0.084	0.801	2	5
B5	2.978	0.100	0.954	1	5
B6	3.099	0.121	1.155	1	5
B7	3.582	0.113	1.076	1	5
B8	3.451	0.095	0.910	1	5
B9	3.824	0.058	0.550	3	5
B10	3.813	0.071	0.682	2	5
B11	2.374	0.071	0.677	1	4
B12	2.681	0.113	1.074	1	5
C1	3.231	0.116	1.106	1	5
C2	3.670	0.115	1.096	1	5
C3	3.308	0.113	1.082	2	5
C4	2.154	0.099	0.942	1	4
C5	1.923	0.094	0.897	1	4
C6	2.791	0.103	0.983	1	4
C7	3.604	0.095	0.905	2	5
C8	3.286	0.120	1.148	1	5
C9	4.066	0.084	0.800	2	5
C10	3.220	0.124	1.181	1	5
C11	2.231	0.091	0.870	1	4

探索性因子分析法(Exploratory Factor Analysis,EFA)是一项用来找出多元观测变量的本质结构,并进行降维处理的技术。因而,EFA 能够将具有错综复杂关系的变量综合为少数几个核心因子。对于主因子分析法来说,不存在异常值、等距值、线形值、多变量常态分配以及正交性等情况[221]。探索性因子分析试图揭示一套相对比较大的变量的内在结构。研究者的假定是每个指示变量都与某个因子匹配 ,这是因子分析最通常的形式。没有先验理论形式,只能通过因子载荷凭知觉推断数据的因子结构。

探索性因子分析流程主要有以下 7 个步骤:

1) 收集观测变量。由于总体的复杂性和统计基本原理的保证,为了达到研究目的,根据体系研究目的,设计调查问卷和量表。按照实际情况收集观测变量,获得原始观测值,相关数据详见附件 D。

2) 获得协方差阵(或 Bravais-Pearson 的相似系数矩阵)。本书的分析都是从原始数据的协方差阵(或相似系数矩阵)出发,这样使分析得到的数据具有可比性,所以要先根据资料数据获得变量协方差阵(或相似系数矩阵)。

3) 验证将用于 EFA 的协方差矩阵(显著性水平、反协方差矩阵、Bartlett 球型测验、反图像协方差矩阵、KMO 测度)。

4) 提取因子。因子的提取方法也有多种,主要有主成分方法、加权最小平方法、极大似然法等。其中主成分方法一种比较常用的提取因子的方法,它是用变量的线性组合中,能产生最大样品方差的那些组合(称主成分)作为公共因子来进行分析的方法,因此,本书选用主成分分析方法。

5) 因子旋转。由于因子载荷阵的不唯一性,可以对因子进行旋转,而正是由于这一特征,使得因子结构可以朝更加合理的解释方向趋近。旋转的方法也有多种,如正交旋转、斜交旋转等,最常用的是方差最大化正交旋转。

6) 确定提取因子的个数(以 Kaiser 准则和 Scree 测试作为提取因子数目的准则)。最后得到的简化的因子结构是使每个变量仅在一个公共因子上有较大载荷,而在其余公共因子上的载荷比较小,至多是中等大小。选取依据是该指标因子载荷至少要不小于 0.5,低于该数值的指标则删除。这样就能知道所研究的这些变量到底是由哪些潜在因素(也就是公共因子)影响的,哪些因素是起主要作用的,而哪些因素的作用较小,甚至可以不用考虑。

7) 解释提取的因子。因子分析的数学模型是将变量表示为公共因子的线性组合,由于公共因子能反映原始变量的相关关系,用公共因子代表原始变量时,有时更利于描述研究对象的特征,因而需要对上述所需因子进行分析。

根据以上步骤，笔者首先对样本数据进行 KMO 取样充分性测量和 Bartlett 球体检验，判断是否可作因子分析。“一般认为，KMO 在 0.9 以上，非常适合；0.8—0.9 很适合；0.7—0.8 适合；0.6—0.7 不太适合；0.5—0.6 很勉强；0.5 以下不适合。巴特莱特球体检验的统计值显著性概率小于等于显著性水平时，可以作因子分析”（马庆国，2002）[222]。统计学家凯泽（Kaiser）给出的标准，KMO 取值大于 0.6 时适合做因子分析，而且 Bartlett 球体检验的统计值的显著性概率是 0.000，小于 1%，进一步说明了数据结构适合做因子分析。笔者采用方差最大旋转（Varimax）因子分析法，以评价所有测量项目的单维度性（Unidimendionality）。本书以 KMO 值至少要大于 0.5 的最低标准，作为探索性因子分析的依据。因子荷载度至少不小于 0.5 作为临界点分析测量对象的单维度性，逐步筛选指标。

经检验发现，该指标体系初始数值置信度为 5%和 1%时二阶差分相关性均显著，但 KMO 值为 0.458，小于做因子分析的一般条件（KMO>0.5），因此不适合采用探索性因子分析方法，需对数据进行处理。进一步分析发现，此 31 个指标中有 7 个指标的共同度均小于 0.40（见表 5－3 粗体数字部分），分别为 A1，B2，B3，B4，B10，C2，C5（为表述方便，此处直接用各指标编码代号描述，下同），故删除这 7 个指标选项，整理得表 5－4。

表 5－3　初始指标 Communalities（共同度）检验

Code	Initial	Extraction	Code	Initial	Extraction
A1	1.000	**.375**	B4	1.000	**.232**
A2	1.000	.645	B5	1.000	.561
A3	1.000	.514	B6	1.000	.534
A4	1.000	.732	B7	1.000	.584
A5	1.000	.432	B8	1.000	.493
A6	1.000	.610	B9	1.000	.465
A7	1.000	.441	B10	1.000	**.311**
A8	1.000	.552	B11	1.000	.479
B1	1.000	.482	B12	1.000	.564
B2	1.000	**.371**	C1	1.000	.523
B3	1.000	**.196**	C2	1.000	**.157**

续　表

Code	Initial	Extraction	Code	Initial	Extraction
C3	1.000	.435	C8	1.000	.708
C4	1.000	.445	C9	1.000	.459
C5	1.000	**.266**	C10	1.000	.504
C6	1.000	.471	C11	1.000	.490
C7	1.000	.513			

表 5－4　修正后指标汇总

#	编码	名　　称	#	编码	名　　称
1	A2	低碳技术专业人员参与比例	13	B9	参与主体冲突管理能力
2	A3	评价低碳的标准是否合理	14	B11	低碳选材
3	A4	低碳技术集成创新投资率	15	B12	低碳工艺
4	A5	政策支持	16	C1	单位建筑面积碳排放
5	A6	参与主体低碳技术开发能力	17	C3	单位建筑面积固碳量
6	A7	组织运营成本	18	C4	能源节省率
7	A8	参与主体合同履约率	19	C6	是否配有循环存储器
8	B1	设计中创新	20	C7	低碳技术集成创新收益率
9	B5	低碳技术集成创新投入强度	21	C8	低碳技术集成创新碳排放回报率
10	B6	施工设计和方法低碳评价	22	C9	低碳相关技术项目专利
11	B7	单位产值能耗	23	C10	低碳技术采用率
12	B8	参与主体协同度	24	C11	低碳技术创新社会效益评价

对表 5－4 剩下 24 个指标数值再一次做 KMO 检验，发现此时 KMO 值为 0.538，且 Bartlett 统计值显著性 Sig 等于 0，满足作探索性因子分析的基本条件。根据特征根大于 1，最大因子载荷大于 0.5 的要求，提取出 8 个主成分，累积解释变量为 61.029%（表 5－5）。经修正后体系指标因子载荷旋转主成分矩阵见表 5－6。

表 5-5　修正后第一次探索性因子分析指标总方差解释(Total Variance Explained)

Component	Initial Eigenvalues			Extraction Sums of Squared Loadings			Rotation Sums of Squared Loadings		
	Total	% of Variance	Cumulative %	Total	% of Variance	Cumulative %	Total	% of Variance	Cumulative %
1	2.727	11.361	11.361	2.727	11.361	11.361	2.124	8.850	8.850
2	2.356	9.816	21.177	2.356	9.816	21.177	2.101	8.756	17.606
3	1.965	8.188	29.365	1.965	8.188	29.365	1.951	8.128	25.734
4	1.896	7.898	37.263	1.896	7.898	37.263	1.899	7.911	33.645
5	1.672	6.965	44.227	1.672	6.965	44.227	1.792	7.467	41.112
6	1.600	6.666	50.893	1.600	6.666	50.893	1.679	6.996	48.107
7	1.350	5.626	56.519	1.350	5.626	56.519	1.642	6.841	54.949
8	1.082	4.510	61.029	1.082	4.510	61.029	1.459	6.080	61.029

表 5-6　修正后第一次指标探索性因子载荷旋转主成分矩阵

Rotated Component Matrix[a]								
	1	2	3	4	5	6	7	8
A2	−.131	.044	−.027	**.815**	.022	.073	.069	−.003
A3	−.028	−.066	**.681**	.195	.005	.118	.041	.080
A4	**.764**	.160	−.039	.067	−.196	.144	−.229	−.001
A5	.106	−.022	.340	.467	−.060	−.157	.229	.449
A6	−.019	−.397	.217	**.605**	−.158	.197	−.165	.020
A7	−.155	−.106	**−.646**	.063	.106	.033	−.083	.053
A8	**.828**	−.118	−.079	−.009	−.018	.037	.026	.009
B1	.432	.136	.137	−.125	.286	.275	−.069	.341
B5	−.238	−.150	**.658**	.027	−.072	−.031	−.243	.059
B6	−.477	.023	−.135	.293	.373	.124	−.313	.170
B7	.014	−.097	−.151	−.106	**.617**	−.029	−.270	.294
B8	−.035	.150	.014	.127	**.743**	.022	.030	.010
B9	−.075	−.123	.014	−.022	.030	−.002	**.791**	.009
B11	.007	.113	−.029	.034	−.011	−2.649E−5	−.011	**−.792**

续　表

Rotated Component Matrix[a]								
	1	2	3	4	5	6	7	8
B12	.351	—.166	.171	.048	.028	.495	.350	—.317
C1	—.279	—.061	—.081	**—.539**	.005	.212	.205	.361
C3	—.170	—.027	—.096	—.165	**.627**	—.065	.116	—.225
C4	.009	.061	—.069	.154	—.002	**.826**	.093	.037
C6	—.113	**.502**	.304	—.236	—.154	.009	.291	—.026
C7	.008	**—.652**	.160	—.039	.141	.318	.201	—.028
C8	—.020	**.792**	—.217	.021	.094	—.020	—.018	—.153
C9	.240	—.234	.108	—.266	—.104	**.531**	—.250	.041
C10	.129	**.607**	.244	—.012	.198	.212	—.076	.018
C11	.068	—.148	.343	—.006	.239	—.275	**—.504**	—.275

表 5-7 为指标修正后第一次探索性因子分析后的结果统计，发现编码为 A5，B1，B6 和 B12 四个指标需删除，原有指标从 24 个降为 20 个（表 5-8）。对表 5-8 做第二次探索性因子分析，此时仍满足因子分析条件，KMO=0.528，Bartlett 统计值显著 Sig 等于 0，总体方差解释变量为 60.713%（简洁起见，此处略去 SPSS 运算表格），第二次探索性因子分析结果统计见表 5-9。

表 5-7　修正后指标第一次探索性因子分析结果统计

因子	题　号	共 同 度	旋转因子负荷绝对值	方差贡献率(%)	累积贡献率(%)
F1	A4，A8	0.709—0.727	0.764—0.828	8.850	8.850
F2	C6，C7，C8，C10	0.522—0.708	0.502—0.792	8.756	17.606
F3	A3，A7，B5	0.479—0.581	0.646—0.681	8.128	25.734
F4	A2，A6，C1	0.595—0.695	0.539—0.815	7.911	33.645
F5	B7，B8，C3	0.528—0.593	0.617—0.743	7.467	41.112
F6	C4，C9	0.551—0.724	0.531—0.826	6.996	48.107
F7	B9，C11	0.648—0.607	0.504—0.791	6.841	54.949
F8	B11	0.642	0.729	6.080	61.029

表 5-8　第一次探索性因子分析后需保留指标

#	编码	名　称	#	编码	名　称
1	A2	低碳技术专业人员参与比例	11	B11	低碳选材
2	A3	评价低碳的标准是否合理	12	C1	单位建筑面积碳排放
3	A4	低碳技术集成创新投资率	13	C3	单位建筑面积固碳量
4	A6	参与主体低碳技术开发能力	14	C4	能源节省率
5	A7	组织运营成本	15	C6	是否配有循环存储器
6	A8	参与主体合同履约率	16	C7	低碳技术集成创新收益率
7	B5	低碳技术集成创新投入强度	17	C8	低碳技术集成创新碳排放回报率
8	B7	单位产值能耗	18	C9	低碳相关技术项目专利
9	B8	参与主体协同度	19	C10	低碳技术采用率
10	B9	参与主体冲突管理能力	20	C11	低碳技术创新社会效益评价

经对比分析表 5-9，发现经第二次探索性因子分析后，指标仍然保持 20 个，但主成分减为 7 个。另外，主成分 F7 一直只有一个因子 B11，说明该量表存在一定的局限性，需进一步改善。但探索性因子分析方法确实可以做到降维、筛选指标的作用。从数学逻辑上来看合理，表 5-8 指标清单可以用来评价建筑产业工程项目低碳技术集成创新管理的绩效评价。

表 5-9　修正后第二次探索性因子分析结果统计

因子	题　号	共 同 度	旋转因子负荷绝对值	方差贡献率(%)	累积贡献率(%)
F1	C6,C7,C8,C10	0.501—0.716	0.585—0.809	10.364	10.364
F2	A4,A8,C9	0.453—0.789	0.513—0.836	9.893	20.257
F3	A3,A7,B5	0.481—0.585	0.621—0.722	9.113	29.370
F4	A2,A6,C1	0.566—0.755	0.538—0.839	8.621	37.991
F5	B9,C4,C11	0.579—0.670	0.528—0.727	8.182	46.173
F6	B7,B8,C3	0.525—0.536	0.583—0.696	8.105	54.278
F7	B11	0.580	0.752	6.435	60.713

针对第二轮甄选过的指标，笔者组织了课题组讨论和电话访谈部分企业[①]，以下是分析结果：

① 此次访谈对象为上海市杨浦区建筑业管理署项目经理和上海市绿腾能源科技(上海)有限公司绿色认证咨询项目经理。

A5（政策支持）和 B1（设计中创新），此提法过于笼统，无法量化评价，需要有完善的细化指标。在此次问卷调查反的情况来看，被调查者给出的重要性总体也不高（见表 5－3），因此，这两个指标删除合理。B6（施工设计和方法低碳评价）指标反映的信息与 A3 存在重复，故删除合理。B12（低碳工艺），除了低碳技术本身以外，施工过程中的低碳设备和工艺是有效减少二氧化碳排放的技术手段之一，虽然广义的低碳技术范畴包含低碳工艺内容，但在实际项目施工中还是有区别的，故建议保留。

进一步，本书对需保留的指标（表 5－8）再次进行讨论，其中，C6（是否配有循环存储器）是在项目施工过程中就要考虑的，它属于低碳工艺对设备选择的一种措施，故建议删除。另外，A6（参与主体低碳技术开发能力）与参与主体的低碳技术开发能力和项目管理中的工程技术开发能力是一致的，建筑企业所发明或采用的低碳技术总数实际上是建筑参与主体低碳技术创新能力的量化形式之一，可以用“低碳技术采用数”来衡量，与指标 C10 存在重叠评价，故建议保留其中一项。经讨论，指标 C10 更为直观易懂，故保留。最后，指标 C9（低碳相关技术项目专利）是属于低碳建设项目过程中出现的衍生产品和效益，属于社会评价范畴，故建议并入指标 C11。

根据上述分析，得到最终的评价指标清单见表 5－10。

表 5－10　建筑产业低碳技术集成创新系统管理评价指标清单

#	编码	名　　称	#	编码	名　　称
1	A2	低碳技术专业人员参与比例	10	B11	低碳选材
2	A3	评价低碳的标准是否合理	11	B12	低碳工艺
3	A4	低碳技术集成创新投资率	12	C1	单位建筑面积碳排放
4	A7	组织运营成本	13	C3	单位建筑面积固碳量
5	A8	参与主体合同履约率	14	C4	能源节省率
6	B5	低碳技术集成创新投入强度	15	C7	低碳技术集成创新收益率
7	B7	单位产值能耗	16	C8	低碳技术创新碳排放回报率
8	B8	参与主体协同度	17	C10	低碳技术采用率
9	B9	参与主体冲突管理能力	18	C11	低碳技术创新社会效益评价

最后，根据系统集成管理的理念，本书把该体系指标清单归类，分为系统输入、系统控制和系统输出三大部分，即低碳技术集成创新保障体系、低碳技术集

成创新控制体系和低碳技术集成创新绩效能力评估体系三方面，并对所选指标重新编码。该指标体系包括 3 个一级指标、7 个二级指标和 18 个三级指标（详见表 5-11），相关指标解释和计算将在下节详细讨论。

表 5-11 建筑产业低碳技术集成创新系统管理评估体系

	一级指标	二级指标	三级指标
建筑产业低碳技术集成创新评估体系	低碳技术集成创新保障体系（X_1）	资源投入（Y_{11}）	低碳技术集成创新投资率（Z_{11}）
			低碳技术专业人员参与比例（Z_{12}）
		制度输入（Y_{12}）	评价低碳的标准是否合理（Z_{13}）
			组织营运成本（Z_{14}）
		技术投入（Y_{13}）	低碳技术采用率（Z_{15}）
	低碳技术集成创新控制体系（X_2）	系统集成过程控制（Y_{21}）	低碳技术集成创新投入强度（Z_{21}）
			低碳选材（Z_{22}）
			低碳工艺（Z_{23}）
			单位产值能耗（Z_{24}）
		系统集成管理控制（Y_{22}）	参与主体协同度（Z_{25}）
			参与主体冲突管理能力（Z_{26}）
			参与主体合同履约率（Z_{27}）
	低碳技术集成创新综合绩效体系（X_3）	建设项目低碳性能（Y_{31}）	单位建筑面积碳排放（Z_{31}）
			能源节省率（Z_{32}）
			单位建筑面积固碳量（Z_{33}）
		低碳技术创新效益（Y_{32}）	低碳技术集成创新收益率（Z_{34}）
			低碳技术集成创新碳排放回报率（Z_{35}）
			低碳技术创新社会效益评价（Z_{36}）

5.2.3 低碳技术集成创新系统管理评价指标解释及计算方法

（1）低碳技术创新保障体系

1）资源投入

要保障低碳技术创新的顺利进行，首先需满足建筑产业低碳技术创新资源投入，资源投入要素包括财力、物力和人力的投入，考虑到指标的可获得性，本书选取建设项目低碳技术集成创新投资率来表示投入要素的财力、物力评价指标，低碳技术创新专业人员参与比例来表示低碳技术创新的人员投入要素，具体计算方法如下：

① 低碳技术集成创新投资率①：

$$R_{cti} = C_{cti}/C = \sum_{k=1}^{n} C_{ct_k}/C \quad (5-1)$$

R_{cti}：低碳技术集成创新投资率；C_{cti}：低碳技术集成创新投资费用；C_{ct_k}：第 k 种低碳技术创新投资费用，k 为技术种类；C：建设项目总费用。

② 低碳技术创新专业人员参与比例 R_{tp}：

$$R_{tp} = Q_{tp}/Q \quad (5-2)$$

Q_{tp}：低碳技术创新专业人员参与数量，Q：建设项目参与人员总数。

低碳技术专业人员参与数量是指在整个低碳建设项目实施过程中参与到低碳减排创新活动中的专业人士，包括低碳技术设计、低碳工艺的选取、低碳设备挑选、低碳施工的规划和项目低碳运营的相关技术人员。建设项目参与人员总数是指整个工程项目建设过程中参与人数，可以直接从相关项目管理部门获得相关数据进行计算。

2）制度输入

制度保障是指在低碳技术创新活动中企业参与主体对相关低碳技术创新的政策支持力度和激励力度。在第 4 章有关低碳技术创新障碍因素的分析中，笔者分析出低碳建筑的评价标准和相关激励投入对建筑产业的低碳技术创新效果影响较为严重，因此本指标体系选取“评价低碳的标准是否合理”和反应组织之间沟通的运营成本和企业制度设置是否合理的“组织运营成本”作为低碳技术集成创新制度输入保障的评价。

① 评价低碳的标准是否合理

该指标是指在低碳技术创新推进过程中，通过检查低碳建设项目的工程技术要求和技术评价标准是否统一、相关低碳评价标准和目标设置是否合理等，来判断评价低碳标准的合理性。比如在建设施工过程中对节水率、节能率、节电率的要求；在建设项目设计中对工程的技术采用标准等。在项目低碳性评价过程中采用标准如何，是国家绿色建筑标准，还是采用国际标准（如 LEED 或 BREEAM）等。

---

① 此指标与文献（贾宏俊等，2010）[112]指标诠释有所不同。该文献认为低碳投资率是指低碳投资额与年均碳排放的比值，表示单位低碳减排能力的投资率。

在评价过程中可以根据企业项目评价标准和获得的认证等级直接给出评价分数。

② 组织运营成本

建筑工程的复杂性决定了工程项目各参与主体在组织协调过程中必须遵循一定的规制才能保证低碳技术集成创新活动的顺利进行。在此过程中，建设单位、设计单位、施工方和材料商等一系列参与主体之间需要建立一定的制度约束和沟通模式，相互之间的沟通效果影响度技术创新的进度和质量。借鉴文献（郭峰，王喜军 2009；郭峰，刘慧 2011）[223,224]的思路，本书采用组织之间沟通的运营成本来评估系统各主体间的协调性，用组织运营投入成本来计算衡量各参与主体协调性的制度输入保障，具体表述如下：

$$ZS_i = \frac{|ZYC_{i-1} - ZYC_{i-1}^*|}{|ZYC_i - ZYC_i^*|} \tag{5-3}$$

式中 ZYC_i^* 为第 i 时段建设项目组织制度设计最优状态下的组织运营成本，ZYC 为第 i 时段建设项目组织运营成本，ZS_i 为第 i 时段建设项目制度设计合理性系数；若 $ZS_i > 1$，则建设项目组织制度设计合理性水平有所提高，ZS_i 越大表示提高的程度越大，低碳技术各参与主体间的协调成本越小，组织绩效整体呈正效应。

3）技术投入-低碳技术采用率

低碳技术集成创新除了要有资源和制度保障外，项目参与主体自身工程开发能力和技术吸收能力也很关键，技术投入的保障反映了建筑企业在目标市场的相对技术竞争能力。各参与主体在建设项目开发过程中的整体实力会影响低碳技术创新绩效与项目低碳效益产出，低碳技术采用多少对整个建设项目最终能源节省和碳排放控制产生影响。另外，建设项目低碳技术的采用量也可以反映出项目建设过程中技术的集成程度；因此本书采用“低碳技术采用率”作为衡量低碳项目建设过程集成创新效果的技术投入保障，具体计算如下：

$$R_{ct} = Q_{ct}/Q_t \tag{5-4}$$

R_{ct}：低碳技术采用率；Q_{ct}：低碳技术采用总数（节能、替代能源和新能源技术或工艺技术集成总量）；Q_t：建设工程技术总使用数。

（2）低碳技术集成创新控制体系

1）系统集成过程控制

① 低碳技术集成创新投入强度

低碳技术集成创新投入强度是指企业用于建设项目低碳技术集成创新投入

总费用与企业总产值之比，该指标可以反映企业在提高自主创新能力方面所做的努力和对所投资低碳项目技术创新活动的支持力度。需要说明的是，该指标与“低碳技术创新投资率”有所不同，低碳技术创新投资率反映的是单个项目的投资率，而低碳技术集成投入强度则是反映低碳技术集成创新的投入费用相对于企业总产值的比值，是企业对低碳技术创新项目管理过程控制的力度。

低碳技术集成创新投入强度可用以下公式计算：

低碳技术集成创新投入强度＝低碳技术集成创新投入总费用/企业总产值。

$$LTI = C_{cti}/PV \tag{5-5}$$

LTI：低碳技术集成创新投入强度；C_{cti}：低碳技术集成创新投资费用；PV：企业总产值；$C_{cti} = \sum_{k=1}^{n} C_{ct_k} C_{ct_k}$：第 k 种低碳技术创新投资费用，k 为技术种类。

② 低碳选材：是指在施工和装修阶段是否有充分考虑建筑低碳性能需求，尽可能地选用低碳环保材料，对建筑结构体系和非承重墙用材低碳化。具体可用低碳材料利用比重来计算：

$$R_{lc\text{-}material} = Q_{lc\text{-}material}/Q_{ttl\text{-}material} \times 100\% \tag{5-6}$$

$R_{lc\text{-}material}$：低碳材料利用比重；$Q_{lc\text{-}material}$：低碳材料费用；$Q_{ttl\text{-}material}$：建筑材料总费用。

③ 低碳工艺：是指建筑工程项目施工阶段采用的低碳、节能、节材施工工艺或在施工和运营过程中采用低碳设备工艺。可根据建筑施工阶段采用的低碳工艺数量与施工阶段所运用的总施工工艺数的比值来计算，即：

$$R_{lc\text{-}wkmshoptec} = Q_{lc\text{-}wkmshoptec}/Q_{ttl\text{-}wkmshoptec} \times 100\% \tag{5-7}$$

$R_{lc\text{-}wkmshoptec}$：低碳工艺采用比重；$Q_{lc\text{-}wkmshoptec}$：低碳工艺采用量；$Q_{ttl\text{-}wkmshoptec}$：建设项目总工艺使用量。

④ 单位产值能耗：单位产值能耗是相对工业企业来说的，是用工业综合能耗与工业总产值之比，一般工业总产值以万元为单位，工业综合能耗单位为“吨标准煤/万元产值”。在低碳经济中，单位产值能耗也叫“能源强度”，建筑产业的单位产值能耗一般是指建筑施工产值与综合能源消耗总量之比。其计算公式为：

$$E_g = E/PV \tag{5-8}$$

E_g 表示单位产值能耗，E 表示项目能源消耗总量，PV 表示施工企业总产值。

在实际运算中，一般采用年均能源（水、电等能源年消耗量合成标准煤）消耗总量除以建筑该计算年度年总产值。从相关性看，用单位产值能耗更能反映建筑产业的节能效果，该指标因而成为衡量建筑行业节能减排绩效的主要控制指标之一，如上海市在“十一五”期间就明确要求建筑单位“单位产值能耗须下降20%，每年环比下降4.4%的节能降耗总要求，严格执行节能环保法律、法规，创建上海市节约型绿色施工工程”[225]。

2）系统集成管理控制

① 参与主体协同度

该指标思路主要来源于文献[226]关于项目集成管理系统协同响应时间的分析，本书用参与主体协同度来表述，该指标表示低碳技术集成创新系统参与主体对低碳技术集成创新项目变更或客户反应的协同程度，如参与主体间的应急协调反应时间、工程变更处理的反馈时间等。时间越短，说明了该系统对其市场需求的快速响应性越好，在实际评价过程中需根据建设项目技术或工艺需求由专家集体评定打分。由于该指标具有一定的主观性，业界较为通用的量化方法通常采用工程变更（Engineering Chance Notice, ECN）相应时间来衡量系统参与主体的协同程度，具体计算可以用式(5-9)表示：

$$CD = \frac{T}{T_0} \tag{5-9}$$

其中，CD 代表参与主体的系统协同度（Consistency Degree），T 表示各主体对工程变更反应的时间，T_0 为业界对该项工程变更反应的平均水平或标准时间。若 $CD < 1$，则表明该系统参与主体反应较好，越接近于0，则反应越快，系统能力越高，对低碳技术集成创新管理的绩效贡献越大；若 $CD = 1$，则说明协同度一般；若 $CD > 1$，则说明系统参与主体的协同度较差，对低碳技术集成创新管理的绩效贡献有限（图5-4）。

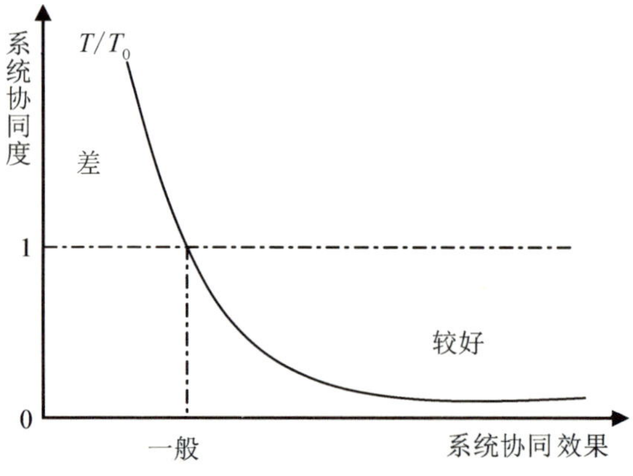

图5-4　低碳技术集成创新系统管理参与主体协同效果示意图

② 参与主体冲突管理能力

在项目建设的系统管理过

程中，冲突不可避免。引起冲突的因素很多，如资源配置、利润分配，工程进度优先级排序和参与主体管理者的个人工作风格差异等，均会给项目管理带来一定的冲突。成功的冲突管理可提高生产力，改进工作关系。如果管理得当，意见分歧有利于提高创造力和做出更好的决策。如果意见分歧成为负面因素，首先应该由项目团队成员负责解决。如果冲突升级，项目经理应提供协助，促成满意的解决方案。参与主体间冲突管理的能力处理直接关系到建筑项目低碳技术的顺利进行，此指标的评价包含多方面的综合评估，如建设项目的风险应急机制、资源调配、物流供应、管理制度完善、低碳节能措施、三废排放，设备管道的设置是否便于维修、改造及更换等这些措施均涉及低碳技术集成创新的系统管理效果。

如果把每一个冲突看着一个任务，根据马格拉思（Magrath）和哈迪（Hardy）1988 年提出的观点，将冲突的频率、强度和冲突问题的重要性结合起来，就可以建立衡量冲突水平的三维模型[227]。在评估冲突水平时，为了将冲突水平用量化的数值清楚地表示出来，需要引入冲突水平量的概念，所谓冲突水平量是指冲突水平的量化结果，其数值大小取决于影响冲突水平的各主要因素的大小，如果以 R 表示冲突水平量，x_i 表示冲突问题的重要性，y_i 表示冲突强度，z_i 表示冲突发生的频率，根据文献[228]研究结论，则 R 可以表示为：

$$R = f(x_i,\ y_i,\ z_i) = x_i \times y_i \times z_i \tag{5-10}$$

式（5－10）中，$i = 1,\ 2,\ 3,\ \cdots,\ n$ 表示第 i 起冲突事件。其中冲突强度有可以用冲突问题重要性的效用函数来表达，则上式可以表达为：

$$R = x_i \times U(x_i) \times z_i \tag{5-11}$$

这样就可计算各参与主体的系统冲突水平量，各冲突任务效用水平视项目经理的风险偏好赋值。系统冲突水平量越高，则该团队的冲突管理能力越低，系统冲突水平量越低，则该团队的冲突管理能力越高。计算公式可表示为：

$$CMA = f(R) = 1/(x_i \times U(x_i) \times z_i) \tag{5-12}$$

其中 CMA（Conflict Management Ability）表示参与主体的冲突管理能力，$f(R)$ 表示项目参与主体间的冲突水平变化量。

③ 参与主体合同履约率

合同履约率可以用来表达出建设企业的市场经济适应能力，在建筑领域工程项目管理中表现的是重合同、守信用，即工程建设一切都要围绕合同来进行。参与主体的合同管理能力可以用建筑合同履约率指标来衡量[226]。

$$R_{contract} = S_{achieved} / S_{ttl\text{-}contract} \times 100\% \tag{5-13}$$

$R_{contract}$：合同履约率；$S_{achieved}$：建设企业在某时间段内完成完全履行低碳项目合同的营业额；$S_{ttl\text{-}contract}$：建设企业在该时间段内完成的营业额。

(3) 低碳技术创新绩效评估体系

1) 建筑项目低碳性能及测算

此指标来源和计算可参考文献[18]表述如下：

① 单位建筑面积碳排放：

$$B_{AC} = C_{LC} / A_c \tag{5-14}$$

B_{AC}：单位建筑面积碳排放；C_{LC}：建筑碳排放量；A_c：建筑面积。

建筑面积可以查阅项目资料获得；建筑碳排放量可采用全寿命周期方法计算建筑施工、建筑营运、交通出行、建筑维护与管理、建筑拆除及废建材处理各阶段的能源消耗所引起的建筑碳排放综合数量，可表示为：

$$C_{LC} = C_{CS} + C_{OPS} + C_{TPS} + C_{PMS} + C_{DDS} \tag{5-15}$$

参数说明如下：

C_{LC}：建筑全寿命周期碳排放总量；C_{CS}：建筑施工阶段碳排放量；C_{OPS}：建筑营运阶段碳排放量；C_{TPS}：交通出行阶段碳排放量；C_{PMS}：建筑维护阶段碳排放量；C_{DDS}：建筑拆除及废建材处理碳排放量。

各阶段的碳排放计算为该阶段使用的能源消耗乘以对应能源碳排放因子和建筑材料的含能(Embodied Energy)使用多引起的碳排放，具体算式如下：

$$C_i = \sum E_i \tilde{\omega}_i + \sum Q_{mi} \beta_i \tag{5-16}$$

C_i：建筑第 i 阶段的碳排放总量，$i = 1, 2, 3, 4, 5, 6$；E_i：建筑第 i 阶段的第 i 种能源总量，建筑 $i = 1, 2, \cdots, n$；$\tilde{\omega}_i$：第 i 种能源的碳排放因子，具体数据可查阅 IPCC 2006 有关数据，常见能源种类的碳排放数据也可参照文献[18]表 5-12。Q_{mi}：建筑各阶段使用的建筑材料总量；β_i：建筑材料的碳排放当量，具体碳排放当量见表 5-13，未列入的材料因在实际施工时以能源消耗形式已经计算在内(如家电安装、电气工程、供水工程使用的配件等)，故不予考虑。

表 5-12　不同能源种类单位能耗的 CO_2 排放系数 $\tilde{\omega}_i$

电	燃气	燃油	煤
0.95	0.198 4	0.31	0.39

表 5－13　中国主要建材生产过程中资源消耗、能源消耗和 CO_2 排放系数 β_i

建筑材料名称	资源消耗量(t/t)	能源消耗量(GJ/t)	CO_2 排放量(t/t)
水　泥	1.6	5.5	0.9
钢　材	1.8	29.0	2.0
铝　材	4.5	180.0	9.5
玻　璃	1.4	16.0	1.4
木　材	0.1	1.8	0.2
黏土砖	1.9	2.0	0.2
混凝土砌块(水泥砖)	1.2	1.2	0.1

注：以上数据摘自中国城市科学研究会主编的《中国低碳生态城市发展战略》[229]，2009 年 8 月第 1 版，p. 544。

② 能源节省率

建筑节能评价需根据实际检测数据，结合建筑节能设计标准，评价建筑是否达到项目节能或相关国家认证标准。建筑节能检验包括围护结构节能和系统节能检验两大部分：a. 围护结构节能评估项目主要包括：墙体、屋面的传热系数、隔热性能的测定；幕墙气密性能的测定；外窗气密性和传热系数的测定及工程合同约定的项目。b. 采暖、空调、设备、配电、照明、监测与控制系统功能检验的主要项目包括：换热器效率；供热系统室外管网水力平衡率；冷、热管网输送效率或损耗；供冷、热水系统的补水率；循环水泵的单位输冷、热耗电量；冷水机组的能效比；风机单位风量耗电量；保温风管和冷、热水管道的外表面温度；平均照度与照明功率密度等项目。

主要计算公式如下：

$$R_e = (1 - E_d / E_b) \times 100\% \tag{5-17}$$

R_e：建筑的节能率；E_d：设计建筑能耗；E_b：基准建筑能耗。实际运算中此部分数据一般可以供建设项目设计环保要求中获得。

③ 单位面积固碳量

低碳建筑住区的绿化程度能有效增加对二氧化碳的固碳量，单位建筑面积折算建筑绿化系统的 CO_2 固碳量可采用文献[18]方法计算：

$$G_{ca} = \frac{G_c - 600}{40} \times \frac{R_g A_s}{A} \tag{5-18}$$

G_{ca}：单位建筑面积的绿化系统年 CO_2 固碳量；G_c：单位建筑面积的绿化系统 40 年 CO_2 固碳量；R_g：住区绿地率；A_s：住宅总用地面积；A：住区总建筑面积。

2）低碳技术创新效益率

低碳效益包括低碳技术创新所带来的经济效益和社会效益，经济效益主要以低碳技术创新贡献率和低碳技术创新碳排放回报率来衡量，计算公式如下：

① 低碳技术集成创新收益率＝低碳技术集成创新收益/项目投资占用资源总额×100%。

$$R_{vct} = V_{ct}/C_r \times 100\% \tag{5-19}$$

R_{vct}：低碳技术集成创新收益率；V_{ct} 指通过多种低碳技术集成的开发，经采用后的预期收益；C_r：项目投资占用资源总额，是指建设项目中所耗资源总费用。

其中低碳技术集成创新收益可以用两部分的收入计算，即企业参与低碳项目建设的政府补贴 S_g，按照当前政府对企业的补贴标准存是参照绿色建筑项目认证等级按建筑面积补贴，根据 2012 年财政部和住房城乡建设部出台的相关文件 2012 年奖励标准为二星级绿色建筑 45 元/平方米，三星级绿色建筑 80 元/平方米。奖励标准将根据技术进步、成本变化等情况进行调整。则政府补贴的收益有：

$$S_g = \alpha M \tag{5-20}$$

其中，α 为补贴系数（比如三星级为 45 元/平方米），M 为该项目的低碳或绿色建筑面积。

另外一部分收益为企业参与建设项目的碳减排总量所带来的碳交易收入，如当期碳交易价格为 P，项目每年由于采用低碳技术集成创新所产生的碳减排总量为 Q_t，Q_k 为建设项目采用的第 k 种低碳技术（注：此处为广义低碳技术创新，包括有利于控制碳排放的管理方法、理念、工艺、技术等）对二氧化碳减少的贡献值，每项低碳技术对项目低碳效益产生的权重为 ω_k，V 为碳排放减少数量参与碳交易所得的交易价值，则有：

$$V = PQ_t = P\sum_{k=1}^{n}\omega_k Q_k \tag{5-21}$$

则低碳技术创新的预期收益为：$\pi = V + S_g = P\sum_{k=1}^{n}\omega_k Q_k + \alpha M$ （5-22）

如果考虑技术集成创新投入的时间价值，可套用改进型净现值公式，则有低碳技术集成创新收益的财务净现值(NPV)的公式为：

$$NPV(t)^{*} = \sum_{i=1}^{n} (C_{i(t)} - C_{o(t)} + V + S_g)(1+i)^{-t} \tag{5-23}$$

其中为技术集成创新期望回收期，则该技术集成创新投入的效益增值为：

$$\Delta NPV = \sum_{i=1}^{n} \left(\alpha M + P \times \sum_{k=1}^{n} \omega_k Q_k\right)(1+i)^{-t} \tag{5-24}$$

通常情况下，投资者对预期碳交易价格一般采用上一年碳交易价格的均值计算(目前中国在上海等相关城市已经建立了交易试点，数据容易获取，也可采用芝加哥气候变化交易所 CCE(Chicago Climate Change)公布的交易单价计算)即有：

$$\Delta NPV = \sum_{i=1}^{n} \left(\alpha M + P_0 \times \sum_{k=1}^{n} \omega_k Q_k\right)(1+i)^{-t} \tag{5-25}$$

最终的低碳技术集成创新收益率为：

$$R_{ct} = \left(\sum_{i=1}^{n} \left(\alpha M + P_0 \times \sum_{k=1}^{n} \omega_k Q_k\right)(1+i)^{-t}\right) / C_r \times 100\% \tag{5-26}$$

② 低碳技术集成创新投资碳排放回报率

低碳技术集成创新投资碳排放回报率是指单位项目低碳技术集成创新投资额所带来的二氧化碳减排量，该指标很好地反映投资者对低碳技术创新投入的决策程度。一般情况下，每一种低碳节能技术都有一个碳排放效益基准介绍，如果实际投资花费所带来的减排量大于基准值，则该方案可行。在项目评估过程中，该指标越高，则说明投资越有潜力，碳减排效果越好。

$$R_b = Q_e / C_{cti} \tag{5-27}$$

R_b：低碳技术集成创新碳排放回报率；C_{cti}：低碳技术集成创新投资费用；Q_e：CO_2 排放减少量，$Q_e = \sum_{k=1}^{n} Q_{k_e}$，$Q_{k_e}$ 为每一种低碳技术碳减排量，一般以公吨计算，该数值可以参阅项目采用低碳技术介绍中有关节能与碳排效益数据获得。其中低碳技术集成创新投入总额可以用该项目所采用的各种低碳技术投入费用总额来计算，即：$C_{cti} = \sum_{k=1}^{n} C_{ct_k}$，其中 C_{ct_k}：第 k 种低碳技术创新投资费用。

③ 社会效益评价

社会效益指标反映了建筑业的社会影响。建设项目的功能满足适用程度、建筑业低碳技术的应用普及、清洁能源机制的开展、带动相关产业的发展等均能衡量出低碳经济政策对社会的效用。低碳技术创新的社会效益主要是通过低碳建设项目作为载体展现出来,包括的环境改善和功能改善方面。其中环境改善主要检查建筑住区环境友好、空气质量、热舒适度等指标来体现;功能改善是从消费者使用的角度来评价建设项目低碳性能指标,项目要求符合国家标准、行业标准,使用安全、适用、美观、稳定[230,112]等宜居要求;此为定性评估指标,中国绿色建筑评估标准和美国 LEED 绿色建筑项目评估标准对此也有定性的评价。目前文献没有权威的定量评价方法,有定量评价的也是采用技术创新所带来的回报率或贡献率等,存在片面性。

本书认为,低碳技术集成创新的社会效益应包括功能效益和技术效益两部分,功能效益主要为定性评价,技术效益可以采用定量评价,社会效益评价是这两部分的效益定量与定性相结合的总和,以下是相关思路与计算方法:

第一,功能效益评价

功能指标是从使用功能的角度对建设项目进行评价的指标,建设项目符合国家、行业标准,满足安全、适用、美观、稳定性等要求。是定性评价指标,在实践中往往采用用户打分或专家打分,按照分数高低来判定。为尽量避免定性评价所带来的影响,本书拟采用经济学里的效用函数里的消费者满意度来计算此部分的功能指标。用户对建筑项目的社会效益评判往往是基于既定的标准或客户心理的参照物,这里笔者选定传统建设项目作为标准。假设两类建筑产品功能和用途都是同质的。一般意义上讲,低碳建筑产品的消费者满意度要高于传统建筑产品的消费者满意度,否则该项目不存在低碳建设的意义,其采用的低碳技术的社会效益无从谈起。即要满足消费者效用函数 $U_L > U_T$,U_L 为低碳建设项目的效用函数,U_T 为传统建设项目的效用函数。

根据上述分析和假设,则与 U_L 和 U_T 相关的低碳技术创新社会低碳效用相关因素主要有碳排放、空气质量、建筑绿化率、舒适度、节水、节电环境友好和其他同质性功能等,可用下式表示,为尽量减少评价者主观权重的影响这里采用加权平均来计算。

$$U_L = \sqrt[n]{CE_L, A_L, G_L, C_L, W_L, E_L, E_{nL}, O_L} \quad (5-28)$$

$$U_T = \sqrt[n]{CE_T, A_T, G_T, C_T, W_T, E_T, E_{nT}, O_T} \quad (5-29)$$

CE：碳排放；A：空气质量；G：建筑绿化率；C：舒适度；W：节水；E：节电；E_n：环境友好；O：其他通性功能，建筑功能、质量、出行等；则低碳技术集成创新带来的社会功能效益 F_B 可以表述为：

$$F_B = U_L/U_T \tag{5-30}$$

第二，技术效益

低碳本身是一个技术性指标，随着低碳经济的推进，低碳技术必将大有可为，建筑企业在项目建设过程中的低碳技术创新如果成功，可以给建筑产业带来示范效果，并引领其他参与主体的效仿。在本次调研时发现，大型建筑工程项目的成功实施往往伴随着很多的技术成果，如专利或先进的生产工艺等，建筑企业技术成果拥有数的多少给企业的形象和企业工程技术能力带来很大的正相关性。因此，可以采用工程项目低碳技术成果数来衡量建筑项目技术集成创新的技术效益。为增加对比度，这里采用低碳技术有效成果数量占建筑行业低碳技术总数来评价低碳技术集成创新的社会技术效益，这里称之为低碳技术集成创新社会贡献率①。即有：低碳技术集成创新社会贡献率＝低碳技术有效成果数量/建筑行业低碳技术总数×100％，用公式表达为：

$$T_B = Q_{lcti}/Q_{lctil} \times 100\% \tag{5-31}$$

T_B 表示低碳技术集成创新社会贡献率；Q_{lcti} 表示项目低碳技术有效成果数量；该数量的统计包含低碳技术专利数量和先进的低碳技术工艺数量等。Q_{lctil} 表示建筑行业低碳技术总数；T_B 越高，则该项目低碳技术创新的示范效用越高，企业的社会形象与工程技术能力越强。

则低碳技术创新产生的社会效益指标 $S_{lct-benifit}$ 可以用该技术所带来的功能效益与技术效益总和来表达：

$$S_{lct-benifit} = \tilde{\omega}_i F_B + (1-\tilde{\omega}_i) T_B \tag{5-32}$$

其中，$S_{lct-benifit}$ 表示低碳技术集成创新的社会效益评价，$\tilde{\omega}_i$ 为决策者评价权重。

综上对各指标来源及计算的分析，建设项目低碳技术集成创新系统管理的评价可以下式表示：

$$P = \sum(P_{LCS} + P_{LCC} + P_{LCT}) = \sum S_i W_i \tag{5-33}$$

① 此指标与文献（贾宏俊等，2010）[112]指标诠释有所不同。该文献认为低碳技术贡献率是低碳技术有效成果数量与资源消耗或占用量之比，即产出量与投入量之比。本书认为此指标仅能反映单位低碳技术投入的资源消耗量，而不能正确反映出贡献率。

P：低碳技术集成创新系统管理评价；P_{LCS}：低碳技术集成创新保障体系评价；P_{LCC}：低碳技术集成创新管理控制体系评价；P_{LCT}：低碳技术集成创新管理绩效体系；S_i 为各级指标评估分数；W_i 为各级指标权重。权重确定方法有多种，如专家打分法、层次分析法等，因这两种方法具有一定的主观性。目前较为流行的是用粗糙集评价法来确定权重，这样相对客观一些，权重确定本书将在5.3部分进一步介绍。

5.2.4 居民建筑碳源分解及计算方法

要计算建筑碳排放，首先要分析建设项目各阶段碳排放源分析。碳排放源的识别业界一般有2种方法，一种是碳源状态的方法即把碳源列为固定碳源、移动碳源和过程碳源进行分别识别[114]；另一种是基于碳流理念的方法，最为典型的是全寿命周期评价方法，如文献 Hawkins et al. (2006)[231]，G. Q Chen (2011)[232]。考虑到建筑产业碳排放源的复杂性和多样性，本书认为采用全寿命周期分析方法较为合理，从设计、施工、营运、交通出行、维护与管理、建筑拆除和废建材处理6个阶段进行分解，找出碳排放源以利管理和评估。因建筑设计规划阶段的碳排放仅涉及建筑企业的日常能耗而不涉及项目本身，此阶段碳排放一般忽略不计。后续各阶段的碳排放源可按图5－5碳排放流程示意图分别核算。

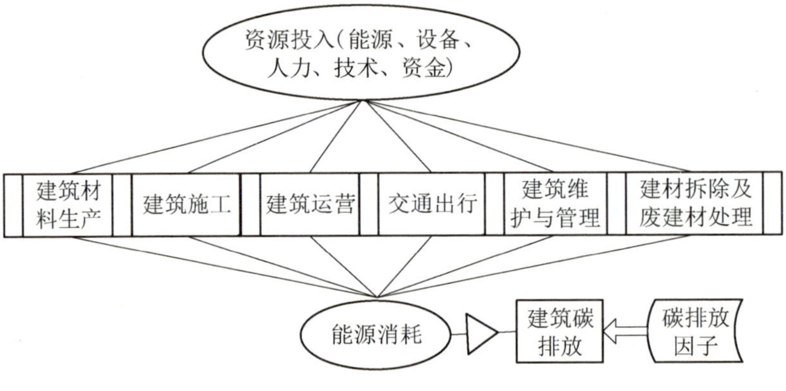

图5－5 基于全寿命周期的建筑碳排放流程示意图

(1) 建材生产与建筑施工阶段：建筑施工阶段是建筑碳排放最多的一个阶段。过程复杂，周期又长，使用的材料和资源最多。施工碳排放过程包括建筑主体施工、供水工程、电气工程和交通施工等几个过程；涉及的能源有：水、电、石化燃料(如柴油)；建筑材料有：砖、水泥、石灰、沙石、钢材、木料、钢材及其他建筑材料；需要用到的设备比较多，如运输车、推土机、挖掘机、压路机等(具体材料和设备投入视施工单位实际采用为准），还包括家电设施的安装与调试等（详见图 5－6）。此过程碳排放计算为施工阶段能源消耗折合对应碳排放因子后的总和加上建筑施工阶段的材料内含能综合计算所得（内含能部分在前一节有阐述，此处不再赘述）。

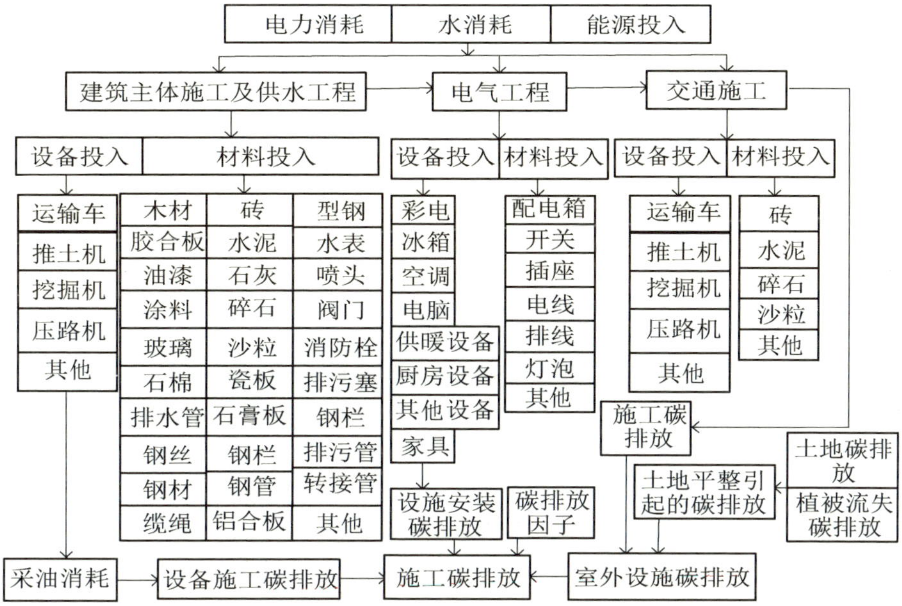

图 5－6　建筑施工阶段碳排放源分解示意图

（2）建筑运营阶段：建筑运营阶段的碳排放计算时间跨度大、周期长；主要的碳排放分为建筑日常运营碳排放和居民日常生活“三废”处理碳排放，涉及的能源消耗有：电、水、柴油、天然气、煤气、煤，清洁能源（如太阳能、生物质能）等，其碳排放数量为日常厨房设备碳排放、家电设施碳排放（如空调、彩电等）、化石燃料碳排放（如供暖）和生活垃圾处理碳排放等（图 5－7）。

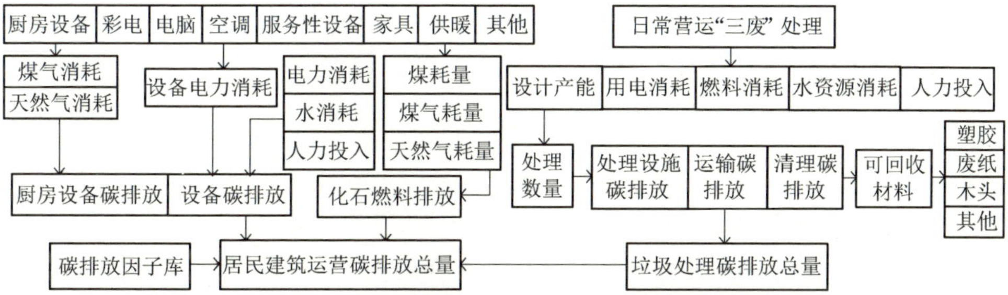

图 5－7　建筑运营阶段碳排放源分解示意图

(3) 交通出行阶段：交通出行阶段碳排放源主要是车辆燃油消耗碳排放，交通出行方式的不同（如公交、地铁、轨道交通、公路、飞机、水路等）涉及的实际能耗也有所不同，相关能源种类有电力、石化燃料（如柴油、汽油）等。此过程碳排放计算为各施工阶段能源消耗折合碳排放因子后的总和（图5-8）。

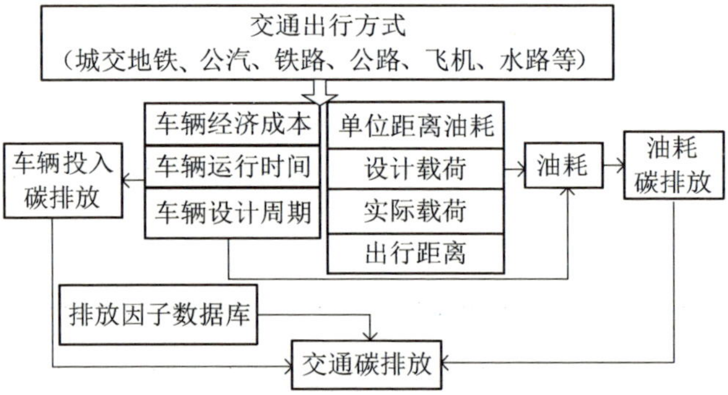

图5-8　交通出行阶段碳排放源分解示意图

(4) 建筑维护与管理阶段：建筑维护管理阶段的碳排放源稍微有点复杂。主要是指物业公司提供的各种综合性服务（如建筑维修、设备维修、环境、交通、安全等正常公共服务和专门性服务活动所引起的能源消耗（电力、水等）碳排放）详见图5-9（具体材料和设备投入须根据此阶段实际采用量为准）。

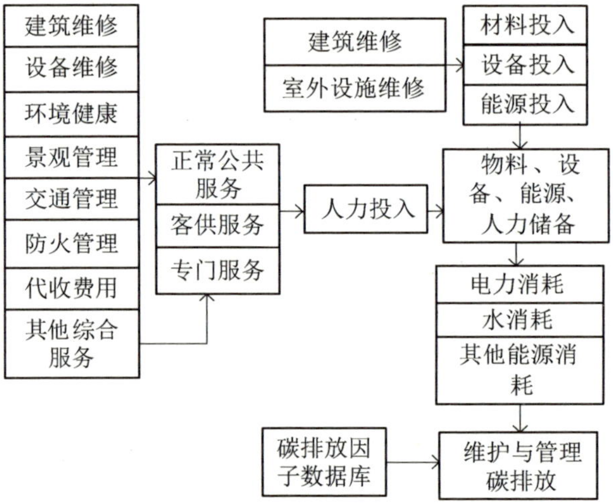

图5-9　建筑维护与管理阶段碳排放源分解示意图

(5) 建筑拆除及建筑废弃物处理阶段：此阶段为建筑生命周期碳排放源的最后一环，该阶段的碳排放源分为拆除过程碳排放和建筑废物处理碳排放。主要投入设备有：推土机、压路机、挖掘机、运输车等；涉及的能源消耗有：电力、水、柴油或汽油；其中弃物处理的还涉及建筑总体废弃物处理产能和物料回收等的碳排放。详见图 5-10。

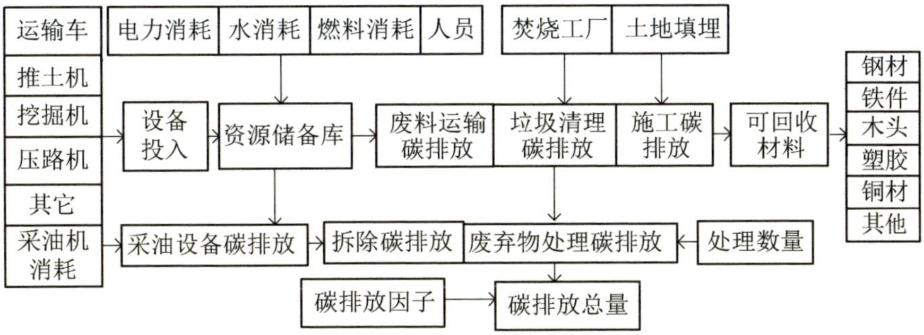

图 5-10　建筑拆除及废弃物处理阶段碳排放源分解示意图

基于以上分析，建筑碳排放的计算是在累积建筑项目施工、营运、交通出行、维护与管理、建筑拆除及废建材处理各阶段的能源消耗所引起的建筑碳排放的综合总和。

5.3　建筑产业低碳技术集成创新系统管理粗糙集评价

建设项目评价方法很多，但评价是否公正合理，关键在于指标的权重确定。目前业界对低碳项目或绿色项目评价在实践操作中多以传统的层次分析法或模糊层次评价法来确定权重，这两种方法的评价结果受主观因素影响较大。各指标权重一般是由某个专家或专家团队确定，该方法简单，直观，但带有一定的主观性，而且专家团队的个人偏好也会对评价结果产生影响，不利于对事物进行客观评价。而粗糙集评价法可以避免这一误区，粗糙集评价法是以实验数据为依据，对数据本身进行挖掘，从而找出事物间的内在规律，比模糊层次评价法更具客观性，更能反映评价结果的真实性。

5.3.1　粗糙集理论

粗糙集理论(Rough Set)[233]是波兰数学家 Z. 帕夫拉克(Z. Pawlak)教授于 1982 年提出的一种数据分析理论，它的最大特点是：不需要提供求解问题时所需处理的数据集合之外的任何先验知识，仅对实测数据本身进行分类处理即可发掘隐含知识，揭示潜在的数据内部规律；可处理不完备的数据信息，能在保留关键数据信息的前提下对数据进行化简并求出知识的最小表达；能评估数据间的依赖关系，从经验数据中获取易于验证的分类规则，有利于智能控制[234,235]。

假设知识集库用四元组表示为 $K=(U, R, V, f)$，U 是全域构成的集合，$U=\{X_1, X_2, \wedge, X_m\}$，$R$ 是属性特征变量集，对于每个子集 $X \in U$ 和一个等价关系 $R=\mathrm{ind}(K)$，可以根据 R 的基本集合描述划分集合 X。V 是属性值的集合。为了衡量 $\{des(Yi), Yi \in R\}$，精确说明 X 中对象的隶属度情况，作如下定义：

定义 1
$$R\_(X)=U\{Y \in U/R: Y < X\} \tag{5-34}$$
$$R^{-}(X)=U\{Y \in U/R: Y \cap X \neq \varnothing\} \tag{5-35}$$

分别称他们为 X 的 R 下近似和 R 上近似。也把 $pos_r(X)=R\_(X)$ 称为 X 的 R 正域，是对于知识库 R,U 中所有一定能归入 X 的集合。

定义 2 令 $K=(U, R)$ 为知识库，且 $P, Q \subseteq R$。

当 $k=r_p(Q)=card(pos_p(Q))/card(U)$ 时，称知识库是 K 度可导的。$r_p(Q)$ 可以看作是 Q 和 P 之间依赖性的度量。

定义 3 一个知识表达系统可以表示为 $S \leqslant U, C, D$，这里 U 是对象的集合，$C \cup D=R$ 是属性集合，并且子集 C 和 D 分别称为条件属性和结果属性，$V=U_{a \in A} V_a$ 是属性值的集合，V_a 表示属性 $a \in R$ 的范围。$f: U \times R \rightarrow V$ 是一个信息函数，它指定 U 中每一个对象 X 的属性值。

知识表达系统的这个定义可以用表格形式来实现，列表示属性，行表示对象，这样的数据表称作知识表达系统。为了找出某属性或属性集的重要性，需要从表中去掉另外一些属性，再来考察没有该属性后分类会怎样变化。若去掉该属性会相应的改变分类，则说明该属性的强度大，即重要性高；反之说明该属性的强度小，即重要性低。

属性集 C 导出的分类属性子集 $B' \subseteq B$ 的重要性，用两者依赖程度的差度，即 $_{RB}(C) -_{RB-B'}(C)$ 来进一步确定各指标的权重，步骤如下：

(1) 从最低一层指标开始，建立其对上一层父指标的知识表达系统(KRS)，各子指标即构成条件属性集合 C，上层父指标即为决策属性 D。设 $C=\{a_1, a_2, \cdots, a_i, \cdots, a_n\}$。

(2) 对知识表达系统进行数值化处理，并删除重复行。

(3) 求出各个条件属性的 $pos_{c-a_i}(D)$。

(4) 计算各条件属性的重要性 $P_i = r_c(D) - r_{c-ai}(D)$ 或公式(5－36)来计算。

$$\mu_R = \frac{|\,|pos_P(Q)| - |pos_{P-|R|}(Q)|\,|}{|U|} \tag{5-36}$$

(5) 进行归一化处理，即先使 $P_A = \sum_{i=1}^{n} P_i$，然后求出 $W_i^0 = P_i / P_A$ 即是子指标 a_i 关于其父指标的权重。利用以上方法分别求出各指标对上一级指标权重后。即可从上一级开始，自上而下求出各级指标关于评价目标的综合权重。由下面公式计算得出：

$$W_i = \sum_{j=i}^{m} a_j b_{ij} \tag{5-37}$$

其中 a_i 是一级指标相对于评价目标的权重，b_{ij} 是二级指标相对于一级指标的权重。

然后还需要确定各指标的隶属度，先分析各指标的特点，确定出各指标的隶属函数，把待评价对象各个指标的参数值 X_i 及其对应的标准值分别代入其隶属函数计算出隶属度 $\mu A(X_i)$。

最后，利用线性加权法对各指标进行综合评价，

$$P = \sum_{j=1}^{n} W_i \mu A(X_i) \tag{5-38}$$

项目对象与参照项目对象的计算结果 P_1、P_2 进行比较，即可确定待评估项目的低碳技术集成创新系统管理绩效水平。

5.3.2　权重确定与算例分析

为验证上述指标的可行性和合理性，在上海市杨浦区建筑业管理署和上海市绿腾能源科技(上海)有限公司帮助下，按照上述 5.2.2 设定的指标，挑选了 15 个建设项目进行调研。具体数据说明如下：定量数据直接采用各项目原始数据，定性指标则通过各项目团队专家内部打分，然后对数据直接进行离散化处理。对各项目的低碳技术集成创新管理绩效进行评价，邀请 5 位专家座谈，根据建筑项目实际情况按照指标体系打分，获得一手数据。因指标的多样性和项目样本数据获得的局限性，本书在实际分析中先对指标体系简化处理，对二级指标

下的三级指标分段计算，即按照低碳技术集成创新投入保障体系、低碳技术集成创新管理控制体系和低碳技术集成创新管理绩效评估体系 3 个方面对各分项指标权重先行确认，再逐步计算二级和一级指标，下面是以低碳技术集成创新系统管理评价体系中保障体系的权重确定做出的算例分析：

表 5－14 中左半部分为 15 个项目的实际值，其中有 2 个指标为专家根据项目实际情况定性给出的分数（以 1、2、3）为尺度评分。右半部分为 5 个专家对各个项目分别打分知识表达系统，去掉一个最高分和一个最低分，最终总分作为决策属 F。对该表数据进行离散化处理，得到该知识表达系统简化表见图 5－5。

其中：低碳技术投资率（Z_{11}）：1－0～1.0％；2－1.1％～2.1％；3－2.2％～3.1％。专业技术人员比例（Z_{12}）：1－10％～40％；2－41％～70％；3－71％～100％。公平合理的评价体系（Z_{13}）：1－一般；2－良好；3－优。政策设置合理系数（Z_{14}）：1－1.21—1.40；2－1.41—1.61；3－1.61—1.81。技术开发能力（Z_{15}）：1－一般；2－良好；3－优。F：1－229—242；2－243—256；3－257—271。

表 5－14　低碳技术集成创新绩效评估保障体系评分表

论域	低碳技术创新保障体系指标					专家评分					
	Z_{11}	Z_{12}	Z_{13}	Z_{14}	Z_{15}	E_1	E_2	E_3	E_4	E_5	F
C_1	2.1％	45％	1	1.4	1	85	76	83	75	82	241
C_2	1.5％	29％	1	1.21	1	76	84	85	88	90	257
C_3	2.0％	71％	1	1.38	1	78	86	83	91	87	256
C_4	0	35％	2	1.41	1	74	82	80	83	88	245
C_5	2.1％	60％	3	1.72	1	70	79	72	78	83	229
C_6	3.1％	35％	1	1.4	2	77	82	75	83	87	242
C_7	1.9％	25％	1	1.45	3	82	79	75	92	90	251
C_8	1.8％	71％	2	1.40	1	81	68	75	82	84	238
C_9	1.3％	50％	1	1.39	1	78	83	88	87	92	258
C_{10}	2.0％	45％	3	1.63	3	80	92	88	85	79	253
C_{11}	2.5％	48％	3	1.3	2	89	70	85	83	86	254
C_{12}	0.8％	10％	2	1.15	3	90	82	89	85	79	256
C_{13}	1.2％	75％	2	1.3	2	84	86	89	92	95	271
C_{14}	2.3％	100％	3	1.65	3	86	81	89	79	83	250
C_{15}	1.8％	23％	3	1.81	2	90	91	94	86	87	268

表 5 - 15　低碳技术集成创新绩效评估体知识表达系统简化表

Case	Z_{11}	Z_{12}	Z_{13}	Z_{14}	Z_{15}	F
C_1	2	2	1	1	1	1
C_2	2	1	1	1	1	3
C_3	2	3	2	1	1	2
C_4	2	1	1	2	1	2
C_5	2	2	1	3	1	1
C_6	3	1	1	1	1	1
C_8	2	3	2	1	1	1
C_9	2	2	1	1	1	3
C_{11}	3	2	3	1	2	2
C_{13}	2	3	2	1	2	3
C_{14}	3	3	3	3	3	2

由表 5 - 15 可得如下表达式：

$U/Ind(Z_{12-15}) = \{(C1, C9), (C2), (C3), (C4), (C5), (C6), (C8), (C11), (C13), (14)\}$

$U/Ind(Z_{11}, Z_{13-15}) = \{(C1, C2, C9), (C3, C8), (C4), (C5), (C6), (C11), (C13), (C14)\}$

$U/Ind(Z_{11}, Z_{12}, Z_{14}, Z_{15}) = \{(C1, C9), (C2), (C3, C8), (C4), (C5), (C6), (C11), (C13), (C14)\}$

$U/Ind(Z_{11-13}, Z_{15}) = \{(C1, C5, C9), (C2, C4), (C3), (C6), (C8, C13), (C11), (C14)\}$

$U/Ind(Z_{11-14}) = \{(C1, C9), (C2), (C3, C8, C13), (C4), (C5), (C6), (C11), (C14)\}$

$U/f = \{(C1, C5, C6, C8), (C2, C9, C13), (C3, C4, C11, C14)\}$

$U/C = \{C1, C2, C3, C4, C5, C6, C8, C9, C11, C13, C14\}$

则：

$pos_{(Z_{12-15})}(F) = \{C2, C3, C4, C5, C6, C8, C13, C11, C14\} = 9$

$pos_{(Z_{11}, Z_{13-15})}(F) = \{C4, C5, C6, C11, C13, C14\} = 6$

$pos_{(Z_{11}, Z_{12}, Z_{14}, Z_{15})}(F) = \{C2, C4, C5, C6, C11, C13, C14\} = 7$

$pos_{(Z_{11-13}, Z_{15})}(F) = \{C3, C6, C11, C14\} = 4$

$pos_{(Z_{11-14})}(F) = \{C2, C4, C5, C6, C11, C14\} = 6$

$posC(F) = \{C1, C2, C3, C4, C5, C6, C8, C9, C11, C13, C14\} = 11$

故可求得：

$rc(d) = 11/11 = 1$

$rc_{(Z_{12-15})}(F) = 9/11 = 0.82$

$rc_{(Z_{11}, Z_{13-15})}(F) = 6/11 = 0.55$

$rc_{(Z_{11}, Z_{12}, Z_{14}, Z_{15})}(F) = 7/11 = 0.64$

$rc_{(Z_{11-13}, Z_{15})}(F) = 4/11 = 0.36$

$rc_{(Z_{11-14})}(F) = 6/11 = 0.55$

进一步求得：

$rc(d) - rc_{(Z_{12-15})}(F) = 1 - 0.82 = 0.18$

$rc(d) - rc_{(Z_{11}, Z_{13-15})}(F) = 1 - 0.55 = 0.45$

$rc(d) - rc_{(Z_{11}, Z_{12}, Z_{14}, Z_{15})}(F) = 1 - 0.64 = 0.36$

$rc(d) - rc_{(Z_{11-13}, Z_{15})}(F) = 1 - 0.36 = 0.64$

$rc(d) - rc_{(Z_{11-14})} = 1 - 0.55 = 0.45$

经归一化处理后，各属性变量的权重分别为：$Z_{11} = 0.09$；$Z_{12} = 0.22$；$Z_{13} = 0.17$；$Z_{14} = 0.31$；$Z_{15} = 0.21$。

以同样的方式可以分别算出低碳技术创新过程控制评估体系和低碳技术创新综合集成管理体系评估的各指标权重(表 5 - 16)。

表 5 - 16　低碳技术创新管理系统集成评价体系指标权重

一级指标	权重	二级指标	权重	三级指标	权重
低碳技术创新保障体系(X_1)	0.44	资源保障(Y_{11})	0.11	低碳技术集成创新投资率(Z_{11})	0.09
				低碳技术专业人员参与比例(Z_{12})	0.22
		制度保障(Y_{12})	0.07	评价低碳的标准是否合理(Z_{13})	0.17
				组织运营成本(Z_{14})	0.31
		技术保障(Y_{13})	0.19	低碳技术采用率(Z_{15})	0.21
低碳技术创新管理过程控制体系(X_2)	0.34	过程控制(Y_{21})	0.08	低碳技术集成创新投入强度(Z_{21})	0.15
				低碳选材(Z_{22})	0.12
				低碳工艺(Z_{23})	0.09
				单位产值能耗(Z_{24})	0.11

续　表

一级指标	权重	二级指标	权重	三　级　指　标	权重
低碳技术创新管理过程控制体系(X_2)	0.34	系统集成管理控制(Y_{22})	0.16	主体协同度(Z_{25})	0.15
				参与主体冲突管理能力(Z_{26})参与	0.21
				参与主体合同履约率(Z_{27})	0.17
低碳技术创新综合集成绩效体系(X_3)	0.22	低碳性能(Y_{31})	0.15	单位建筑面积碳排放(Z_{31})	0.15
				能源节省率(Z_{32})	0.30
				单位面积固碳量(Z_{33})	0.30
		低碳效益(Y_{32})	0.24	低碳技术集成创新收益率(Z_{34})	0.05
				低碳技术集成创新碳排放回报率(Z_{35})	0.15
				低碳技术集成创新社会效益(Z_{36})	0.05

根据以上指标权重的确定，就可以很清楚地对建筑产业低碳技术集成创新系统管理绩效做出评估。如在本次案例的前四个建筑项目①的评价，根据各案例的原始数据和部分专家打分的综合评价，经计算，笔者可得各建设项目的低碳技术集成创新系统管理绩效得分排名分别为 $l_2 > l_3 > l_4 > l_1$。

从上述案例分析权重确定来看，建筑产业的低碳技术集成创新系统管理绩效评价在创新投入保障体系、创新管理控制体系和综合集成绩效体系等三个阶段评价的权重比例各有不同。本书算例分析得出的权重分别为 0.44，0.34，0.22，说明管理者普遍重视的是低碳技术集成创新前期的投入保障和中期的管理控制，而对于后期的低碳性能和低碳效益评价关注度则相对较小。

5.4　本 章 小 结

本章通过对国内外有关绿色建设项目的评价体系和现有文献的分析，提炼出建筑产业低碳技术集成创新系统管理评价的初步指标，运用探索性因子分析

① 此四个案例数据来源有 2 个来自上海市杨浦区建筑业管理署归口管理企业绿色建设项目：C1：杨浦区某街道就近安置动迁配套商品房项目(一期)(绿色建筑)；C2：杨浦区某街道就近安置动迁配套商品房项目(普通建筑)；另外 2 个来自绿色认证公司提供的 LEED 认证项目案例，分别为 C3：UL－CCIC 某公司苏州实验楼(LEED)认证项目；C4：某公司医疗器械(苏州)办公楼(LEED 认证项目)。由于部分商业数据客户暂时需保密，以上评价结果不影响本书的结论，故此处没有进一步展开论述。

和专家访谈相结合的方法确立了评价体系指标清单。并从集成创新系统管理角度，构建了建筑产业低碳技术集成创新系统管理评价体系。把该体系分为低碳技术集成创新管理的保障体系、控制体系和综合绩效评估体系等三个层面。然后对指标的选取依据、来源和测算方法进行了详细的阐述与分析，并以居民建筑为例，基于碳流理念及全寿命周期理论，对低碳建筑的碳排放源及计算方法进行了讨论。最后运用粗糙集评价，确定了该评价体系的指标权重。通过算例分析发现，“保障体系和控制体系”二大部分的指标在该体系中的权重得分较高，说明管理者普遍重视的是低碳技术集成创新前期的保障性投入和中期的管理控制，对于后期的低碳性能和低碳效益评价关注度则相对较小。

本章是对建筑产业低碳技术集成创新系统管理评价做出新的探索，旨在为第 4 章有关低碳技术创新管理障碍因素技术标准评价不统一的问题提出一些建议和评价方案。当然在实践中因项目背景差异性会产生一定的偏差，本书主要是在低碳技术集成创新系统管理的评价思路和管理方法上做出探索。

第6章 建筑产业低碳技术集成创新参与主体博弈及激励机制分析

本章从政策激励约束机制角度，首先分析了建筑产业低碳技术集成创新各参与主体的基本关系，然后就建筑企业在执行低碳技术创新政策时项目业主、政府和监管机构的博弈关系及效用进行分析。基于建设项目参与主体和政府监管机构的低碳技术集成创新的委托-代理模型，讨论了此条件下的最优激励机制和监督成本，探讨建筑企业在实施低碳技术集成创新过程中的风险承担、政府监管力度的影响因素和各主体参与合谋形成条件。为促进建筑产业的“碳锁定”破解和中国实现“高碳”经济模式向“低碳”经济模式的转换提供理论依据，也为第 4 章有关政府支持和鼓励不足的障碍因素提出可能的解决方案，并就政府发展低碳建筑技术集成创新的激励机制、监管机制和打击合谋方面提供积极建议。

6.1 建设项目低碳技术集成创新参与主体关系分析

在发展低碳技术集成创新过程中，建设工程内部参与主体与政府之间存在委托-代理关系。虽然政府可以采取立法形式，制定关于企业节能减排的法律法规，但由于建设工程本身复杂性和参与主体多样性特点，使委托-代理双方存在严重的信息不对称性，加之监督检查成本的存在，政府不可能完全了解企业在低碳技术创新发展方面所做的努力。因此，政府和企业存在隐藏行动的道德风险，作为委托人的政府有必要制定一个科学合理的激励和监督机制，从政策角度让企业积极地参加低碳技术集成创新的活动，以更好地解决第 4 章所反映的“政府支持与鼓励不足"的障碍因素问题。

在能耗方面,"中国的建筑使用能耗占全社会总能耗约 28%,建筑是未来刚性碳排放的三大领域之一"[236]。建筑工程作为一个复杂的系统工程,有着参建单位多、技术要求高、施工难度大、建设环境复杂[237]等特点。要推进低碳技术及其创新在建设工程的应用,首先要理顺各参与主体在低碳技术创新过程中的利益关注点和效益均衡,才能有效地推行低碳建设项目的顺利发展。

一项建设项目从设计到施工的过程中有多方参与主体。从建筑节能角度来看,这些参与主体包括政府单位、设计单位、建设单位、施工单位、监理单位和合同能源管理和专业节能服务公司等。政府借助高校及科研设计单位提供的有关低碳建筑技术的科学依据,要求或建议建设单位实施有关低碳技术的推广和应用,并由科研单位对各参与主体提供低碳建筑的技术支持(这里把政府及相关科研单位统称为政府)。低碳技术集成创新实施的关键要看企业如何配合政府要求和协调各方主体的利益关系,使各方主体能够自愿参与到低碳技术创新活动中来,比如材料厂商、施工单位和建设单位等(这里统称为项目业主)。而低碳技术集成创新最终效果的评估离不开监理公司、合同能源管理及专业节能服务公司等的监督(这里统称为监管机构)。按照博弈论有关信息经济的委托代理理论,各参与主体关系见图 6-1。

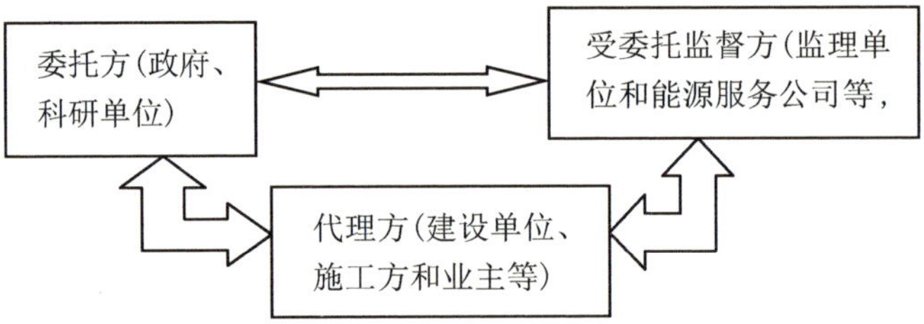

图 6-1 低碳建筑技术集成创新参与主体委托代理示意图

从政府投资建设项目诸多问题产生机理的文献分析可以看出,由于建设工程项目复杂性和长周期性导致了建筑各方参与主体的信息不对称性。代理方是否有努力地执行国家低碳技术政策,监管单位是否有尽到其监管任务等是一个值得思考的问题,在现行的委托代理机制下委托人、代理人和监管人之间的博弈不可避免,各参与主体都力争最大限度地获得最大收益,包括政府给出的激励补贴等。

6.2　低碳技术集成创新参与主体间委托代理模型

按照信息经济学委托代理理论相关定义，在非对称交易中，存在信息优势的一方称为代理人，另一方为委托人。在建设企业是否进行低碳技术创新的发展过程中，政府相关环境政策和法律法规是公共信息，但是项目业主开发低碳技术的成本信息、技术效益和努力程度等是非公开信息，因此政府是委托人，项目业主是代理人[238]。这里先讨论只有政府和项目业主间的双方主体博弈，然后讨论有第三方监管时的多方博弈及激励机制。

6.2.1　模型基本假设

假设 1：假定 a 为项目业主的一个一维努力变量，采用低碳技术集成创新所带来效益产出函数采取如下线性形式：$x=\lambda a+\mu$，μ 是一个均值为零、方差为 σ^2 的正态分布随机变量，代表外生的不确定性因素，即随机干扰变量；$\lambda(\lambda\in R,0\leqslant\lambda\leqslant 1)$ 为与努力变量 a 有关的效益产出因子，主要包括项目业主开展低碳技术集成创新活动努力所带来的效益因子。则政府在推行低碳技术集成创新的期望效益产出为 $E(x)=E(\lambda a+\mu)=\lambda a$，方差 $\mathrm{var}(x)=\sigma^2$，即项目业主的努力水平决定总体效益的产出值，但不影响产出方差。

假设 2：假定委托人-政府和科研机构是风险中性的，代理人-项目业主是风险规避的。政府所关注的是项目业主最终的生态效益产出水平，一般情况下要与项目业主订立一个 CO_2 减排标准 T_0，然后根据项目业主低碳技术集成采用状况进行奖惩。因此，政府制定的激励合同 $S(x)$ 可分为两部分，第一部分为固定环境生态补贴 S_0，第二部分为低碳技术集成创新激励补贴，是指项目业主的努力水平 a 产生的超出（低于）碳减排标准 T_0 得到的超额奖励（惩罚）。假设奖惩因子为 $\xi(\xi\in R,0\leqslant\xi\leqslant 1)$，则超额奖励（惩罚）项为 $\xi(x-S_0)$，所以激励合同 $S(x)$ 为：

$$\begin{aligned}S(x)&=S_0+\xi(x-S_0)\\&=\xi(x_0+\lambda a+\mu)+(1-\xi)S_0\end{aligned}\tag{6-1}$$

假设 3：设项目业主的效用函数具有不变绝对风险规避特征，即 $U=$

$-\mathrm{e}^{-\varepsilon w}$，其中 ε 是绝对风险规避度量，w 是实际货币收入。

假设 4：设项目业主的努力成本函数是 $C(a)=\frac{1}{2}\beta a^2$，用货币等价物来测定，$\beta>0$ 是成本系数，β 越大，同样的努力 a 带来的负效用越大。它与项目业主实施低碳技术的能力负相关，即项目业主技术创新能力越强，行动成本 $C(a)$ 就越低。

6.2.2 最优激励机制分析

政府采取的是风险中性策略，所以作为委托人的政府期望效用等于期望收入：

$$\begin{aligned} Ev(x-S(x)) &= E(x-S(x)) \\ &= \lambda a + x_0 - \xi\lambda a - (1-\xi)S_0 \end{aligned} \tag{6-2}$$

由假设 3，项目业主采取的是风险规避策略，业主的效用函数具有不变的绝对风险规避度，$U=-\mathrm{e}^{-\varepsilon w}$，所以项目业主在采用低碳技术时的实际货币收入为：

$$w=S(x)-C(a)=\xi(x_0+\lambda a+\mu)+(1-\xi)S_0-\frac{1}{2}\beta a^2 \tag{6-3}$$

其中
$$E(w)=\xi\lambda a+(1-\xi)S_0-\frac{1}{2}\beta a^2 \tag{6-4}$$

项目业主确定性等价收入为其实际货币收入的期望值减去其收入的风险成本，即：

$C_p=E(w)-\frac{\varepsilon\xi^2\sigma^2}{2}$，把(6-4)式代入得：

$$C_p=\xi\lambda a+(1-\xi)S_0-\frac{1}{2}\beta a^2-\frac{\varepsilon\xi^2\sigma^2}{2} \tag{6-5}$$

其中，$\xi\lambda a+(1-\xi)S_0$ 是项目业主的期望收入，$\frac{\varepsilon\xi^2\sigma^2}{2}$ 是项目业主风险成本 $C(\varepsilon)$，$\frac{1}{2}\beta a^2$ 是项目业主的努力成本 $C(a)$，当 $\xi=0$ 时，风险成本为 0。当 $\xi=1$ 时，风险成本为 $\frac{\varepsilon\sigma^2}{2}$，此时即使政府补贴再多的钱给项目业主也不能激励低碳

技术的采用，因为惩罚力度太大，项目业主收益会小于 x_0。

假设 x_0 为项目业主采用正常建筑技术所带来的固定合同受益，即企业的保留收入水平。显然，如果项目业主的确定性等价收入小于 x_0，项目业主将不接受政府制定的激励合同。此时项目业主的参与低碳技术集成创新意愿的约束条件可以表示如下：

$$\xi\lambda a+(1-\xi)S_0-\frac{1}{2}\beta a^2-\frac{\varepsilon\xi^2\sigma^2}{2}\geqslant x_0 \tag{6-6}$$

如前所述，建筑企业在低碳技术集成创新过程中，政府与建设项目参与主体间存在信息不对称。政府不能观察到项目业主的努力水平，所以项目业主将选择努力程度 a 最大化自己的确定性等价收入。根据莫里斯(Mirrlees，1979)和霍莫斯特姆(Holmstrom，1979)的激励相容约束原理，可以用以下一阶条件来代替：

$\dfrac{\partial C_p}{\partial a}=\left(\xi\lambda a+(1-\xi)S_0-\dfrac{1}{2}\beta a^2-\dfrac{\varepsilon\xi^2\sigma^2}{2}\right)=0$，一阶条件最大化，化简得：

$$a=\frac{\xi\lambda}{\beta} \tag{6-7}$$

对于给定(a,ξ)，项目业主的激励相容约束意味着 $a=\xi\lambda/\beta$，政府的问题是如何选择(a,ξ)，构建拉氏函数，解下列最优化问题：

$$\begin{cases}\max\limits_{a,\xi}-S_0(1-\xi)+(1-\xi)\lambda a=\max\limits_{a,\xi}(1-\xi)(\lambda a-S_0)\\ \text{s. t. }(IR)\xi\lambda a+(1-\xi)S_0-\dfrac{1}{2}\beta a^2-\dfrac{\varepsilon\xi^2\sigma^2}{2}\geqslant x_0\\ (IC)a=\xi\lambda/\beta\end{cases} \tag{6-8}$$

将参与约束 IR 和激励相容约束 IC 代入目标函数，计算简化，上述最优化问题可以重新表述如下：

$$\max_{\xi}\frac{\xi\lambda^2}{\beta}-\frac{(\xi\lambda)^2}{2\beta}-\frac{\varepsilon\xi^2\sigma^2}{2}-x_0 \tag{6-9}$$

再对 ξ 取一阶条件解得：$\xi=\dfrac{\lambda^2}{\lambda^2+\beta\varepsilon\sigma^2}>0$　　(6-10)

上述条件意味着，项目业主实施低碳技术集成创新投入必须承担一定的风险。承担风险的大小 ξ 取决于绝对风险规避度 ε、外生随机变量的方差 σ^2、努力成本系数 β 以及技术集成创新效益产出系数 λ。极端情况下，如果企业是风险中性($\varepsilon=0$) 时，政府最优激励合同要求项目业主承担完全的风险(此时 $\xi=1$)。另外，对式(6-10)求导，可以看出：

(1) $\dfrac{\partial \xi}{\partial \varepsilon}=-\dfrac{\lambda^2\beta\sigma^2}{(\lambda^2+\beta\varepsilon\sigma^2)^2}<0$，即风险规避度 ε 与项目业主承担风险大小 ξ 负相关。风险规避度越大，项目业主承担风险越小，对应的风险成本就越小，其参与低碳技术创新的动力就高；反之，风险规避度越小，项目业主所承担的风险就越高，与之对应的风险成本就越高，项目业主的参与意愿就会很谨慎。

(2) $\dfrac{\partial \xi}{\partial \sigma^2}=-\dfrac{\lambda^2\beta\varepsilon}{(\lambda^2+\beta\varepsilon\sigma^2)^2}<0$，即外生随机干扰变量 μ 的方差 σ^2 也与承担风险大小 ξ 负相关。企业的随机干扰因素越多(如来自政策、法律、自然和社会等方面的干扰)，项目业主所承担风险就越大，投资不确定性因素增加，项目业主参与积极性就会受到打击；相反，如政府能营造一个相对较好的低碳技术创新环境，减少外在随机干扰因素，项目业主的能动性就会增加。

(3) $\dfrac{\partial \xi}{\partial \beta}=-\dfrac{\lambda^2\varepsilon\sigma^2}{(\lambda^2+\beta\varepsilon\sigma^2)^2}<0$，即努力成本系数 β 与承担风险大小 ξ 负相关。这个相对较易理解，项目业主付出的努力越大，其可控的因素变大，承担的风险就越小；反之，则风险越大。因此政府在制定激励措施时，要尽可能地对评估项目业主努力程度指标定量化或透明化，以更好地激励参与主体努力实现政府低碳减排目标。

(4) $\dfrac{\partial \xi}{\partial \lambda}=\dfrac{2\lambda\beta\,(\varepsilon\sigma^2)^2}{(\lambda^2+\beta\varepsilon\sigma^2)^2}>0$，即低碳技术集成创新效益产出系数 λ 与承担风险大小 ξ 正相关。也就是说，高风险意味着高回报，低碳技术集成创新效益因子 λ 越大，企业最优风险分担要求 ξ 越大。

总之，ε，σ^2，β 越大，最优风险分担要求 ξ 越小；ε、σ^2、β 与 ξ 呈负相关关系，低碳技术集成创新效益因子 λ 越大，企业最优风险分担要求 ξ 越大，λ 与 ξ 呈正相关关系。如果政府能够制定一个合适惩罚激励因子 ξ，就可以引导项目业主积极参与低碳技术采用的努力水平。根据上面分析可知，容易得出政府规定的最优风险分担为 $\xi=\dfrac{\lambda^2}{\lambda^2+\beta\varepsilon\sigma^2}$，此时项目业主达到最优效益的努力水平为 $a=\dfrac{\lambda^3}{\beta(\lambda^2+\beta\varepsilon\sigma^2)}$。

6.3　激励约束机制下政府、业主和监管机构间成本效益分析

基于建筑工程的复杂性原因，项目业主具有委托人不能拥有的私有信息，政府对于项目业主在执行低碳政策上所做的努力水平 a 只能通过外在可观测的低碳技术集成创新效益 x 来评估，x 受外部不确定随机干扰因素 μ 的影响，这里可以用方差 σ^2 用来衡量政府和项目业主之间信息不对称的强度。从项目业主获得最大效益努力水平 $a=\dfrac{\lambda^3}{\beta(\lambda^2+\beta\varepsilon\sigma^2)}$ 可知，决定项目业主努力变量 a 的几个因素中，成本系数 β、低碳技术集成创新效益产出因子 λ 和绝对风险规避度 ε 都不是政府所能控制的，政府可通过调整 μ，即方差 σ^2 来影响企业的努力水平 a。因此，政府得雇佣第三方监管机构来监督项目业主是否有按其签订的合同执行低碳政策以降低外部随机变量 μ 的干扰，即减小信息不对称(σ^2)的影响，制定更加有效的激励合同[239]。根据图 6－1 分析，该监管机构主要由监理公司、合同能源管理及专业节能服务公司等联合组成。通过上述激励契约模型来继续讨论受政府委托监管机构的监督措施及其成本效益。

由 6.2 部分公式(6－2)分析所知，假设政府的期望收益记为 $E(a)=\lambda a-\xi\lambda a-(1-\xi)S_0$，从式(6－5)可知项目业主确定性等价收入为 $C_p=\xi\lambda a+(1-\xi)S_0-\dfrac{1}{2}\beta a^2-\dfrac{\varepsilon\xi^2\sigma^2}{2}$，又假设项目业主具有不变的绝对风险规避度 ε，总的确定性等价收入可表示为：

$$TC_p=E(a)+C_p=\lambda a-\xi\lambda a-(1-\xi)S_0+\xi\lambda a+(1-\xi)S_0-\frac{1}{2}\beta a^2-\frac{\varepsilon\xi^2\sigma^2}{2}$$

整理得：

$$TC_p=\lambda a-\frac{1}{2}\beta a^2-\frac{\varepsilon\xi^2\sigma^2}{2} \tag{6-11}$$

把式(6－7)a 代入式(6－11)得到执行低碳技术政策后总确定性等价收益为：

$TC_p=\dfrac{\lambda^2\xi}{\beta}-\dfrac{1}{2}\beta\left(\dfrac{\lambda\xi}{\beta}\right)^2-\dfrac{1}{2}\varepsilon\xi^2\sigma^2$，再把(6－10)代入左式整理得：

$$TC_p = \frac{1}{2\beta}\left(\frac{\lambda^4}{\lambda^2 + \beta\varepsilon\sigma^2}\right) \tag{6-12}$$

有一种特例是，当绝对风险规避参数 $\varepsilon = 0$ 时，政府没有委托-代理成本，政府没有必要降低 σ^2。此时项目业主的收益为 $TC_p = \frac{\lambda^2}{2\beta}$，仅仅与实施低碳技术集成创新的成本系数和效益产出因子 λ 有关，表明项目业主不用努力就能正常得益，这在现实中是不很实际。本次研究更关注的是当 $\varepsilon > 0$ 的研究意义，即政府如何通过降低 σ^2 强化对项目业主发展低碳技术集成创新的激励，即提高 ξ，同时而降低代理成本。

从(6-12)式知，政府通过降低 σ^2，可以使政府总确定性等价收益提高。而降低 σ^2 最常用的一种方法是加强监督检查(因为信息的不对称，靠项目业主自觉是不现实的)，但是政府没有足够精力和专业知识来执行检查，只能委托第三方专业监管机构来执行，故政府需要在收益与成本之间进行权衡。根据信息经济学相关文献[238]，假定($C(\sigma^2)$)是政府加强监督的成本函数，且 $C(\sigma^2) = \frac{k}{\sigma^2}$，其中 k 为监督成本系数，即政府越要减少 σ^2 的影响程度，付给第三方监管机构的费用就越大；当 $C(0) = \infty$ 时，此时政府要做到100%信息对称几乎是不可能的，因为成本太高。当 $\sigma^2 \to \infty$ 时，$C(\infty) = 0$，政府会放弃监管，因为这时推行低碳技术创新政策由于信息的安全不对称，政府等于白补贴给项目业主却得不到预期效果。此时政府的则净收益函数为：

$$W(\sigma^2) = TC_p - C(\sigma^2) \tag{6-13}$$

根据微观经济学原理，要选择 σ^2 最大化净收益，边际效益要等于边际成本，一阶条件满足：

$\partial W(\sigma^2)/\partial(\sigma^2) = (TC_p - C(\sigma^2))' = 0$，即：

$$\frac{\partial TC_p}{\partial \sigma^2} = -C'(\sigma^2) = -\frac{k}{(\sigma^2)^2} \tag{6-14}$$

将 $TC_p = \frac{1}{2\beta}\left(\frac{\lambda^4}{\lambda^2 + \beta\varepsilon\sigma^2}\right)$，$C(\sigma^2) = \frac{k}{\sigma^2}$ 代入式(6-14)，可得：

$$\frac{1}{2}\frac{\lambda^4\varepsilon}{(\lambda^2 + \beta\varepsilon\sigma^2)^2} = \frac{k}{(\sigma^2)^2} \tag{6-15}$$

解得：

$$\sigma^2=\left(\sqrt{\frac{\varepsilon}{2k}}-\frac{\varepsilon\beta}{\lambda^2}\right)^{-1} \tag{6-16}$$

式(6－16)即为政府采取监督措施的均衡点(图 6－2)。从(6－14)可以看出，降低 σ^2，边际成本 $-\dfrac{k}{(\sigma^2)^2}$ 随 σ^2 的下降而上升，边际收益也随 σ^2 的下降而上升，但 σ^2 作用于边际成本的效果快于边际收益的上升效果(因边际成本表达式分母要比边际收益表达式分母大，极端例子有当 $\sigma^2\rightarrow 0$ 时，边际收益趋向于 $\dfrac{1}{2}\lambda^2\varepsilon$，但是边际成本 $-k/(\sigma^2)^2\rightarrow\infty$)。若边际成本曲线处处都低于边际收益曲线(图 6－3)，此时委托人就会选择 $\sigma^2=0$，因为委托监管成本太高；另外，若边际收益曲线处处低于边际成本曲线(图 6－4)，政府的预期收益不足以弥补其投入，则委托人就不会花费任何成本去降低 σ^2，则产生政府不作为。

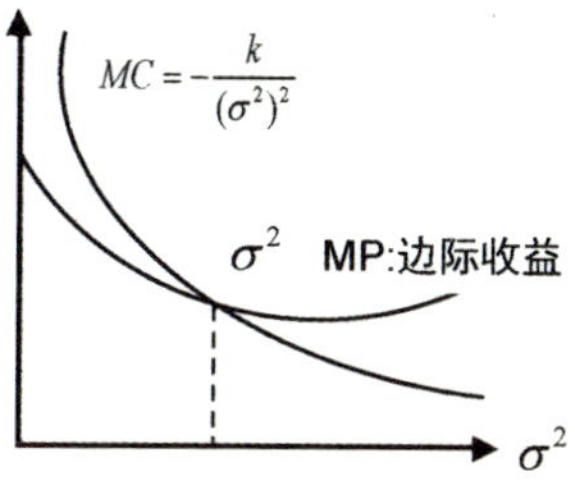

图 6－2　MC＝MP

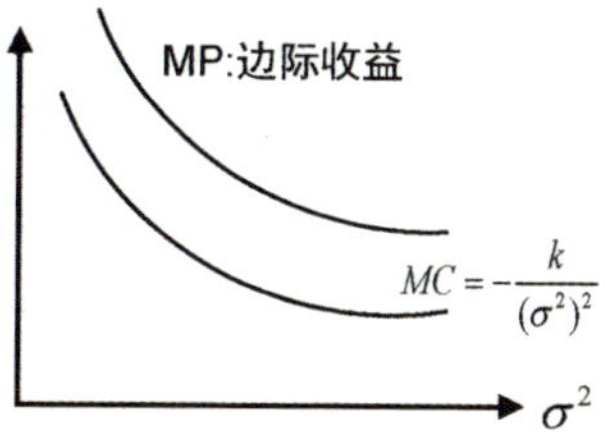

图 6－3　MC≪MP

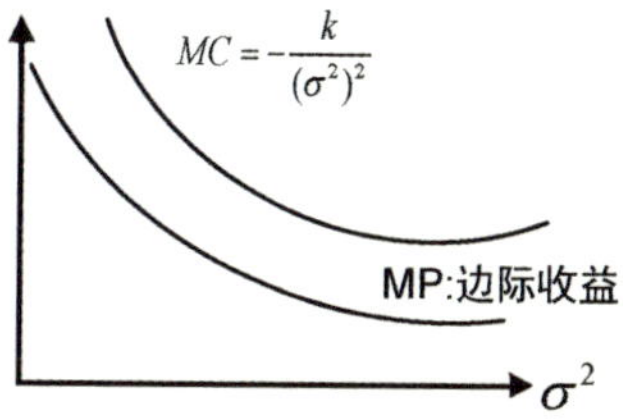

图 6－4　MC≫MP

再来探讨各参数变量与方差 σ^2 的关系，同样可对式(6－16)求导得：

(1) $\dfrac{\partial\sigma^2}{\partial k}=\sqrt{\dfrac{\varepsilon}{8k^3}}(\sigma^2)^2>0$，即监督水平 σ^2 与 k 正相关。政府监督越困难(k 值越大)，委托第三方监管的边际成本越高，则 σ^2 越大，政府推动低碳技术创新的积极性越低；如强行发展，项目业主和监管机构则存在合谋机会(此点将在 6.4 部分讨论)。

(2) $\dfrac{\partial\sigma^2}{\partial\beta}=\sqrt{\dfrac{\varepsilon}{\lambda^2}}(\sigma^2)^2>0$，即监督水平 σ^2 与参数 β 正相关。项目业主努力的边际成本越高，在给定激励下的努力产出 ($a=\xi\lambda/\beta$) 就越低，对给定 σ^2 下最优的激励就越低 $\left(\xi=-\dfrac{\lambda^2}{\lambda^2+\beta\varepsilon\sigma^2}\right)$，政府监督的边际收益越低，政府积极性自然也降低。说明政府应根据客观环境和各项目业主努力的边际成本，采取不同的监督力度，如实行人员派驻监管或外部定期监督稽核等。

(3) $\frac{\partial \sigma^2}{\partial \lambda}=-\frac{2\varepsilon\beta}{\lambda^3}(\sigma^2)^2<0$，即监督水平 σ^2 与参数 λ 负相关。项目业主努力带来的边际收益产出因子 λ 越大，监督带来的总边际收益越高，则委托人越有积极性进行监督，投入相应成本，项目业主也愿意进行低碳技术创新。

(4) $\frac{\partial \sigma^2}{\partial \varepsilon}=\frac{2\beta\sqrt{2k\varepsilon}-\lambda^2}{2\lambda^2\sqrt{2k\varepsilon}}(\sigma^2)^2$，即监督水平 σ^2 与参数 ε 具有非单调关系，同时受参数 β、k 和 λ 的共同影响。原因在于 σ^2 和 ε 通过两个方面共同对总确定性等价收入 $TC_p=\frac{1}{2\beta}\left(\frac{\lambda^4}{\lambda^2+\beta\varepsilon\sigma^2}\right)$ 产生作用，一是通过对最优激励参数 $\xi=-\frac{\lambda^2}{\lambda^2+\beta\varepsilon\sigma^2}$ 的影响，二是通过对风险成本 $C(\sigma^2)$ 的直接影响。但风险规避度 ε 对总收益 TC_p 总效应是负的。政府在制定激励政策和监管机制时应充分考虑建筑企业的风险规避度，项目业主的努力成本、政府监管成本和效益产出，以达到模型(6－16)的均衡。

6.4 建设项目低碳技术集成创新各方参与主体合谋及博弈分析

以上分析是基于各参与方风险中立和效益最大化基础上的激励机制探讨。由于建设工程的特殊性，特别是大型工程建设项目，其承包人的资质就排除了其他承包人承建的可能性，也就是说项目业主具有供应有限性。当项目业主从项目建设中获得报酬时，其他人得不到这种报酬，所以项目建设又具有了排他性。这两种特性为承包方寻租提供了条件，项目业主就可以从中创租和抽租[240]。政府在推广低碳技术创新项目和提供相关配套激励措施时，企业为了能获取更多的低碳环保补贴，不排除项目业主联合第三方监管机构合谋的动机。

为研究方便，本书只考虑项目业主和监管单位合谋套取政府最大激励补贴 ξ 的情况。假设合谋后项目业主能获得的最高补贴为 S_h，项目业主和监管单位按 p 比例抽成，政府的打击成功力度为 ω，其中 $0\leqslant\omega\leqslant1$，满足式(6－17)和(6－18)条件，否则合谋不成功。双方参与合谋的概率为 θ，政府对合谋的打压惩罚力度为 δ，作为委托方的政府，在未发现项目业主与监管单位合谋之前，关心的是推行低碳技术集成创新的总体收入 TC_p 是否最大，委外监督成本是否最

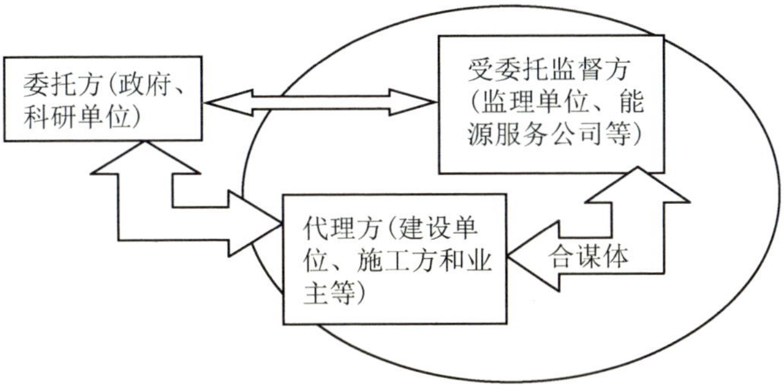

图 6-5　建筑项目低碳技术集成创新参与主体合谋示意图

小，即净收益 $W(\sigma^2)$ 是否最大化。

$$\begin{cases} MaxW(\sigma^2)=TC_p-C(\sigma^2)=\dfrac{1}{2\beta}\left(\dfrac{\lambda^4}{\lambda^2+\beta\varepsilon\sigma^2}\right)-\dfrac{k}{\sigma^2} & (6-17) \\ pS_h>C_p=\xi\lambda a+(1-\xi)S_0-\dfrac{1}{2}\beta a^2-\dfrac{\varepsilon\xi^2\sigma^2}{2} & (6-18) \\ (1-p)S_h>C(\sigma^2)=\dfrac{k}{\sigma^2} & (6-19) \end{cases}$$

容易知道，项目业主和监管公司合谋可以按比例 p 提取政府高额补贴 S_h。如合谋成功，项目业主可以省去努力成本，但风险成本不变。而监管公司可以在享受原有政府委托监管费用的基础上多获得 $\theta(1-p)S_h$ 的收益。假设 S_1 为项目业主通过正常努力获得的补贴 $(S_0\leqslant S_1\leqslant S_h)$，打击合谋成本为 $D(\delta)$，δ 为打击惩罚系数。若打击成功，则项目业主受到的惩罚为 δS_0（即项目业主不仅得不到补助，还得接受一定比例的罚款，甚至吊销营业执照），监管公司得到的惩罚为 $\delta(C(\sigma^2))$。参照文献[240]研究结果并简化，得出具体的博弈演化效用如图 6-6。这里假设政府为强势政府，即政府对于合谋行为一定会严厉打压。反之，如果项目业主和监管公司不合谋，不论政府打压合谋成功与否，双方的损益都不变。

由图 6-6 可以得出项目业主参与合谋的效用函数 U_k 为：

$$U_k=\omega\theta(-\delta S_0-C(\varepsilon))+(1-\omega)\theta(pS_h-C(\varepsilon))+(1-\theta)(S_1-C(a)-C(\varepsilon)) \tag{6-20}$$

式(6-20)当满足 $U_k\mid_{\theta=1}\geqslant U_k\mid_{\theta=0}$ 时合谋产生，由式(6-20)得：

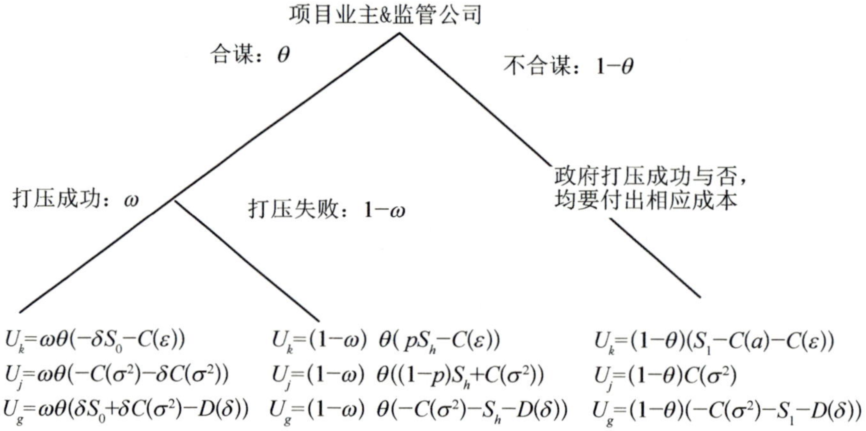

图 6-6　建筑项目低碳技术集成创新参与主体合谋博弈扩展示意图

$$U_k\mid_{\theta=1}=\omega(-\delta S_0-C(\varepsilon))+(1-\omega)(pS_h-C(\varepsilon))\geqslant U_k\mid_{\theta=0}$$
$$=S_1-C(a)-C(\varepsilon)$$

整理有：

$$\omega\leqslant\frac{C(a)+pS_h-\delta S_0-S_1}{C(a)+pS_h+\delta S_0}\tag{6-21}$$

已知，$0\leqslant\omega\leqslant1$ 才有经济意义，容易得出项目业主参加合谋抽成比例为：

$$p\geqslant\frac{\delta S_0+S_1-C(a)}{S_h}\tag{6-22}$$

可见，当项目业主知道参与合谋和不合谋的激励补贴，满足式(6-21)时，项目业主有合谋的动机，愿意按一定比例与监管公司分成。同时可以看出该合谋动机与项目业主的风险系数、政府监管费用无直接关系。

监管单位参与合谋的效用函数为 U_j，

$$U_j=-\omega\theta(1+\delta)C(\sigma^2)+(1-\omega)\theta((1-p)S_h+C(\sigma^2))+(1-\theta)C(\sigma^2)\tag{6-23}$$

同样，由式(6-22)可以得出监管公司参与合谋的条件为 $U_j\mid_{\theta=1}\geqslant U_j\mid_{\theta=0}$

$$\omega\leqslant\frac{(1-p)S_h}{(2+\delta)C(\sigma^2)+(1-p)S_h}\tag{6-24}$$

由于项目业主是低碳建设项目技术创新的主要参与主体，当项目业主不参与合谋时，该合谋行为就不会发生。如监管公司不参与合谋，项目业主也无法套取国家的高额补贴。故要使合谋发生，式(6-21)和式(6-24)要同时成立，根据理性假设，发生合谋行为的条件可表述为：

$$\omega \leqslant \min\left\{\frac{C(a)+pS_h-\delta S_0-S_1}{C(a)+pS_h+\delta S_0},\ \frac{(1-p)S_h}{(2+\delta)C(\sigma^2)+(1-p)S_h}\right\} \tag{6-25}$$

即：

$$\omega \leqslant \frac{(1-p)S_h}{(2+\delta)C(\sigma^2)+(1-p)S_h} \tag{6-26}$$

最后，笔者对政府打压合谋现象效用进行探讨。由上面分析知，政府期望的合理收益为 $W(\sigma^2)$，委托监管机构的费用为 $C(\sigma^2)$，打击合谋成本为 $D(\delta)$，δ 为打击惩罚系数。若打击成功，则项目业主的惩罚为 δS_0，监管公司得到的惩罚为 $\delta(C(\sigma^2))$。这里只讨论强势政府的执行策略，即不论企业是否合谋，政府都要投入一定的打压成本。

若合谋但打压成功，政府效用变化函数即福利损失为(这里假设政府效用目标不变，仍为 $W(\sigma^2)$)：

$$U_{g1}=\delta S_0+\delta\frac{k}{\sigma^2}-D(\delta) \tag{6-27}$$

若合谋但打压失败，政府效用变化为：

$$U_{g2}=-\frac{k}{\sigma^2}-S_h-D(\delta) \tag{6-28}$$

若不合谋但照样打压，政府效用变化为：

$$U_{g3}=-\frac{k}{\sigma^2}-S_1-D(\delta) \tag{6-29}$$

显然有：$U_{g1}\geqslant U_{g3}\geqslant U_{g2}$

这说明，理性的政府对以套取国家环保政策补贴为目的的合谋行为会采取严厉打压措施。此时政府在整个打压过程中总效用为：

$$\begin{aligned}
U_g &= \omega\theta U_{g1}+(1-\omega)\theta U_{g2}+(1-\theta)U_{g3}\\
U_g &= \omega\theta(\delta S_0+\delta C(\sigma^2)-D(\delta))+(1-\omega)\theta(-C(\sigma^2)-S_h-D(\delta))\\
&\quad +(1-\theta)(-C(\sigma^2)-S_1-D(\delta))\\
U_g &= \omega\theta\delta S_0+(\omega\theta\delta+\omega\theta-1)C(\sigma^2)-\theta(1-\omega)S_h-(1-\theta)S_1-D(\delta)
\end{aligned} \tag{6-30}$$

信息不对称情况下，无法预知合谋概率 θ，政府的打击效用只能通过控制打击惩罚力度 δ、调节打压经费 $D(\delta)$、环境生态最低补贴 S_0、业主努力所得的激励补贴 S_1、最高激励补贴 S_h 和委托监督成本 $C(\sigma^2)$ 等来实现。式(6－30)说明，政府控制建设项目低碳技术集成创新过程中的各参与主体的合谋行为可以通过多手段、多渠道实行打压。

6.5 低碳技术集成创新参与主体博弈对策建议与讨论

政府在推动建筑产业低碳技术集成创新项目的博弈过程中，由于信息不对称性存在，政府和项目业主、政府和委托监管单位之间容易形成一种委托代理关系，产生代理成本。为了激励项目业主及相关参与主体积极参与低碳节能技术创新，政府需制定合理的激励措施，采取适度监督水平。同时要对由此所造成的寻租和合谋行为进行打击，通过本章分析，提出建议如下：

(1) 在低碳技术集成创新管理激励机制设计方面，政府首先需要同建筑企业制定一个最低节能减排的低碳技术标准和碳排放目标，根据各单位完成情况实行不同的奖惩。其次，基于建筑工程产业的复杂性特征，应在充分论证和考虑项目业主风险规避度 ε、可观测的随机干扰变量 μ、项目业主努力成本系数 β 和低碳技术创新效益产出因子 λ 等的基础上，确定最优激励因子 ξ。当然政府也可根据效用函数影响参数制定特定策略。比如，对风险偏好型的项目业主，应该给予较高的激励强度，鼓励风险投资和低碳创新；对创新能力较弱和保守的项目业主，应该降低其激励强度；对在低碳技术创新活动努力程度不容易被观测的项目业主，则加大审核力度，设立多项观测点，并适度调整激励强度；对努力投入和自主进行低碳技术创新投入并产生环境边际收益较大的项目企业，应该提高激励强度。再次，政府应尽量为业主或企业创造一个良好的低碳技术创新环境，鼓励企业实施集成创新，联动创新等，减少随机不确定因素对企业的干扰。最后，对低碳技术集成项目的评估要系统、全面、透明和定量(此点在第五章已有讨论)；对定性评估项目，参与审核团队应做到公平和公正，多采纳群众意见等，以更好地激励建设项目业主，努力实现政府的低碳减排目标。

(2) 在政府监督机制制定方面，由于政府和项目业主之间存在信息不对称，政府应该采取合适的监督水平降低 σ^2 对最优激励水平 ξ 的影响。由分析知

$\sigma^2 = \left(\sqrt{\frac{\varepsilon}{2k}} - \frac{\varepsilon\beta}{\lambda^2}\right)^{-1}$ 政府的监督水平 σ^2 与参数 β 和 k 正相关，与参数 λ 负相关，与参数 ε 具有非单调性等特点。在综合考虑项目业主努力成本、监管成本、效益产出因子和风险规避度基础上，根据低碳建筑工程技术节能要求和标准，从建筑设计、建筑环境、建筑材料、建筑施工、建筑装饰等方面设定指标体系，有针对性地制定监督水平。建筑工程的复杂性决定了监管难度的复杂性，明确清楚的监控和评估体系才能使监管有理有据。

(3) 在政府打压企业合谋与寻租方面，即使是强势政府，合谋不可能完全消除，因为政府和合谋体之间的委托-代理关系总是存在，但可以采取措施，减少合谋行为的发生。项目业主与监管机构的合谋是以一定的经济利益为前提，因此，可采取以下措施：

首先，提高合谋成本，破坏其合谋基础，使项目参与各方不敢也不愿参与合谋行为[240]。如：对项目业主应加大惩罚力度 δ，实行信用终身责任制，一经查出有合谋行为便永不采用，即增大合谋体预期的损失，甚至追究相关法律责任；追缴业主不当所得和罚没创新补贴 S 等措施。对监管方如发现其违规行为则加大经济处罚力度；加大审计力度，对合谋者吊销营业执照、永久性取消其经营资格等；对表现优异，以合理成本完成工程建设低碳技术创新节能指标，达到预期效益的项目业主，给予特别优惠政策，即增加其收益预期。对监管方，实行适当的奖励，增大其现有收益，即提高 $C(\sigma^2)$，对表现优异的监管公司，可给予更多市场机会等。

其次，提高打压成功概率 ω，增大各参与主体的合谋风险，降低合谋的可能性。实行低碳建设项目招投标公开制度，工程实施过程透明化；加强打击方法的研究，提高打击成功概率和打压效用，即合理控制和调节 S_0，S_1，S_h，$C(\sigma^2)$ 和 δ。同时可实行群众监督和揭发制度。

再次，建立低碳建筑企业信用评估系统，对信用等级较高的企业，给予鼓励和更多的市场机会。对信用较差的企业，限制其招投标准入资格，对连续多次信用排后的企业，实施淘汰体制，以产生足够的威慑力。

最后，实施信息披露制度，建立低碳建筑工程项目信息系统并定期公开，接受群众监督。这样既可以减少打击成本，也可以避免工程项目的暗箱操作和减少信息的时滞性，提高打击效率。

其他相关政策措施，本书第 8 章将会进一步讨论。当然，政府和项目业主，政府和监管机构间的信息不对称现象一直存在，建筑企业各参与主体与政府，甚至建筑内部各参与主体间也存在信息性和博弈问题，而且这个博弈是动态的、多次的重复博弈。政府在推行低碳政策的效益函数不一定是如本书提出的线性关系，项目业主的努力成本也有可能是非抛物线关系，风险成本也可能是非指数函数关系等，这些都有待后续进一步研究。

6.6 本章小结

本章分析了建筑产业低碳技术集成创新各参与主体关系以及相互间的参与意愿、风险因素和效益，构建基于建筑产业低碳技术集成创新管理项目业主与政府间的委托代理博弈模型和激励约束机制模型，分析在此条件下的最优激励机制和监督成本，探讨建筑企业在实施低碳技术集成创新中的风险承担、政府监管力度的影响因素和各主体参与合谋形成条件和临界点，重点为第 4 章发现的低碳技术集成创新“政策激励不到位”的障碍因素提供对策思路，也为建筑项目低碳技术集成创新管理政策激励和监管提供一定的理论依据。

第7章 建筑产业低碳技术集成创新驱动力系统分析

本章运用系统动力学原理，首先分析了建筑产业低碳技术集成创新参与主体间的相互关系及各参与主体在此过程中扮演的角色。然后根据现有文献和企业调研，探讨各参与主体在低碳技术集成创新中存在的驱动力因素和因果关系，构建基于政府推动、企业参与的建筑产业技术集成创新驱动力驱动定性模型。最后运用系统动力学模拟分析低碳技术创新驱动动力源对建筑产业低碳项目数量和低碳技术集成创新企业参与数量的影响，探索各驱动力因素对低碳技术集成创新绩效的影响及作用机理，为低碳技术集成创新系统管理提供一定的理论依据和政策建议。

7.1 系统动力学研究基础

系统动力学的精髓在于以系统的观点去认识和解决系统所存在的问题，而运用系统思考、系统分析和系统模拟的思维解决问题也是系统动力学最主要的特征之一。作为多主体参与的建筑产业也是一个系统整体，而不是各部门或企业的简单集合。建筑企业在低碳技术集成创新转型过程中涉及的各参与企业系统内部的生产、计划、财务、销售、物流、研发和组织等子工作都应看成是一个系统。各种“流”(如信息流、物流、资金流)的汇集决定了产业低碳经济增长波动和碳排放控制目标实现的基本趋势，也决定了系统中持续涨落的“功能-结构”动态相互关系。系统内所有企业参与主体间的相互关系和行为取决于整个系统的性质和各个组成部分的性质。从这一点来说，系统动力学是用系统的观点来研究系统问题理论和方法的延续。

系统动力学中的一个主要特征是通过反馈回路来描述系统之间的关系和

结构。所谓反馈回路是耦合系统的状态、速率(或称行动、决策)、与信息的闭合通道。对应于系统的三个组成部分：单元、(单元的)运动与信息。反馈回路的极性有正负之分。仅含一个状态变量的反馈回路被定义为一阶回路。一阶反馈回路是系统的基本结构或称基本单元。一个复杂系统则由这些基本机构，再加上延迟、逻辑等环节，按照子系统、层次组织起来，从而组成总的反馈系统结构。这些反馈回路根据周围环境条件的变化产生耦合、交叉、相互作用，从而产生系统的总功能与行为。在建筑企业实行低碳技术集成创新过程中，产业内部系统存在诸多反馈回路，其中总存在一个或一个以上的主导回路，这些主导回路的性质及相互作用(包括竞争与协作)决定了产业内部实施低碳技术集成创新行为的性质及其变化与发展趋势，带动了主导动态结构作用及效果。除主导结构之外的其他系统组成部分则称之为非主导结构。主导结构和非主导结构共同存在，在某种特殊条件下还可以相互转化。这种关系相互和影响，最终导致了建筑产业低碳技术集成创新企业参与主体的集群行为和系统行为。利用系统动力学方法来研究建筑产业企业内部的低碳技术集成创新，既扩展了对系统的研究，同时又兼顾了建筑产业中工程复杂性的反馈特征。

构建系统动力学仿真模型，首先要确定系统研究的目标，然后根据所要解决的问题找出系统中有影响的变量(或因素)，用因果关系图描述复杂系统中各变量之间的关系，将一个复杂的系统用比较简洁和系统化的图形来表示。为进一步区别变量的不同性质，要根据因果关系图画出系统动力学流图，并用系统动力学专用语言建立系统仿真模型。

系统动力学流图主要由以下几部分组成[174]：

(1) 流为变量或状态变量(Level variable)，它反映物质、能量、信息等时间的积累，其取值是从系统初始时刻到特定时刻的物质流动或信息流动积累的结果，在系统中其值可以在任何瞬间观测(时点数)。在存量图中，状态变量是用一个矩形符号表示的，如图 7－1，指向状态变量的箭头为状态输入量，自状态变量向外的箭头表示状态变量的输出量，其中 R_1 为影响存量 L 的输入速率，R_2 为影响存量的流出速率。

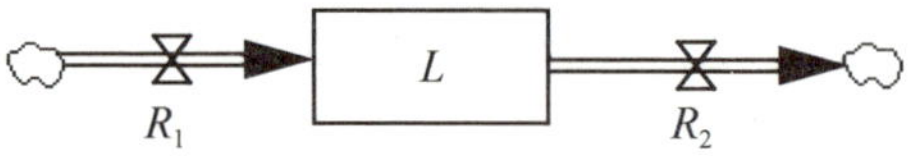

图 7－1 存量流量图的一般形式

(2) 速率变量(Rate variable),它用来描述系统的累积效应变化快慢的变量。速率变量描述了状态变量的时间变化,反映了系统的变化速度和决策幅度的大小,是数学意义的导数。在系统中,其值不能在瞬间观测,但可以观测它在一段时间内的区间取值(区间数)。在系统动力学中,速率通常以阀门的形式表示,如图 7-1 中的 R_1 与 R_2 表示的就是速率变量。

(3) 辅助变量(Auxiliary variable),它是表达决策过程中的中间变量,是分析反馈结构的有效手段,也是系统模型化的重要内容。在此过程中既不反映积累,也不具有导数意义,是描述从"状态变量"到"速率变量"之间的"局部结构"。当速率变量的表达式很复杂时,可以用辅助变量描述其中的一部分,使速率变量表达式简洁化。图 7-2 中圆圈中的"存量偏差"就是辅助变量。

(4) 常量(Constant)或参数,它一般为系统中的局部目标或标准,在一次仿真运算过程中保持不变的常数。但在多次仿真过程中根据研究需要是可以调整的参数。如图 7-2 存量流图中的"调节时间"和"期望存量"均为常量。

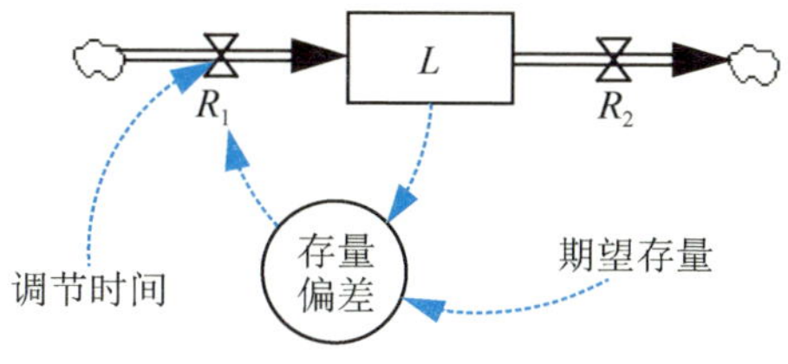

图 7-2　存量流量图中的辅助变量

7.2　建筑企业低碳技术集成创新驱动力分析

7.2.1　建筑企业低碳技术集成创新驱动力指标选取

建筑产业低碳技术集成创新涉及的技术种类范围广泛、参与主体众多。企业在实施低碳技术创新集成过程中存在诸多障碍和不确定因素,导致各主体参与低碳技术集成创新的驱动力因素迥异。因此,正确了解和识别建筑企业低碳技术集成创新驱动因素对推动建筑产业低碳经济的转型显得尤为必要。

有关低碳技术集成创新驱动力源的研究分析笔者在第 2 章 2.2.5 和 2.2.6 文献综述部分有所阐述。表 7-1 是对上述文献的归结汇总,从中可以发现,低碳技术创新的驱动力因素呈多样化趋势,既有来自企业内部的驱动因素,也有来自企业外部的驱动因素。涵盖了来自市场、需求、竞争、政策、技术进步和企业社会责任等方面的内容。因此,挖掘企业技术集成创新驱动力因素将有助于决策者制定相应的措施和做出更好的决策。以此为基础,本书选取一些代表性指标进行调查，以进一步研究建筑产业低碳技术集成创新驱动动力源。并为本书的系统动力学构建模拟提供一定的指标依据与理论基础。

表 7-1　企业技术创新和低碳技术集成创新驱动力因素研究文献汇总

序号	研究主题	动力源/驱动因素	文献来源
1	技术创新动力机制	内在需求、技术进步、外在激励	项保华(1994)[138]
2	技术创新驱动力因素	利润、成就和社会价值驱动	安立仁、张建申(1995)[139]
3	技术创新动力	内部：创新目标、创新意识、创新能力、内部制度 外部：科学技术发展、技术创新政策、技术创新制度	冯晓莉(2005)[140]
4	技术创新驱动力	内部：企业家精神、企业家利润、内部激励、企业文化 外部：科技推动、市场需求、竞争压力、政府支持	杨志海(2009)[141]
5	技术创新推动	技术进步与风险投资的推动、消费需求的拉动和行业竞争压力、政府的相关激励政策推动	庞建刚(2012)[142]
6	生态设计驱动	外部：法律和政府法规、环境压力、客户或产业环保要求、公众或环保组织的舆论披露、供应商环保材料上市需求，竞争者压力。内部：企业创新机遇、产品质量要求、新兴市场需求	C. van Hemel, J. Cramer (2002)[145]
7	绿色技术创新驱动	绿色技术创新主要来自市场需求、技术推动和生产需求	叶子青、钟书华(2002)[146]
8	绿色行为驱动	政府管制形成的管制许可证、利润动机形成的经济许可证和社会反响形成的社会许可证	万迈(2004)[148]
9	绿色技术创新驱动	政府法规要求、突破工艺瓶颈需要、应对社会舆论压力、用户需求、进入国际市场需	彭海珍 2007)[147]
10	绿色技术创新驱动	法规标准、政府强制、经济利益驱动、社会需求拉动、技术进步推动、职工工作条件	向刚、段云龙(2007)[149]

续　表

序号	研究主题	动力源/驱动因素	文 献 来 源
11	制造业低碳技术创新	应对政府监管、获取经济利益和竞争优势、维护企业声誉和企业公民责任与自发环保意识	华景阳(2011)[150]
12	区域低碳创新驱动	企业创新意识、利润和使命驱动、企业社会资本、市场驱动、技术成熟度、宏观环境驱动	Yi Jinchao et al. (2011)[158]
13	清洁能源技术创新驱动	科研人才、科研经费、创新激励措施、知识产权保护、创新文化	付丽苹、刘爱东(2012)[159]

7.2.2　建筑企业低碳技术集成创新驱动力因素调查

为有效探讨建筑产业实施低碳技术集成创新的动力源，本书借鉴上述文献研究成果，首先选取“获得经济利益和企业竞争优势、市场或客户需求、争取政府补贴、应对政府监管、企业自发环保及社会责任和企业技术进步需求”六大指标作为初步基础，探究建筑产业低碳技术集成创新动力源因素。

其次，选取部分企业代表进行调查以验证上述驱动力指标的代表性。考虑指标选取的严谨性和完备性，在调查过程中特地设立了“其他”选项，并要求被调查者填写具体内容。通过上海市杨浦区建筑业管理署和相关企业的帮助，共发出 250 份调查问卷，回收 159 份有效问卷，回收率达 63.6%。其中“其他”一栏，有一份问卷填写了“推动低碳技术的发展”，可以把它归结到“企业自发环保及社会责任”一类，说明此次调查选取的指标具有一定的代表性。此次调查对象中承包商代表占 32%，监理公司代表占 42%，建设单位(甲方)占 12.6%，材料商占 7.5%，其他(咨询公司或科研机构)占 5.9%。在被调查对象中，有 8 年以上工作经验的代表达 20%，有 6—8 年工作经验的代表达 13%，有 3—5 年工作经验的代表达 29%，低于 3 年工作经验的代表占 36%；有 21%的被调查者为企业的中高层管理者，24%的代表为企业技术骨干，18%的代表为基层管理干部。因此，此次的调查具有一定的代表性。通过进一步梳理得到各驱动力因素结果分布，如图 7 - 3。

最后，根据上述调查结果分析，笔者发现建筑产业企业低碳技术集成创新驱

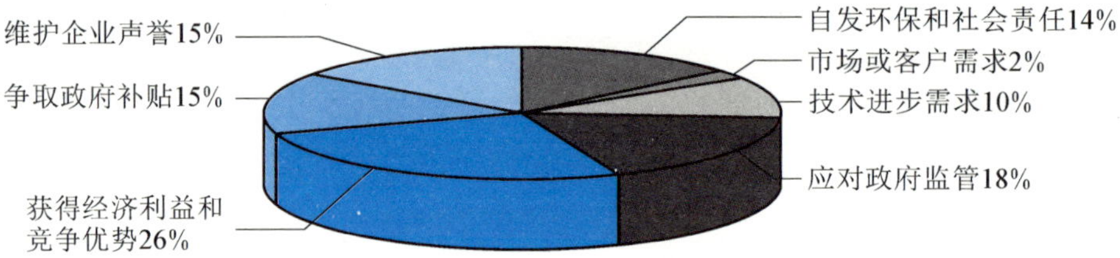

图 7-3　建筑企业低碳技术集成创新动力源调查汇总
（多选题，调查企业数 $N=159$）

动力因素主要呈现以下特点：

第一，"追求经济利益和竞争优势"占首要位置；在此次调查中成为当前建筑企业开展低碳技术创新活动最重要的动力源。这与文献[150]在制造业低碳技术创新驱动力调查结果相似。在回收的 159 份调查问卷中，有 26％的调查对象认为实施低碳技术集成创新最根本的动力源取决于该创新活动能否给企业带来竞争力优势和经济利益，这同中国近年来大力推行绿色节能建筑，实施低碳经济转型和改善气候环境的变化所采取的措施趋势是吻合的。在国家宏观战略调控下，以市场经济为导向的建筑企业可持续发展，从经济角度来考虑低碳技术集成创新活动是当前企业的理性选择。

第二，"应对政府监管"在此次调查中占到 18％的比例，成为建筑企业实施低碳技术集成创新的第二大驱动力因素。作为高能耗的建筑行业，由于企业自身定位的特殊性，在低碳技术集成创新的前期需要政府的强制和规范，企业在面临市场竞争压力下很难主动实施低碳技术创新，加上规范和评价标准的不统一，使建筑企业在低碳创新过程中带有一定的被动性。该选项比例较高的原因，反映了建筑企业低碳技术创新的积极主动性不强，企业自身并没有意识到加强低碳技术创新的必要性，需要政府的必要引导和监督。

第三，"争取政府补贴"、"维护企业声誉"和"自发环保和社会责任"，其驱动力作用几乎同等重要，此次调查的比例分别达 15％、15％和 14％，并列第三。这一方面反映了企业的低碳技术创新活动对政府补贴有一定依赖性，难以靠企业自主创新来带动低碳经济产业转型，需要政府引导和政策支持，如税收减免和政策补贴。另一方面也说明企业自身参与低碳技术创新意愿和环保意识还有待提高，政府需积极引导和鼓励企业参与低碳项目建设，加大扶持力度，培养企业自主创新精神，增强企业社会责任。

7.2.3　低碳技术集成创新驱动力因素专家访谈分析

上述调查结果来自建筑企业低碳技术创新的外在驱动因素分析。考虑到低碳技术集成创新参与主体的复杂性和多样性，笔者选取了部分建筑施工单位、设计单位、建设单位、材料商和科研机构等参与主体进行专家访谈，发现了与上述文献综述和问卷调查中没有触及的一些低碳技术集成创新驱动力因素，具体详见表 7－2。

表 7－2　建筑参与主体低碳技术集成创新驱力因素专家访谈汇总

参与主体	驱　动　力　因　素
建设单位	1) 对建设项目多目标综合实现的诉求，包括项目的经济效益、社会效益和建筑产品的碳排放效益；2) 实现项目本身的工程技术标准和进度要求
施工单位	1) 为企业创造更多的效益；2) 为在激烈市场竞争中取胜而采用低碳技术创新；3) 实现企业承接项目的环境绩效指标
设计单位	1) 解决设计阶段过程中可能碰到的技术难题，优化工程设计，达到效率提升的作用；2) 技术储备提升，争强企业的技术创新实力，增强设计单位自身竞争力
材料厂商	1) 追求经济效益和提升企业竞争优势；2) 对项目低碳预期性能水平与现实之间的差距；3) 设计单位和承包商对低碳材料和技术设备的需求
高校及科研单位	1) 完成理论研究转化为实用技术的科研使命；2) 为社会可持续发展培养大量的低碳技术人才和技术储备；3) 强化自主研发能力、低碳技术的产业化和市场化

作为低碳经济转型主要推手的政府机构，在面临全球变暖和能源短缺危机的宏观背景下，推进低碳节能产品的发展是大势所趋。政府部门担负着低碳技术创新宏观政策制定和具体环保目标实现的责任。其驱动力因素主要是实现国家低碳经济的转型，加强重点环保节能工程建设，实现节能减排和生态环境保护[241]，达到人与自然的生态和谐。

从上述企业调查和访谈结果来看，建筑产业各参与主体低碳技术集成创新驱动力因素内容呈多样化趋势，但占主要因素的内容基本集中在利益驱动和竞争驱动方面。因此，对于低碳技术集成创新的管理已经不是一个简单的“纯技术”活动，而是一个多维因素的系统、全面的创新驱动管理，涉及政府、企业和社会因素的系统集成。

7.3 建筑产业低碳技术集成创新参与主体动力系统分析

从上述建筑产业低碳技术集成创新驱动力因素分析来看，经济利润驱动是企业实施低碳技术集成创新最主要的动力源，其次才是其他因素，如客户需求、应对监管和企业技术设备升级等驱动，这基本符合市场经济理论的一般规律。企业参与低碳技术集成创新的绩效能否达到预期管理目标，要取决于决策者在低碳技术集成创新过程中对经济利润的追求大小。从第 5 章分析可知，建设项目能否被认定为低碳项目主要取决于该项目的社会、经济和低碳指标是否达成。而决策者对评价指标的权重确定将影响整个建设项目低碳技术集成创新管理绩效的评估。综合前面对低碳技术集成创新存在的障碍因素、评价指标、政府激励机制和上述创新驱动力因素的分析，以下部分是从系统动力学角度进一步分析各参与主体的驱动力因素及其相互关系，帮助决策者在面临多目标实现的决策时能清楚地了解各驱动力因素对低碳技术项目集成创新绩效的影响和敏感度。并以系统内建筑产业低碳项目数量和低碳项目建设企业参与数量的变化作为判断标准，分析各驱动力因素对其产生的影响。

为使系统动力学模型具有最一般的解释问题的能力和考虑模型运行的可行性，本书对系统动力学的模型假设如下：

(1) 低碳技术创新主体是企业，在建筑行业的创新主体主要包括设计单位、建设单位、承包商和材料厂商，科研单位和政府是支持单位。

(2) 企业均有参与低碳技术集成创新的意愿，各参与主体进行科技创新的直接动力是期望获得竞争优势和经济利润。

(3) 企业参与低碳技术集成创新可以带来一定的经济利润，但也存在着风险。企业应该有抵御风险的能力，同时也有创新冒险的动力。

(4) 政府可以为企业提供一个公平竞争的市场环境，企业参与低碳技术集成创新活动节省的碳排放指标可以到市场上自主交易。

(5) 建设企业参与低碳技术集成创新的收益大于引进科技成果的收益。

(6) 低碳技术创新的参与主体众多，技术种类复杂，建设项目周期存在不确定性因素，各部门的配合难免会出现执行迟缓现象。低碳及技术集成创新效益相应地会出现滞后现象，模型的各个环节会有延迟。

(7) 所有建设项目均为同质性产品。

显然，基于各参与主体自身角色定位影响，各参与主体对低碳项目实施的努力程度存在差异。低碳技术的采用和低碳建设项目的推广需要有一个强有力的动力源一起推动低碳项目的进行，而这个强有力的动力源就是来自政府的推动。政府鼓励建筑企业实施低碳技术集成创新，实施低碳项目建设，同时营造一个有利于低碳技术集成创新的产业环境。在此基础上，建设单位根据相关法规和项目工程技术要求对设计单位提出低碳设计需求，要求各级承包商和施工单位按照设计要求进行低碳施工、购买低碳材料、引进低碳设备和低碳工艺等。进而带动建筑产业内部材料厂商的低碳技术创新，形成一个低碳产业供应链创新驱动回路，推动整个建筑产业的低碳化。为研究方便，本书只选取能够对建设项目的低碳绩效影响较为密切的参与主体进行分析，即建设单位(开发商)、设计单位、承包商、材料商、高校及科研单位等参与主体，具体的低碳技术集成创新参与主体驱动力系统动力学概念模型见图7-4。

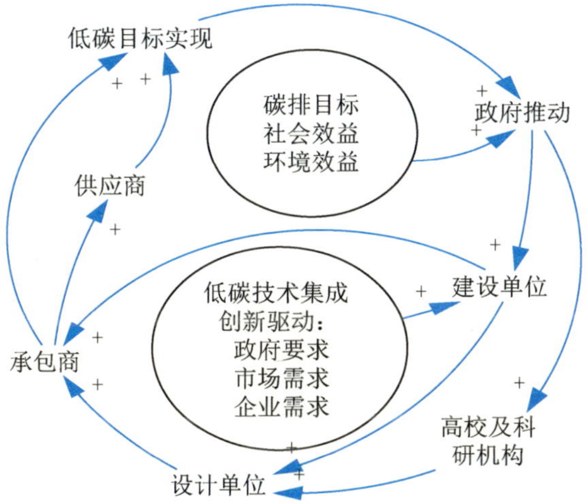

图7-4　建筑业低碳技术集成创新参与主体驱动力概念模型

7.3.1　建设单位低碳技术集成创新驱动力及因果回路分析

作为工程项目重要参与主体的建设单位，在低碳技术集成创新扮演着极其重要的角色。政府在推行低碳建设项目的过程中，需通过一定的技术创新激励措施，激励企业进行相应的低碳技术创新，建设单位在政府及其他驱动力因素驱动下要求设计单位进行低碳项目设计，实施低碳技术创新。这样，在政府与建设单位之间首先形成一个正反馈回路 R_1，推进低碳技术创新活动往下进行(详见图 7-5)。这就形成了低碳技术集成创新系统管理的第一个反馈路径：政府投入→低碳技术集成创新激励措施→建设单位投入→政府投入。该因果关系路径反映的是建设单位在经济利润驱动为主导因素情况下实施低碳技术创新的动力源与政府投入之间的因果关系。

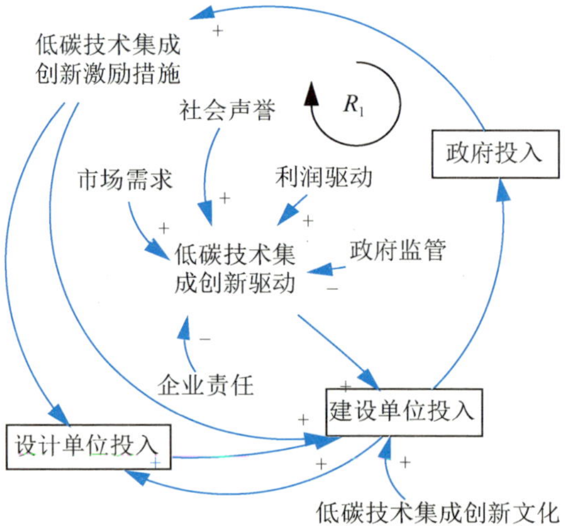

图 7-5 建设单位低碳技术集成创新驱动力系统动力学因果反馈模型

7.3.2 设计单位低碳技术集成创新驱动力及因果回路分析

与项目起始阶段紧密相关的设计单位，是建设项目低碳化设计技术创新的另一个重要参与主体。建设单位承接的工程项目要求、设计单位自身技术进步需求、市场竞争需求和政府对技术创新的激励等因素，引导设计单位做出低碳项目设计决策，引进技术创新人才，以满足建设项目碳排放控制要求和其他工程技术需求。这样就在设计单位、建设单位和政府之间形成第二个正反馈回路 R_2，进一步推动低碳技术集成创新活动继续进行(具体反馈路径详见图 7-6)。

该反馈路径包含两条回路：1) 政府投入→低碳技术集成创新激励措施→设计单位投入→建设单位投入→政府投入；2) 建设单位投入→低碳技术集成创新激励措施→设计单位投入→建设单位投入。该反馈路径反映的是建设单位、设计单位之间如何针对工程项目技术要求和建筑碳排放控制目标做出低碳建设项目设计决策，以利低碳技术集成创新的实施，顺利进入下一个循环(R_3)。

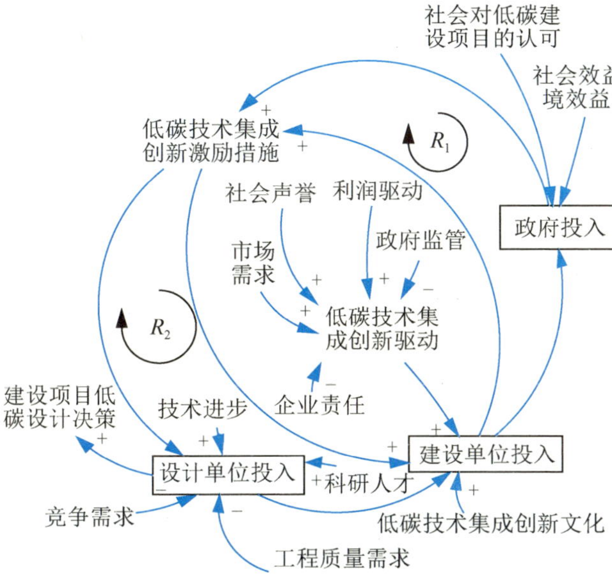

图 7－6　设计单位低碳技术集成创新驱动力系统动力学因果反馈模型

7.3.3　施工单位低碳技术集成创新驱动力及因果回路分析

施工阶段是建设项目全生命周期中最重要且最为复杂的阶段，此阶段会消耗大量的资源和能源，产生大量的温室气体[242]。因此，作为最大参与主体的施工单位，其参与行为在低碳技术集成创新管理过程中起着十分关键的作用。设计单位和建设单位做出低碳技术集成创新决策后，通过低碳设计的成本投入，结合企业自身低碳技术创新能力与技术集成成熟度的积累，将低碳建设项目的设计方案和相关工程技术要求交给施工方。施工单位根据项目工程技术标准投入相应成本，购买低碳环保材料和设备，挑选低碳施工工艺等以达成建设项目碳排放控制任务。这样就在施工单位、设计单位、建设单位和政府之间形成第三个正反馈回路 R_3，共同推进低碳技术集成创新活动的进行（图 7－7，简洁起见，该图省略了部分驱动力因素变量，下同）。

该反馈路径包含两条回路：

（1）建设单位投入→低碳技术集成创新激励措施→施工单位投入→设计单位投入→建设单位投入。该条因果反馈路径反映了建设单位、施工单位和设计单位之间有关低碳技术集成创新要求和实施标准的因果关系。由第 6 章分析得知，低碳建设项目实施的过程中由于信息不对称，政府与企业之间容易形成一种

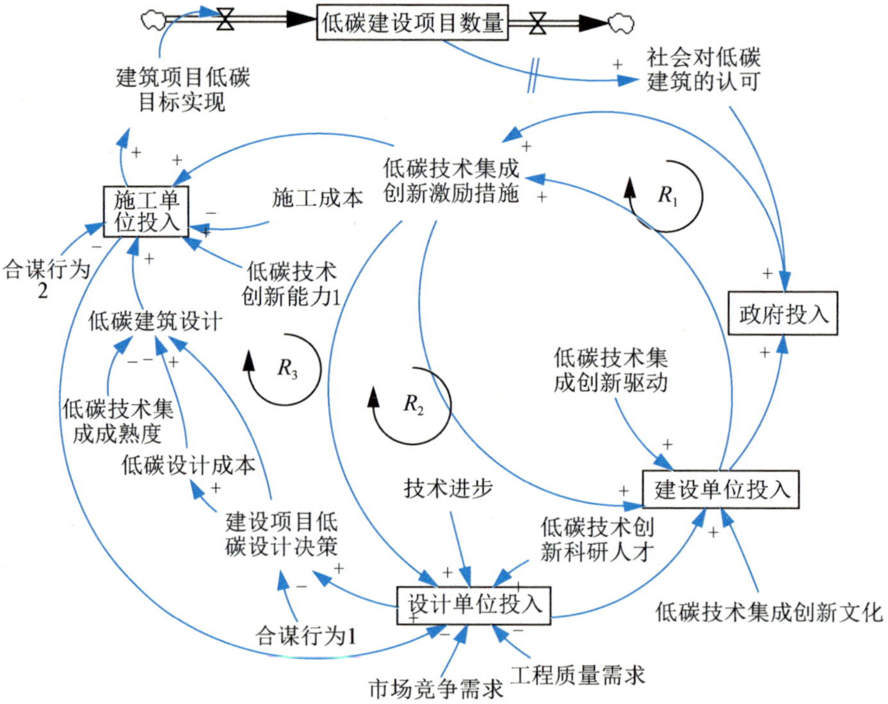

图 7-7　施工单位低碳技术集成创新驱动力系统动力学因果关系模型

委托代理关系，在低碳项目决策过程中容易形成一种合谋行为（合谋行为 1）。

（2）设计单位投入→低碳建设项目设计决策→低碳建筑设计→施工单位投入→设计单位投入。该反馈路径反映了低碳建设项目施工单位和设计单位之间的因果关系。在此过程中，由于设计单位的低碳技术集成成熟度与施工单位的施工能力和工程目标存在差异，施工方与建设单位之间不排除相互之间由于设计成本、施工标准、施工成本、工程进度和环保标准等的投入综合考虑而出现另一层次的合谋行为（合谋行为 2）。

作为低碳技术集成创新具体实施和项目建设的施工单位，既要执行建设项目低碳设计决策的要求，又同时要保证工期进度、预防寻租与合谋行为的发生。因此对施工阶段的低碳技术集成创新的管理过程控制是关键（相关理论探讨本书第 6 章已有阐述，这里不再赘述）。因为这将直接影响建设项目低碳性能的实现和低碳建设项目数量的增减（此处反馈路径将在 R_6 进一步讨论）。

7.3.4　供应商低碳技术集成创新驱动力及因果回路分析

建筑产业上游的材料供应商，追求经济效益和提升企业竞争优势也是企业实施低碳技术集成创新的主要动力源，否则企业参与技术创新的意愿就会减少。一方面，施工单位根据低碳项目设计把低碳建材需求提供给供应商，促使材料厂商加大对低碳环保材料的技术研发与生产投入，以满足现有项目的低碳材料需求，获取经济利润。另一方面，市场宏观低碳经济转型需求、企业内部技术进步需求和创新意愿也对建筑材料厂商的低碳技术创新投入产生正面影响。企业创新意愿越强，技术投入的力度和强度就越大，厂商的创新能力和低碳技术成熟度也相应提高，创新效果就越明显，越容易达成低碳建设项目施工的碳排放控制目标。这样就在供应商和施工单位之间形成了一个正增强关系的因果回路 R_4（图 7－8）。

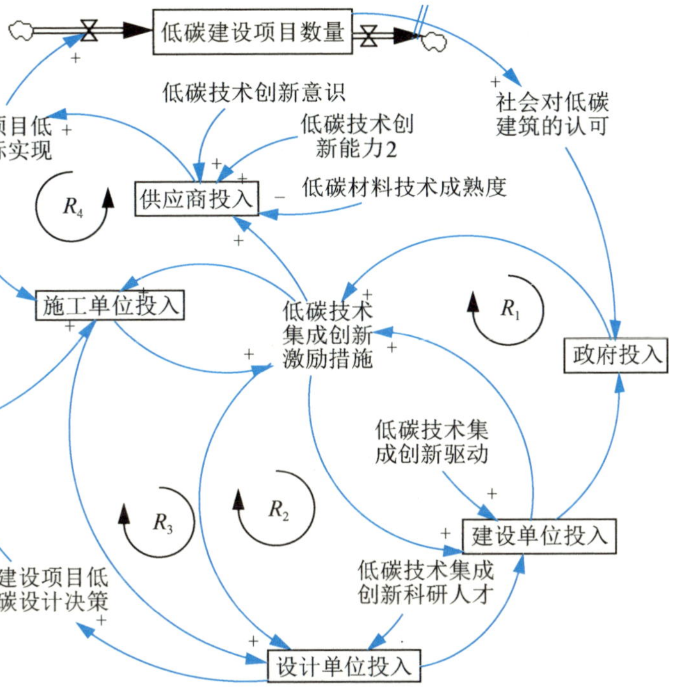

图 7－8　建材厂商低碳技术集成创新驱动力系统动力学因果关系模型

以上因果关系路径包括一条反馈回路：施工单位投入→低碳技术集成创新激励措施→供应商投入→建筑项目低碳目标实现→施工单位投入。该反馈路径体现了施工单位和材料厂商之间的技术创新合作关系。简言之，建筑项目低碳性能目标的达成与否是通过施工单位、材料厂商和设计单位等参与主体的共同努力来实现，并获得社会的认可，带动建筑产业低碳建设项目数的增长，加大政府进一步投资的力度。

7.3.5 高校及科研单位低碳技术集成创新驱动力及因果回路分析

高校和科研单位担负着低碳技术集成创新的技术攻关与理论研究。在将研发成果及时产业化的同时,也担负着企业后备技术人才和科研人才的培养。政府会定期拨出一定的科研经费鼓励高校及科研机构的科研与创新活动,这样就在高校、政府、设计单位和企业间形成了一个"产、学、研"相结合的因果回路(R_5),详见图 7-9。该回路包含两个反馈路径,即:

(1) 政府投入→科研经费-高校及科研单位投入→低碳科研成果产业化→政府投入,该反馈路径表明政府通过激励高校及科研单位的研发创新,并将低碳科技成果产业化,刺激政府进行新一轮的投资,刺激低碳技术创新活动。

(2) 建设单位投入→设计单位投入→高校及科研单位投入→科研成果产业化(科研人才)→设计单位投入。该路径表明了高校及科研单位与企业合作的因果关系,通过 R_5 的增强回路,从低碳科技创新的角度推动建筑产业的低碳发展。

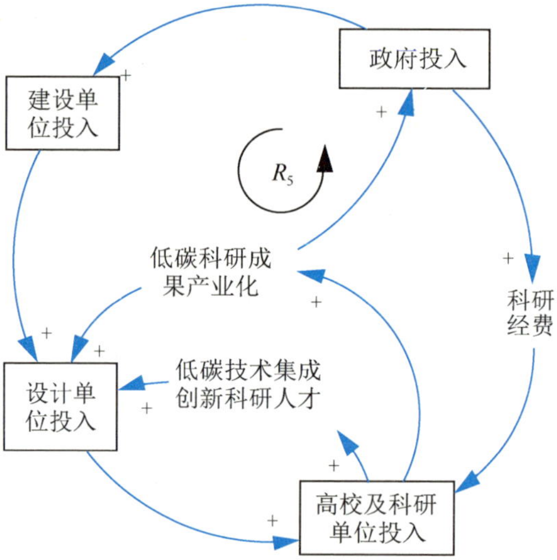

图 7-9 高校及科研单位低碳技术集成创新驱动力系统动力学因果关系模型

7.3.6 多主体参与模式下低碳技术集成创新驱动力因果关系模型

从当前宏观政策对低碳节能要求来看,建筑产业实施低碳技术创新主要目的之一是要大力推动低碳建设项目的发展,促进建筑产业从高能耗的传统建筑经济增长模式向低碳、节能和环保建筑的低碳经济增长模式转变,简言之即促进建筑产业的低碳化和绿色化。根据上述各参与主体五个因果回路的系统分析，研究发现，建筑产业的低碳技术集成创新动力源是一个多角度、多因素和多层次的驱动力系统。来自政府、建设单位、设计单位、施工单位、材料厂商、高校及科研单位和其他相关主体的系统参与和产业联动合力最终推动建筑产业的低碳化，促使市场上低碳建设项目数量逐渐增加，并随着市场的认可进一步刺激政府和企业进入新一轮的低碳技术创新，在上述因果回路 R_1—R_5 的基础上，形成了一个基于多主体参与的建筑产业集成创新联动驱动力因果回路 R_6（图 7－10）。

该回路包含 3 个大循环因果反馈路径，即：

（1）政府投入→建设单位投入→设计单位投入→施工方投入→供应商投入→建设项目低碳目标实现→低碳建设项目数量增加→社会对低碳建筑认可→低碳技术集成创新参与企业数增加→政府投入。

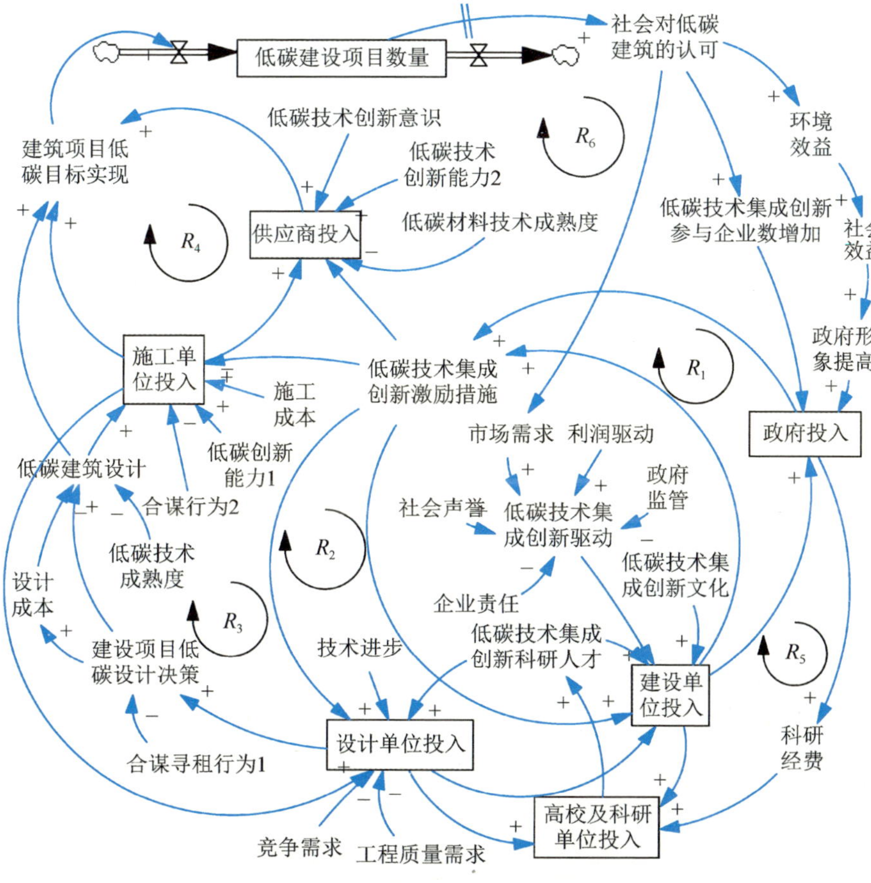

图 7－10　建筑产业低碳技术集成创新参与主体驱动力系统动力学模型

(2) 政府投入→建设单位投入→设计单位投入→施工方投入→供应商投入→建设项目低碳目标实现→低碳建设项目数量增加→社会对低碳建筑认可→环境效益和社会效益目标实现→政府形象提高→政府投入。

上述两条因果反馈路径是基于政府层面的低碳技术集成创新驱动系统管理。表明政府在推进低碳经济发展过程中所实施的低碳激励措施和产业政策可以带来两个正增强效果：即低碳建设项目数量的增多和低碳技术集成创新参与企业数目的增加。

(3) 建设单位投入→设计单位投入→施工方投入→供应商投入→建设项目低碳目标实现→低碳建设项目数量增加→社会对低碳建筑认可→市场需求增大→建设单位投入。

上述因果反馈路径是基于产业层面的低碳技术创新驱动系统管理。根据政府激励和相关环境法规要求，建设单位通过与设计单位、施工单位和建材厂商的联动创新，带动建筑产业的低碳化，使得低碳建设项目数量逐渐增加并获得公众的认可，市场需求加大，企业的利润驱动得到满足，从而刺激更多的建设企业积极地投入到新一轮的低碳技术集成创新活动中。这样就形成了来自政府、产业和市场相互促进作用的低碳技术集成创新联动环境，带动建筑产业由高碳模式逐渐转向低碳模式，突破"碳锁定"瓶颈，实现建筑产业的低碳化。

7.4 建筑产业低碳技术集成创新驱动力因素模拟分析

7.4.1 模型构建

基于上面建筑产业低碳技术集成创新各参与主体驱动力因素的因果关系分析，在考虑数据可获得性和可计算性基础上，本书对上述因果关系进行了适度简化，选取建设单位作为企业代表，增加部分逻辑变量和控制变量，建立了建筑企业参与低碳技术集成创新的系统动力学驱动力流图模型。用方程式描述系统之间变量的逻辑关系，明确系统变量之间的定量与控制关系，以探讨建筑企业技术集成创新驱动力对建筑产业低碳项目数量的变化和低碳技术创新企业参与数量的反馈与动态规律及影响，详见图 7-11。

在此模型中，共有 53 个变量，其中存量有 6 个，流量有 11 个，辅助变量有 36 个，相关指标内容及属性详见表 7-3。

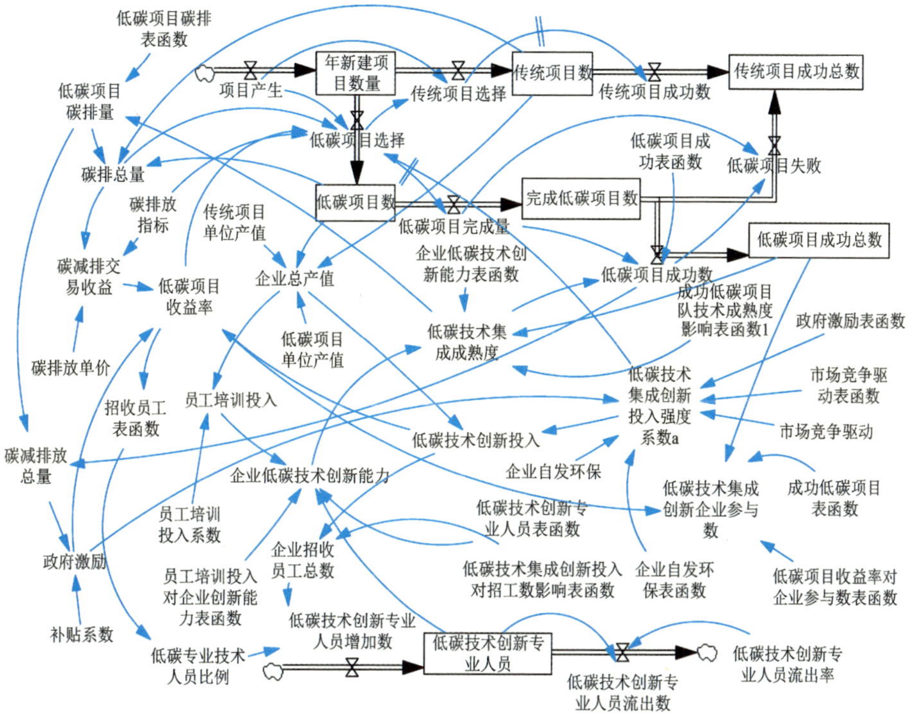

图 7－11　建筑产业低碳技术创新参与主体系统动力学模拟简化流图

表 7－3　模型参数及含义

序号	变量名称	变量性质	序号	变　量　名　称	变量性质
1	传统项目数	存量	12	低碳项目成功总数	流量
2	低碳项目数	存量	13	低碳项目失败数	流量
3	项目产生数	流量	14	低碳项目碳排量	辅助变量
4	年新建项目数	辅助变量	15	碳排总量	辅助变量
5	传统项目成功总数	存量	16	碳交易收益	辅助变量
6	低碳项目成功总数	存量	17	碳排放单价	辅助变量
7	传统项目成功数	流量	18	碳减排总量	辅助变量
8	低碳项目成功数	流量	19	碳排放指标	辅助变量
9	低碳项目选择数	流量	20	低碳项目收益率	辅助变量
10	传统项目选择	流量	21	政府激励	辅助变量
11	低碳项目完成量	流量	22	补贴系数	辅助变量

续 表

序号	变量名称	变量性质	序号	变 量 名 称	变量性质
23	企业总产值	存量	39	低碳技术创新专业人员流出数	流量
24	市场竞争驱动	辅助变量	40	企业招收员工总数	辅助变量
25	员工培训投入	辅助变量	41	低碳项目减排表函数	辅助变量
26	低碳项目单位产值	辅助变量	42	成功低碳项目表函数	辅助变量
27	传统项目单位产值	辅助变量	43	低碳技术创新企业参与数	辅助变量
28	完成低碳项目数	辅助变量	44	成功低碳项目影响技术创新成熟度表函数	辅助变量
29	企业低碳技术集成创新能力	辅助变量	45	自发环保对低碳技术集成创新投入影响表函数	辅助变量
30	低碳技术集成成熟度	辅助变量	46	低碳技术创新人员影响企业创新能力表函数	辅助变量
31	企业低碳技术集成创新投入	辅助变量	47	招收员工表函数	辅助变量
32	企业低碳技术创新集成投入强度系数	辅助变量	58	员工培训投入系数	辅助变量
33	企业自发环保	辅助变量	49	员工培训投入影响企业低碳创新能力表函数	辅助变量
34	招收员工中低碳技术人员比例	辅助变量	50	企业低碳技术创新投入对招工数影响表函数	辅助变量
35	低碳技术创新专业人员增加数	流量	51	低碳项目收益率对企业参与数影响表函数	辅助变量
36	低碳技术创新专业人数	存量	52	竞争驱动对低碳技术集成创新投入影响表函数	辅助变量
37	低碳技术创新能力对集成成熟度影响表函数	辅助变量	53	政府激励对企业产值投入系数影响表函数	辅助变量
38	低碳技术创新专业人员流出率	流量			

以下是本模型主要的系统动力学模型逻辑方程式：

企业低碳技术集成创新能力主要受企业员工培训的程度和企业低碳技术集成创新人员多少的影响，因此企业低碳技术集成创新能力可以表达为：

$$LCIC = RDP \times \alpha_1 + LCTI \times \alpha_2 \tag{7-1}$$

LCIC 代表企业低碳技术集成创新能力，*RDP* 代表企业低碳技术集成创新

人员数量，$LCTI$ 代表企业对员工的培训投入，α_1，α_2 分别为各变量影响系数，在系统模拟中，主要以表函数的形式对系统产生影响。

$$RDP = INTEG(RDH - RDQ, I_1) \tag{7-2}$$

RDP 代表企业低碳技术创新人数，RDH 代表企业每年招募的低碳技术专业人员增加数，RDQ 表示每年低碳技术创新专业人员流出数，I_1 表示该企业在模型仿真的初始值。

在现实中，企业总产值为传统建设项目和低碳建设项目的产值总和，即有：

$$EV = TPA \times TUV + LCPA \times LCUV \tag{7-3}$$

EV 代表企业总产值，TPA、$LCPA$ 分别代表传统建设项目数量和低碳建设项目数量，TUV 代表传统建设项目单位产值，$LCUV$ 代表低碳建设项目单位产值。

企业对于低碳技术集成创新投入资金来源于建设单位该年度的企业总产值，基于各驱动力综合影响，由企业决策者决定低碳技术集成创新的投入强度系数 a。

$$LCII = PV \times a \tag{7-4}$$

$LCII$ 代表企业低碳技术集成创新投入，PV 代表企业产值，a 为企业低碳技术集成创新投入强度系数。根据数据调查和电话访谈，一般建设企业科技创新投入强度为企业总营业收入的 1.5%～5%，科技创新人才占企业员工总数大约为 5%～20%，而专业低碳技术创新人员为 1%～5%。

该系数 a 的大小受低碳技术集成创新驱动力如政府补贴、市场竞争驱动、企业自发环保等因素的影响，各驱动力影响的综合投入强度系数可用式(7-5)计算。

$$a = \sum(\beta_1 + \beta_2 + \cdots + \beta_5) \tag{7-5}$$

$LCTII$ 代表企业低碳技术集成创新投入强度，$\sum(\beta_1 + \beta_2 + \beta_3 + \cdots)$ 表示各驱动力因素的综合影响，β_1，β_2，…，β_5 分别代表各驱动力变量影响系数，其值是由决策者决定的常数，本模型数值主要通过调研以表函数的形式模拟该投入系数的综合取值。

$$TPA = INTEG(TPCA - TPAS, I_2) \tag{7-6}$$

TPA 代表传统建设项目数量，*TPCA* 代表传统建设项目选择数量，*TPSA* 代表传统建设项目成功数量，I_2 表示该企业在模型仿真的初始值。

$$TPSA = Delayfixed(TPCA, LT, I_3) \tag{7-7}$$

TPSA 代表传统建设项目成功数量，*TPCA* 代表传统建设项目选择数量，*LT* 传统建设项目完工周期，初始值为 I_3。

$$TTPA = INTEG(TPSA + LCPFA, I_4) \tag{7-8}$$

TTPA 代表传统建设项目总量，*TPSA* 代表传统建设项目成功数量，*LCPFA* 低碳建设项目失败数量，初始值为 I_4。

$$TLCPSA = INTEG(LCPSA, I_5) \tag{7-9}$$

TLCPSA 代表低碳建设项目成功总数，*LCPSA* 表示低碳建设项目成功数，I_5 表示该企业在模型仿真的初始值。

$$LCPSA = LCPC_{finished}A \times LCPSAlookup(LCTIMD) \tag{7-10}$$

LCPSA 表示低碳建设项目成功数，$LCPC_{finished}A$ 表示低碳建设项目完成量，*LCPSAlookup* 表示低碳建设项目成功表函数，*LCTIMD* 表示低碳技术集成创新成熟度。

$$LCPC_{finished}A = Delayfixed(LCPCA, LCT, I_6) \tag{7-11}$$

$LCPC_{finished}A$ 表示低碳建设项目完成量，*LCPCA* 表示低碳建设项目选择数量，*LCT* 表示低碳建设项目完工周期，起始值为 I_6。

低碳技术集成成熟度与企业的低碳技术创新能力和低碳建设项目成功数有关，其表达式如下：

$$LCTIMD = ETICaplookup(ETICap) \times LCPSAlookup(LCPSA) \tag{7-12}$$

LCTIM 表示低碳技术集成成熟度，*ETICaplookup* 表示企业低碳技术创新能力影响成熟度表函数，*ETICap* 表示企业低碳技术创新能力，*LCPSAlookup* 表示低碳建设项目成功总数对企业低碳技术创新影响程度表函数，*LCPSA* 表示低碳建设项目成功总数。

低碳技术集成创新的另外一个效果是能够带动低碳技术集成创新企业参与数量的增加，加快建筑产业传统建设项目向低碳建设项目的转化，在本系统中，假设低碳技术集成创新的企业参与数量直接受低碳技术创新效益收益率和低碳建设项目成功数的影响，则有：

$$LCPEPA = LCPPlookup(LCPP) \times LCPSAlookup(LCPSA) \quad (7-13)$$

$LCPEPA$ 表示低碳技术集成创新参与企业数，$LCPP$ 表示低碳建设项目收益率，$LCPSA$ 表示低碳建设项目成功总数。

$$LCPP = GIA + LCTP - LCII \quad (7-14)$$

$LCPP$ 表示低碳建设项目收益率，GIA 表示政府激励额度，$LCTP$ 低碳建设项目碳减排交易收益，$LCII$ 表示低碳技术集成创新投入。

建设项目二氧化碳排放量的多少主要与建筑全寿命周期内设计、施工运营和维护所投入低碳技术集成成熟度有关，故有：

$$LCPCE = LCPCElookup(LCTIM) \quad (7-15)$$

其中，$LCPCE$ 表示低碳建设项目碳排量，$LCPCElookup$ 表示低碳建设项目碳排放表函数，$LCTIM$ 表示低碳技术集成创新成熟度。

在以上函数关系中，α，α_i，β_i 可以通过对企业的长期追踪获取原始数据，对数据进行回归分析获得，其他数据可通过调研相关建筑企业或行业平均值获得。

7.4.2　模型主要参数设定及模型检验

根据前面相关文献综述和模型假设，本算例模拟中，预设传统建设项目的完工期为 3 年，低碳建设项目的完工期需要 4 年。在模拟中假定低碳建设项目的单位产值比传统项目的产值略高，约为 20%。每个传统建设项目单位产值为 10 000 万元单位，碳排放量为 2 000 公吨单位。低碳建设项目的产值为 12 000 万元单位，碳排放量为 1 200 公吨单位。二氧化碳价格采用芝加哥气候变化交易所 CCE(Chicago Climate Change)公布的交易单价，本模型采用均价US＄1.95/吨(约合 RMB 13 元/吨)①。每年建设项目产生量有 100 个单位，传统项目的建成成功率为 100%，低碳建设项目的成功率受企业低碳技术集成成熟度影响。建设单位对低碳项目的选择主要取决于低碳项目收益率，如低碳技术集成创新失败，则自动转化为传统项目建设选择。政府每年给建筑产业或企业一个总体

① 数据来源：上海环境能源交易所网站 2012 年 11 月 9 日公布的 CCE(Chicago Climate Change)数据。

碳排放指标，如企业所有建设项目碳排放总量超过额定碳排量，则系统会强制进行低碳建设项目选择，推动低碳建设项目的发展。本系统的约束条件主要通过系统动力学中“if else then”函数实现。按常理推断，低碳建设项目数量的增加随着政府激励、企业低碳技术集成创新投入和低碳技术集成成熟度的提高会逐渐增加，低碳建设项目的企业参与数量也会随着时间的推演逐渐增多。

由于模型中部分参数无法从已有研究中获得，因此，本书以面对面和电话访谈的形式展开调查，被访者为上海市杨浦区建筑业管理署和苏州市有关建筑企业项目经理、工程师、设计单位工程师、施工单位项目经理、建材厂商以及部分高校研究人员。调查结束后，采用加权平均法对调查结果进行处理，旨在将一些定性因素转化为定量因素，具体处理方法为：对于某一访谈问题，将不同选项分别赋值 $S_j(0<S_j<1)$，令 M_{ij} 表示在第 i 种因素下选择 S_j 的人数，用 D_i 表示各因素在模型中的取值[243]，则有：

$$D_i=\frac{\sum_{j=1}^{5}M_{ij}S_j}{\sum_{j=1}^{5}M_{ij}} \tag{7-16}$$

此外，系统动力学建模的过程是一个将现实中不可见的系统概念化、抽象化、条理化的过程，其必然要经过反复的检验、调试才能形成最终的模型。可见检验在系统动力学建模中的重要性。一般来说，只要检验证实所建模型既包括与建模目的相关的主要系统结构以及变量，又可以重现真实系统的行为，就可以认为其是有效的。

经 VENSIM PLE 5.94 软件检测，模型的量纲一致性符合要求；以极值输入各个方程，模型的各个方程依然具有意义，模型的方程式极端条件检验符合要求；采用专家调查法，逐步增加模型的边界，使得模型边界符合所需研究问题的要求。因此，模型的结构适应性通过检验。

7.4.3 模型模拟与分析

根据建模目的，本模拟主要考察随着低碳技术集成创新驱动力要素投入强度的变化，各驱动力因素对系统内低碳建设项目数量变化和企业参与数量的增减如何影响，以下是主要的模拟结果与分析。

(1) 低碳项目收益对低碳建筑项目数量和企业参与数量的影响分析

由本章 7.2 部分低碳技术集成创新驱动力因素分析可知，追求经济效益、获取竞争优势是当前建设企业参与低碳技术集成创新的主要驱动力之一。

从系统模拟来看(图 7－12),在低碳建设项目推广前期,由于宏观政策的要求和经济利益驱动,企业参与低碳技术集成创新的数量随着低碳项目收益的增加也迅速加大(注：由于系统的滞后性,前面 2 年的效果均表现为零,但并不影响后续系统的模拟结果与分析),低碳建设项目数量逐渐增多,逐渐超过传统建设项目的数量。随着低碳项目整体效益的逐渐减少,参与低碳建设项目的企业数量也逐渐减少,最后趋于平稳。低碳项目收益也保持一定水平,逐渐趋于平稳。此时笔者发现,系统内低碳项目数量并没有随着企业参与数量的减少而减少,还是呈一定的上升趋势,说明在低碳项目推动前期,经济利益为主要推动力,但到了系统后期,低碳项目的实现不仅仅来自经济驱动因素,也受其他驱动力因素影响。这与现实也是相吻合的,当前中国正处于低碳经济转型初级阶段,政府对绿色环保、低碳经济的宣传和低碳建设相关项目大力支持,众多企业积极参与到低碳项目建设中来,以获取经济利益和应对政府监管。随着时间的推移,市场逐渐趋于成熟,产业低碳项目的转化逐渐完成,企业参与低碳技术创新的意愿逐渐回归理性,但仍然保持一定的参与数量。另一方面,随着低碳建设项目数量的增多,建筑产业市场慢慢发生变化,低碳建筑业也逐步形成了一定的产业优势,

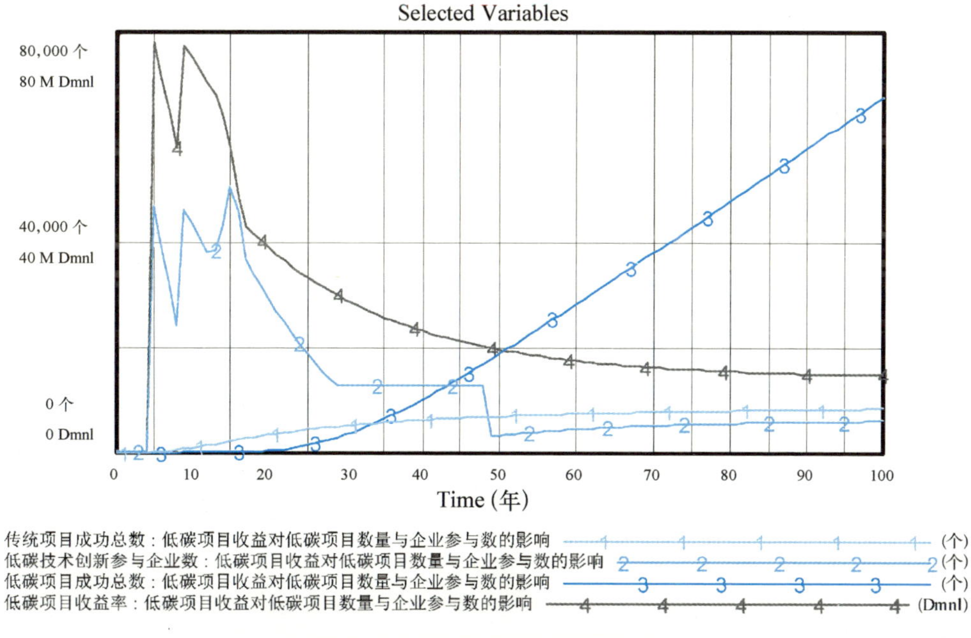

图 7－12　低碳技术集成项目收益对低碳项目数量与企业参与数量的影响

低碳技术集成创新效果在建筑产业集群内扩散，驱动产业内的低碳化转型。

(2) 市场竞争驱动对低碳建设项目数量和企业参与数量的影响分析

市场竞争驱动是企业参与低碳技术集成创新的另外一个主要驱动因素。从图 7－13 的模拟来看，在保持系统其他驱动因素不变的情况下，企业参与低碳建设项目的数量并没有显著变化，基本保持等量的增幅。说明在当前低碳建筑项目推广过程中，主要的驱动力不是来自市场，而是来自其他方面的推动。从第 16 年开始，市场竞争驱动程度为 0.6① 的企业参与数量逐渐超过市场竞争驱动程度为 0.4 的企业参与数量，增幅约为 10%～11%。系统中市场竞争驱动程度为 0.4 时，低碳建设项目数量超过传统建设项目数量的实现周期要 40 年，而驱动程度为 0.6 的实现周期却需要 46 年。说明市场竞争驱动可以促进建筑产业的低碳化，但需要较长的时间周期，因为在推广前期，企业参与低碳项目建设的数量不多以及受其他驱动因素的影响。

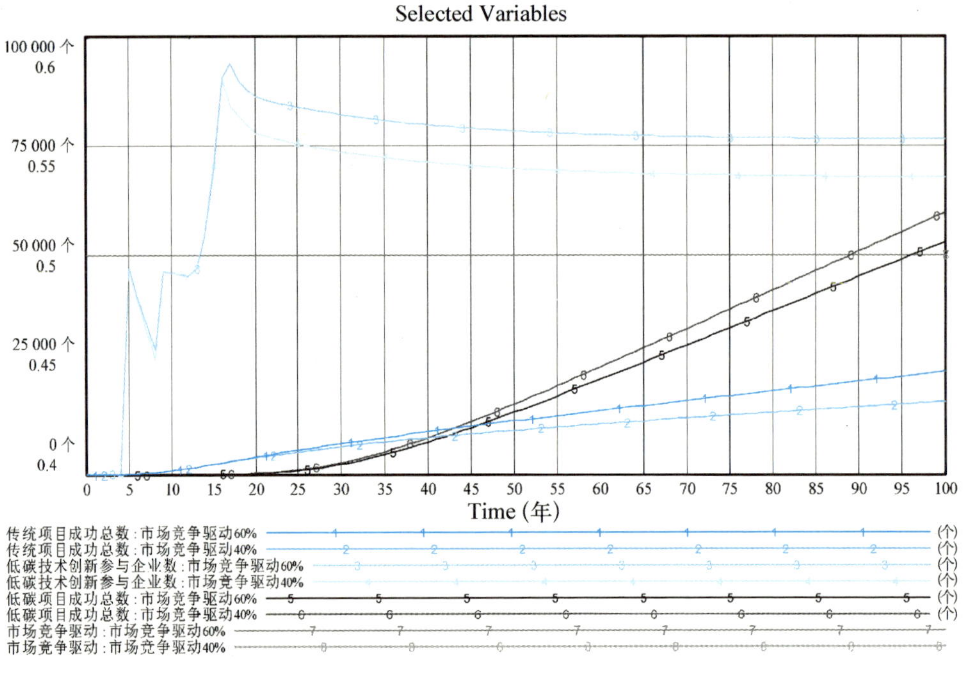

图 7－13　市场竞争驱动低碳技术集成创新效果的影响

① 有关技术创新驱动(环保驱动、市场竞争驱动和)、技术创新强度系数、技术创新集成成熟度等数值在系统模拟中均采用 0—1 范围取值。因系统软件问题，图 7－13 数值表示均用%形式，以下处理方式类似，不再赘述。

（3）政府激励对低碳建设项目数量和企业参与数量的影响分析

从前面调查可知，企业参与低碳技术集成创新的还有一个重要驱动力因素是争取政府补贴，因为这是企业获取一定经济利润和弥补创新投入差额的一个主要途径。从图 7－14 可以看出，政府补贴对产业低碳建设项目的推广有利，随着政府激励力度的加大，低碳建设项目数量超过传统建设项目数量的时间周期可以明显提前。当补贴系数为 0.7 时，实现低碳项目数量超过传统建设项目数量的时间需要 56 年；当补贴系数为 0.8 时，达到这一目标的时间可以缩短 11 年，即只需 45 年。

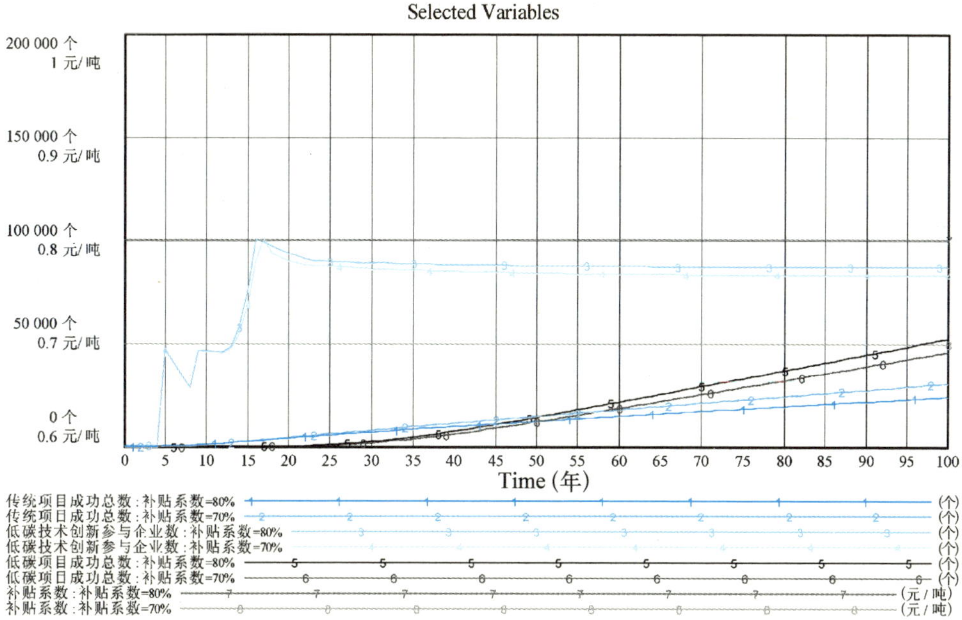

图 7－14　政府补贴对低碳技术集成创新效果的影响

该补贴对低碳技术集成创新企业参与数量的影响也存在，但增幅显著性不是很大。在前 8 年，补贴系数为 0.8 的企业参与数与补贴系数为 0.7 基本一样。自第 9 年开始，补贴系数高的企业参与数明显增加，高于补贴系数低的，系统表现的增幅约为 5%，并趋于平稳，这说明政府的激励力度不够，有待提高。同时也说明靠单一的政府激励对产业的低碳化实现效果有限。

笔者在此次调研过程中发现，相对建筑项目总投资而言，政府低碳补贴效果有限。大多企业是在绿色或建筑项目完成后才申请补贴，有的企业甚至不申报补贴，这就使得企业在参与低碳项目建设过程中优先考虑的是企业自身经济实力和经济收益，而忽视政府补贴所带来的额外收益。当前政府对企业的补贴标准是参照绿色建筑项目认证等级按建筑面积进行补贴，根据2012年财政部和住房城乡建设部出台的《关于加快推动中国绿色建筑发展的实施意见》（财建【2012】167号文件），2012年奖励标准为二星级绿色建筑45元/平方米，三星级绿色建筑80元/平方米。奖励标准将根据技术进步、成本变化等情况进行调整[244]，到地方政府具体实施时又有所差异（本模型是按项目碳减排总量模拟）。但总的来说，政府激励机制对传统建设项目的低碳转型和低碳技术集成创新企业参与数量增加有正相关作用。

（4）低碳技术集成创新驱动力因素对低碳技术集成创新强度的影响分析

从前面分析可知，建筑产业各参与主体的低碳技术驱动力有来自企业内部的经济利润、环保责任和技术进步的内在驱动，也有来自外部环境驱动，如市场竞争和政府激励要求等。在实际决策时，各驱动力影响程度大小往往受决策者的偏好决定，如对自发环保驱动和市场竞争驱动的系数直接赋值。在本系统模拟时，对这两个变量在0.2—0.7范围内调动，发现其对低碳技术集成创新强度有影响，但影响不大。由于从图7-15可以看出，在项目初期阶段，企业对低碳技术集成创新的投入几乎为零。随着低碳建设项目数的增加和政府激励力度加大，低碳技术集成创新强度系数逐渐加大，到达一定程度后趋于平稳，约为

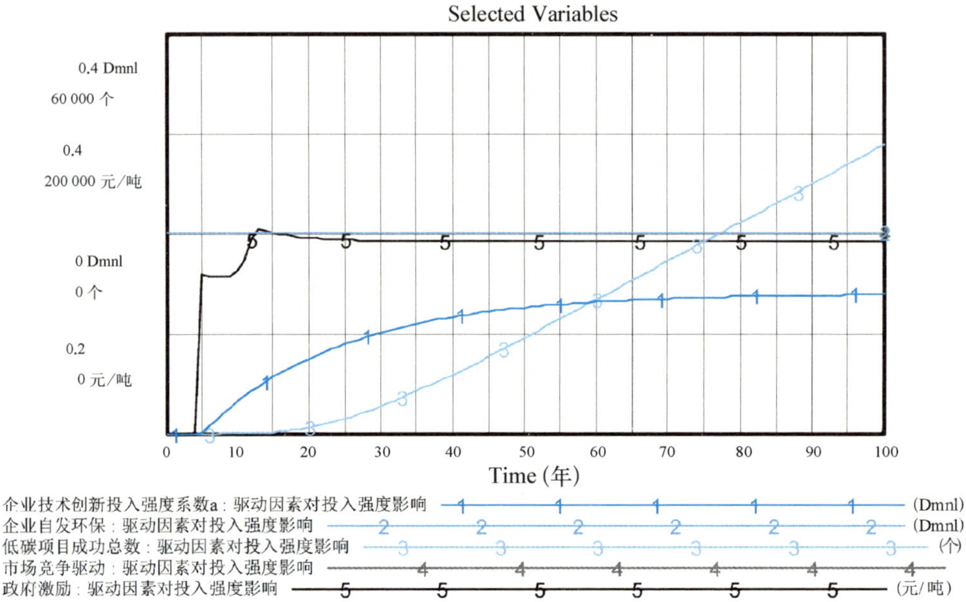

图7-15 低碳技术集成创新驱动力对企业低碳技术投入强度系数的影响

0.026 即 2.6%。这与前面调查所得企业科技创新投入为企业总营业收入的 1.5%—5%的范围接近，此时系统的低碳项目建设数量逐渐加大，到第 36 年时低碳项目总量超过传统项目数量，此后传统建设项目仅保持一定的缓慢增长速率。说明企业技术集成创新强度的加大主要还是受政府激励和系统内低碳项目成功数量的影响。

(5) 低碳技术集成成熟度与政策激励对低碳项目推广的影响分析

考虑到各驱动力影响程度大小会直接对企业低碳技术集成创新能力和低碳技术集成创新投入(如人员与资金投入等)起决定因素，笔者挑选低碳技术集成成熟度为变量来进一步探讨该变量对低碳建筑项目成功数和企业参与数量的影响，并在此基础上调节政府补贴系数大小观察政策因素对系统低碳项目和企业参与数量的影响程度。

从图 7-16—图 7-18 可以看出，低碳建设项目数量受低碳技术集成成熟度的影响。在系统初始阶段，传统建设项目总数高于低碳建设项目总数，随着时间推移，企业的低碳技术集成成熟度保持一定的水平。成熟度 0.3(30%)时，系统内低碳项目要经过 75 年左右才能超过传统建设项目的数量(图 7-16)。当成熟度达到 0.8(80%)时，系统要经过 32 年就能超过传统建设项目的数量(图 7-17)。

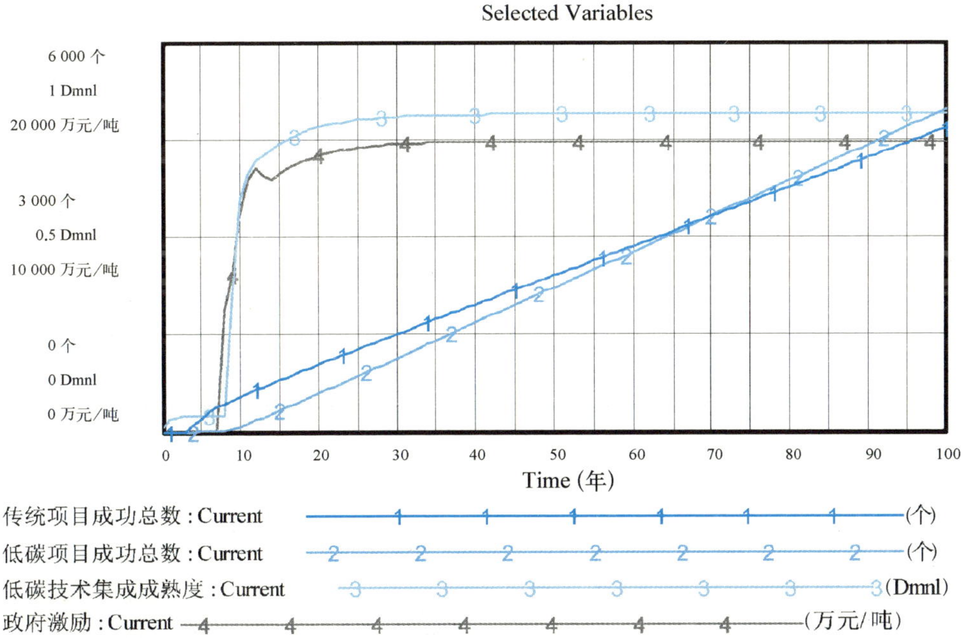

图 7-16 低碳技术集成成熟度为 0.3 时对系统低碳项目数量的影响

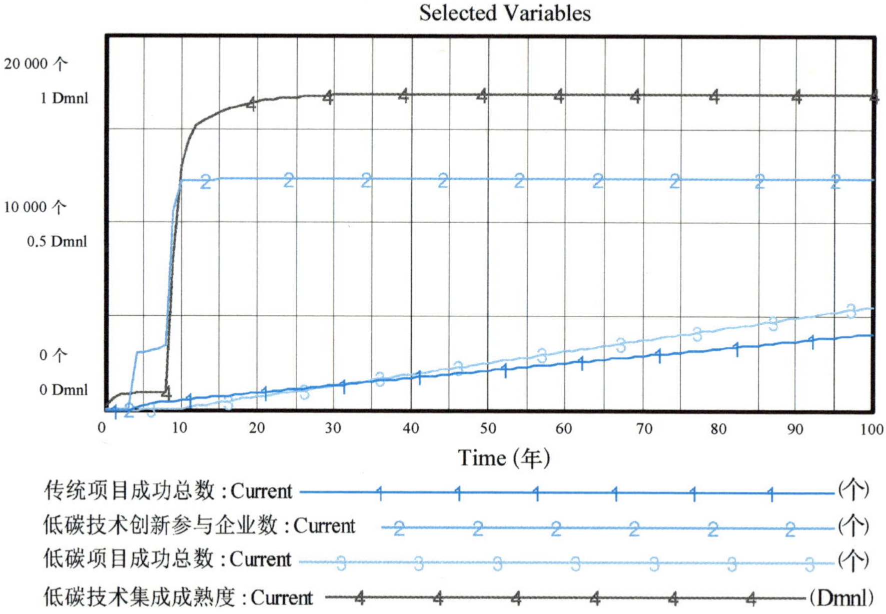

图 7-17 低碳技术集成成熟度为 0.8 时对系统低碳项目数量的影响

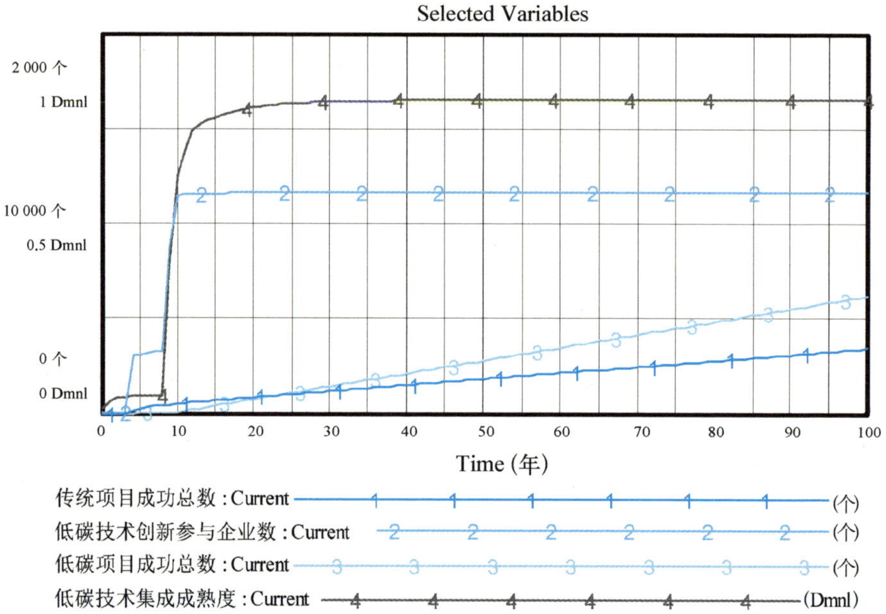

图 7-18 低碳技术集成成熟度为 0.8，补贴系数为 0.3 时对低碳项目数量的影响

在此基础上，加大低碳技术激励的补贴系数，当补贴系数为 0 时，该模拟曲线不变；当激励补贴系数从 0 逐渐上升到 0.3(30%)时，系统开始发生演变，低碳建设项目数量超过传统建设项目数量周期由原来的 75 年逐渐缩短为 32 年、26 年和 21 年(图 7-16—图 7-18)。说明政府激励程度对系统低碳项目的数量增加存在敏感性，政策激励可以加速建筑产业的项目低碳化。

7.4.4 模拟结论与局限性分析

基于前面相关调查结果，本节通过构建多主体参与的系统动力学模型，以建设单位作为企业参与主体代表，分析建筑产业低碳技术集成创新驱动力对系统低碳绩效的反馈情况。经系统模拟发现，低碳技术集成驱动力动力源对低碳项目数量和企业参与数量的增加有较强的敏感性，这些因素对系统低碳绩效的实现均起正反馈作用。从系统模拟结果反馈来看，建筑产业要实现传统项目向低碳项目的转型，仍然需要一定的时间，低碳建设项目超过传统建设项目的数量在本模型表现为 21 年左右，联系到中国承诺到 2020 年以 2005 年为基准年实现 40%～45%的碳减排目标，说明建筑产业的二氧化碳减排目标的实现任重道远。而低碳技术集成创新的企业数并不会随着各驱动力强度的加大一直增大，经一定增长后会逐渐趋于平稳。单一的驱动力因素对系统低碳产业转型作用有限，只有通过各驱动力因素联合和系统整合，才能达到效果。

另外，由于数据获取局限性和范围有限性，该模型模拟与现实存在一定的差距，在系统模拟过程中也没有考虑传统项目改造所引起的碳排放和系统创新，这与建筑产业工程项目本身的复杂性有关，本节旨在讨论驱动力因素对低碳建设项目数量的影响程度，故选取新建项目增加的数量进行模拟。

7.5 本章小结

本章首先回顾了现有低碳技术或绿色技术创新驱动力因素研究状况。然后采用问卷调查和专家访谈等形式，对影响建筑产业低碳技术创新的主要驱动力因素进行总结。运用系统动力学原理，探讨低碳技术集成创新多主体参与的驱动力影响机理及相互关系。对各主体间低碳技术创新驱动力反馈路径分步演化分析，剖析各参与主体间的因果关系。最后从系统管理的角度构建了建筑产业低碳技术集成创新驱动系统动力学模型，分析企业低碳技术创新驱动力因素对传统项目向低碳项目的转换和企业参与数量的影响并进行模拟。研究发现：低碳技术集成创新驱动力动力源对低碳项目数量和企业参与数量的增加有较强的敏感性，这些因素对系统低碳绩效的实现均起正反馈作用。建筑产业要实现低碳项目转型，仍然需要一定的时间，单一驱动力因素的促进作用有限，只有通过对各驱动力因素联合和系统整合，才能有效实现产业低碳化。另外，本章也是运用系统动力学研究建筑产业创新驱动定性分析与定量分析相结合一个尝试，希望对业界有所帮助。

第8章 建筑产业低碳技术集成创新系统管理机制构建与对策建议

本章以系统论和集成创新管理理论为理论基础，基于前面的研究发现，首先对建筑产业低碳技术集成创新的管理机制和动力机制做了探讨，分析了建筑产业低碳技术集成创新系统管理的基本内容和多主体协同的动力机制管理模式。然后从项目管理层面和产业层面对建筑产业低碳技术集成创新实现路径进行分析，提出要从制度创新、管理创新和观念创新等方面来提升建筑产业低碳技术集成创新系统管理的能力和绩效。最后构建了一种新型的低碳技术集成创新系统管理与监控模式，并给出相应对策建议，为建筑产业低碳经济转型提供一定的管理借鉴。

8.1 建筑产业低碳技术集成创新系统管理机制构建

从系统论的角度来说，机制是系统要素之间的作用机理，是系统管理技术要素之间决策、激励约束和协调等内在机理和运营规则。集成化的管理机制是社会组织系统中系统结构之间相互作用与合理制约，是系统整体健康发展的运行机理，同时，管理要素按照其内在规律在运动中彼此相互联系、相互结合而形成管理功能并达到既定目标的运行规则[245]。在系统管理中，管理机制能够引导被管理者的行为，使被管理者在其低碳技术创新行为的选择过程中，因选择有利于实现管理者既定目标的行为而得到收益。

由前面分析可知，建筑产业低碳技术集成创新管理涉及多维因素，如多主体参与性、驱动力因素的多面性、低碳技术种类的多样性和技术创新的不确定性等。这需要一个新型的管理模式来保障产业低碳化目标的实现，而采用集成创新的系统管理机制可以较好地实现这一目标。

集成是构造系统的一种理念，同时又是解决复杂系统问题，提升系统整体功能的综合方法。从企业管理角度来看，集成包括三个层次：功能集成、技术集成和信息集成。其实质是做到战略柔性化、市场内部化、技术群体化、组织网络化、信息高效化和文化整合化。集成管理的核心是运用集成的思想，保证管理对象和管理系统完整的内部联系，提高系统的整体协调程度，以形成一个更大范围的有机整体[246]。工程项目低碳技术集成的系统管理不是低碳技术创新要素的简单叠加或综合，而是将管理要素经过主动优化、方案搭配，按照一定任务或目标的集成方式和模式进行构造和组合，以组织的整体低碳目标达成为目的，以低碳项目效益的倍增或“利益涌现”为标志。

本书认为，低碳技术集成创新的顺利实施与建筑产业低碳化转型目标的实现，需要构建一个良好的管理机制平台，从低碳项目的技术集成、参与主体的组织集成、制度保障的政策集成、管理理念的目标集成和低碳技术项目信息的集成等方面入手，通过一定的管理手段和协调机制进行系统管理。其主要涵盖的内容如下：

(1) 组织管理集成

在传统的建设项目管理模式下，建设项目参与方之间是由独立的合同构成的契约关系，项目参与方之间缺乏相互交流和了解，容易造成各方追求局部优化的现象。随着工程项目系统管理水平的提高和信息化的提高，原有的参与主体间项目管理体系内部可挖掘的潜力越来越少，提升原有管理体系外部的潜力成为提高工程项目管理水平的重要途径。而组织管理的集成是以先进的信息技术为基础，以“合作共赢”的理念为前提，以业主方低碳绩效管理为主导，以项目目标（如低碳控制、环境目标、质量目标、成本控制目标和工程进度等）为管理主线。项目参与各方通过工程项目协同管理平台协同合作，形成虚拟化、柔性化、异质化的“项目集成管理组织”来进行建设项目的管理与决策，达到多方共赢的协同化管理模式，它是低碳技术集成创新的系统保障。

(2) 技术集成

技术集成是对低碳技术创新效果的技术保障。从第 7 章系统动力学模拟分析笔者发现，低碳技术创新绩效受低碳效益影响之外，也受建筑企业低碳技术成熟度的影响。因为企业技术成熟度高低会直接影响到低碳项目的成功率，进而影响建筑项目的碳排放绩效。建设项目实施过程涉及多种技术和多种工艺技术系统，如设计阶段的低碳规划、用地控制、环境设计和房屋架构等技术系统，施工阶段的低碳选材、低碳工艺选择及工艺安排和台班要求等技术系统，以及运营阶段的低碳技术支撑系统等。这些均需管理者考虑如何将这些技术系统配套使用。决策者在进行低碳项目设计决策时要对各种技术进行集成和优化整合，以达到各项技术集成的最好组合。

在实践中，由于工程项目的复杂性，往往找不到最优或最佳组合，而是获得非劣解组合，这种组合的选择与企业的技术创新成熟度有关。要注意的是，低碳技术的集成效果受技术规模和集成时间的影响，即低碳技术集成的规模并不是越大越好，因为规模越大，各参与主体间的沟通成本和协调失效的概率可能也会上升[247]，反而影响集成创新的效果。因此，需加大企业的低碳技术创新投入，通过培训、自组织学习和参与主体间的相互交流等实现项目低碳技术集成效果的最佳化。

(3) 政策集成

政策集成是低碳技术创新的制度保障，技术创新是低碳发展的必要支撑，但技术进步容易导致反弹效应[248]。从第 5 章低碳技术集成创新的系统评价体系指标权重分析来看，管理者更重视低碳技术集成创新前端的保障体系（从表 5 - 6 可知，低碳技术创新保障体系部分权重为 0.44），因为有效的游戏规则和制度保障是推进低碳技术创新目标实现的保证。低碳技术集成创新过程的管理既包括对资源、经费、人才、设备、技术、成果和低碳成果推广孵化的管理等工作，同时也包括对低碳建筑二氧化碳交易市场的管理等。在此过程中，制度与过程管控的内容相互交叉，制度指导过程管控，过程管控确保制度执行，并促进制度体系的完善[249]。

从第 4 章低碳技术集成创新障碍因素和第 7 章系统动力学分析笔者发现，现行制度或激励机制对低碳技术集成创新的激励程度明显不足，需设计相应的制度，以适应低碳经济的发展。如对绿色或低碳建设项目的补贴制度，目前国家只针对单一项目或参建主体（主要是建设单位）按认证等级实施补贴，而对其他参建主体的激励机制目前还没有相应规范。再者，国家对建设项目参与低碳市场竞争和碳交易平台制度也不完善，目前中国 CDM 申报的建设项目基本处于“零”批准阶段。因此，需要多政策集成的激励模式助力建筑业的低碳发展。

(4) 目标集成

低碳技术创新集成化系统管理不是一种单纯的技术应用和创新活动，它更大程度上是决策者管理理念转变和管理模式的突破式变革。有别于一般技术创新的管理，低碳技术创新是以节能减排，效率提升的一种新型创新活动，管理目标也不仅是传统建设工程的目标达成，更重要的是排放控制目标任务的达成。管理者既要从设计、施工、营运和维护上进行综合管理，实现低碳建设项目的纵向目标，也要联合上下游参与主体，实现低碳建设项目碳排放控制的横向目标，这种纵向与横向联合的集成化管理与应用是以合作、协同、集成、共赢的理念为基础，在参与方之间建立起一种真正的合作关系，将各参与方的非一致性目标趋同为一致性目标，达到系统的“利益涌现”（图 8-1）。

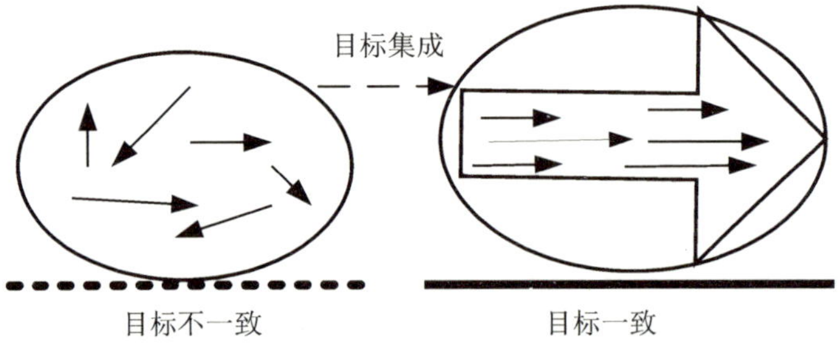

图 8-1　低碳技术集成创新目标集成“利益涌现”示意图

（5）信息集成

低碳技术集成创新系统管理是一种面向全局的综合性管理模式，除上面提到的组织、技术、政策和目标集成外，与各管理要素和技术集成创新密切相关的信息技术作用也不可忽视。要提高低碳技术集成创新管理的效率，信息的高效收集、处理、传输、存储和检索可以帮助低碳技术集成创新参与各方减少沟通时间和节约交流成本。建设工程项目过程割裂、利益相关者众多，技术种类和技术标准繁多且混乱无序的特点会引起管理团队沟通与协调困难，带来信息处理与传递成本高等问题，也会引起低碳项目建设参与方之间关系的孤立与对抗，这成了降低建筑行业生产力的主要因素之一[250]。因此，需要构建一个低碳技术集成创新沟通平台，通过网络技术，构建低碳技术集成创新信息管理平台，改变传统建设项目中各参与主体的点对点沟通方式。让集成创新参与主体可以通过该平台充分了解相关信息，比如参与主体属性、项目低碳控制目标、相关的政策、制度、低碳技术种类、碳排放数据、能源消耗种类和投资成本等信息。

基于以上分析，本书提出建筑产业技术集成创新的系统管理框架见图 8-2。通过低碳建筑项目全寿命周期的系统管理，辅之以政策支持与激励，从建筑决策、设计、施工、运营等阶段入手，集成多种低碳节能技术，充分运用合约管理，协同各阶段的集成创新参与主体共同努力，达成低碳建筑项目的碳排放控

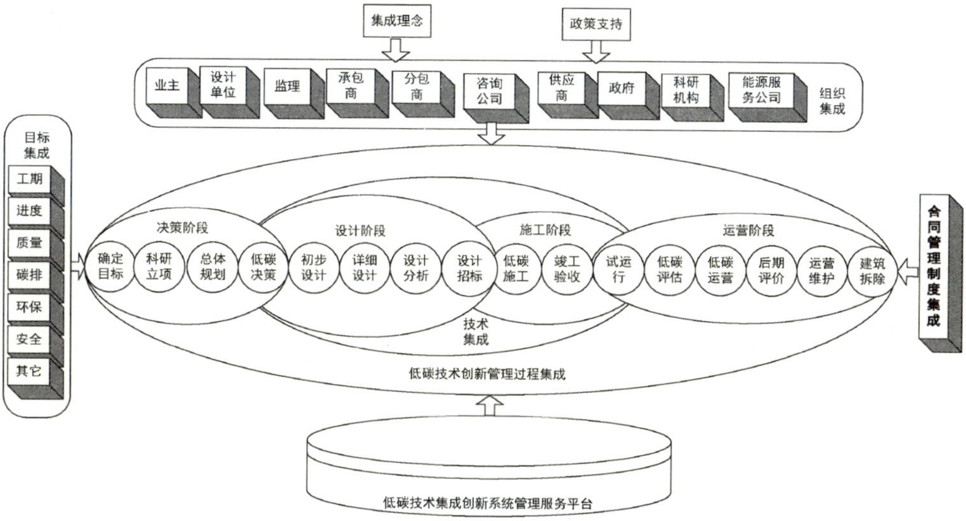

图 8－2　基于全寿命周期的建筑产业低碳技术集成创新系统管理制框设计

制任务，同时满足工程建设项目的其他目标，如工期、进度、安全和质量等任务。总之，构建基于多主体参与的组织集成、技术集成、政策集成、目标集成和信息集成的新型低碳技术集成创新管理机制，对于建筑项目低碳技术的采用和建筑产业低碳化实现无疑是一种较好的管理模式。

8.2　建筑产业低碳技术集成创新系统动力机制构建

动力机制又称为激励机制，是指在利益导向驱使下，市场参与主体及主体内部各类人员积极从事生产、经营等活动，寻求发展的内在动力机制[251]。根据相关文献可知，企业实施低碳技术创新的动力系统由动力源与动力机制两部分组成。动力源是建筑企业工程项目集成化管理实施动力的基础与来源，缺之则成“无源之水”、“无米之炊”。工程项目集成化管理动力机制是指集成动机的产生及其作用于项目参与人产生集成化管理动机的机理。C. Carter (1981)[252]认为：在许多情况下，企业组织不进行技术创新或者运用先进的技术方法的主要原因并不是没有能力、机会或者条件，而是因为其他原因所导致的实施动力不足。

从第 7 章系统动力学分析来看，建筑产业低碳技术集成创新的动力机制由技术创新活动各关键要素间相互作用构成，同时受技术标准、市场竞争和政策环境的动态影响。低碳技术集成创新的管理既是建筑产业内部参与主体间的一种动态演化和内部趋同的过程，也是各主体间相互利益冲突与均衡的过程。建筑产业低碳技术集成创新的实现，光有好的管理机制还不够，还需要各参与主体的积极参与，因而需要适宜的动力机制与协调机制。

进一步，建筑产业低碳技术集成创新的动力机制是一个多目标、多因素的动态整合机制，它是一个以低碳绩效达成为整体目标的多主体协同的技术创新体系。从项目设计、施工、营运到报废等阶段，均要考虑不同种类技术或工艺的采用。也需要来自各方面的系统协同和必要的机制约束，如政策激励机制、市场机制、分配机制和调控机制等。这些机制与建设项目的低碳技术要求、技术创新特点、现有设备和资源等相结合构成一个新型创新驱动模式，该概念框架模型详见图 8－3。

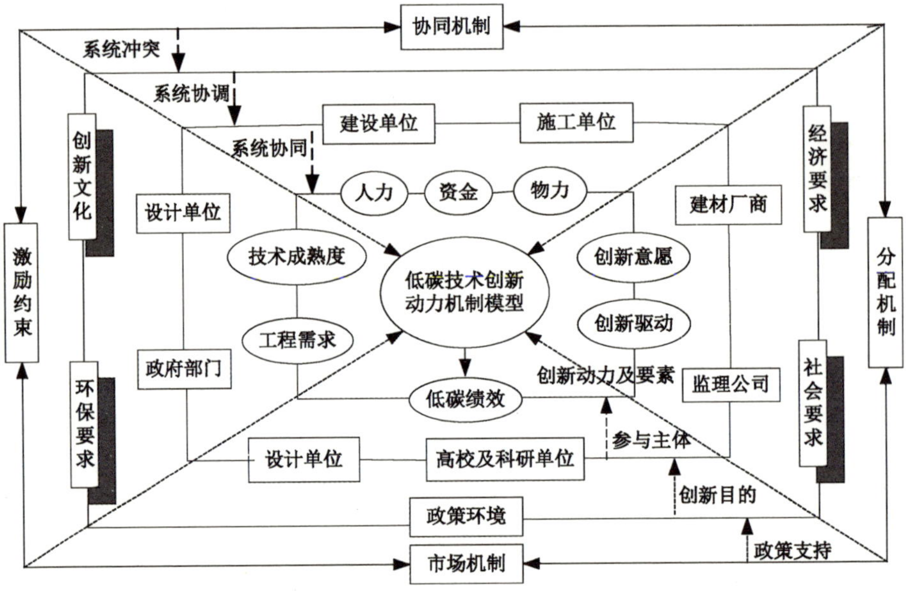

图 8－3　建筑产业低碳技术集成创新多主体系统协同动力机制管理模型

该动力机制模型包含四个层次的内容：

首先是企业内部创新驱动力的微观要素层次，各参与主体以项目低碳绩效达成目标为核心，根据工程需求及项目环保要求调动企业内部资源（如人力、物力和资金等）实施低碳技术创新，在此过程中又受企业创新意愿、创新动力源和技术成熟度的制约。

第二个层次是技术创新的参与主体间的配合与协同，包括建设单位、设计单位、施工单位、建材厂商、监理公司、高校及科研单位和政府部门，为达成建筑项目二氧化碳排放控制目标而进行的低碳技术集成创新活动整合在一起的协同创新和管理创新。

第三个层次是指低碳技术集成创新需要相关环境支持，这包括企业所在的政策环境、环保要求、社会要求、经济要求和文化要求等。

最后一个层次是为实现低碳绩效目标所提供的市场机制、激励约束、协同机制和各参与主体间的利益分配机制。通过机制与制度的约束实现各参与主体间系统冲突解决、协调与协同的内部演变和趋同过程。

低碳技术集成创新动力机制主要目的是要实现建设项目碳排放的有效控制。该机制要求系统组织内能有效提高建设项目各主体参与技术创新活动意愿和动力，营造一个积极的创新文化，实现低碳技术创新的可持续发展。在此过程中，政策支持、创新目的、参与主体和创新动力及相关要素通过不同的方式和传导机制作用于低碳技术创新动力机制模型，各机制之间相互作用与促进，形成一个有机的系统集成创新循环网络，推动建筑产业的低碳技术集成创新目标实现。

另外，需要强调的是，该驱动力系统模型需要多主体的相互协同。企业是低碳技术集成创新的主要参与主体。然而，目前低碳技术创新活动过程中，大部分强调的是建设单位的主导地位与主要责任，而忽视其他参与主体的作用。特别是在涉及多种技术创新与多种工艺创新与改进时，如重大技术难题的攻关、工艺改造与升级、材料认证与能源利用等，需要各参与主体间的密切配合。因此参与主体间的系统沟通与技术的协同创新、各参与主体与建设单位有直接或间接的合同关系和参与主体间的合作关系，需要通过跨组织的协调管理机制来实现，从而形成一个涵盖政策激励约束机制、协同机制、利益分配机制和市场调节机制等多层次集成的协同创新驱动系统网络，以解决系统间的冲突与合作。

8.3　建筑产业低碳技术集成创新实现路径与对策建议

8.3.1　低碳技术集成创新实现路径分析

有关低碳技术实现路径的探讨是当前发展低碳经济的一个讨论热点，对于建筑产业低碳技术创新实现的路径分析，业界还处于一个讨论阶段。

本书仅从项目管理角度和产业角度来分析低碳技术集成创新可能的实现路径。

(1) 基于项目管理视野的建筑产业低碳技术集成创新实现路径

索罗与熊彼德等人认为,创新是经济增长的源泉[19]。建筑产业低碳化发展是通过技术创新、制度创新、产业转型和新能源开发等手段,从根本上改变人类对化石能源的依赖,减少以二氧化碳为表征的温室气体排放的新型经济发展模式,实现支柱产业经济增长与温室气体排放之间的脱钩。从第 3 章的分析笔者发现,目前中国建筑产业的经济增长仍然以环境的付出为代价,建筑产业对能源的路径依赖依然存在,短期内无法打破这种"碳锁定"现象,实现脱钩。因此,要以产业低碳化发展模式,通过低碳技术创新降低建筑全寿命周期综合成本,同时减少资源消耗以及建筑全寿命周期的碳排放,提高建筑物投入产出效益,使低碳转型成为建筑产业发展的核心竞争力和新经济增长点。

从系统项目管理的角度来看,建筑产业的低碳技术集成创新是一个系统工程。管理者从项目的设计、规划开始阶段到项目最终的维护阶段均应考虑如何融入低碳理念,实现项目的低碳化目标。比如选址要与周围的环境相协调,设计阶段应考虑结构灵活的设计和低碳材料的选用,尽可能地减少建筑的碳排放量;在施工阶段充分采用低碳节能技术、资源循环技术和合理选择施工方案的选用,注重环境保护,提高资源和能源的利用效率;在营运阶段,应提倡使用节能设备,倡导低碳生活等;在建筑拆除阶段,要采用分类拆除的方法而不是一次性的爆破,以减少垃圾的产生,以提高资源的回收率;在拆除材料处理阶段,要做到材料分离和有效处理,尽量保证使用过的材料还可以用于其他地方或再生利用等。这些环节的技术创新活动均需企业的全面参与和指导,政府只能作为监管单位引导和保证相关节能减排措施的执行,从而实现二氧化碳排放控制目标。图 8-4是将上述分析系统地结合起来构建的建设项目低碳技术集成创新实施的路径框架。

(2) 基于产业集成管理视野的建筑产业低碳技术集成创新实现路径

事实上,由于建筑业涉及诸多产业,使低碳技术集成创新管理变得复杂,特别是对于工程项目上游的建材厂商,如钢铁、水泥和木材厂商等。工程项目的低碳技术集成创新效应的低碳产业发展模式也将刺激和带动上下游产业对生产和使用低碳产品的需求,形成一个自下而上的"屋"式路径模式框架。图 8-5 是基于产业层面的建筑产业低碳技术集成创新管理的实现路径示意图。

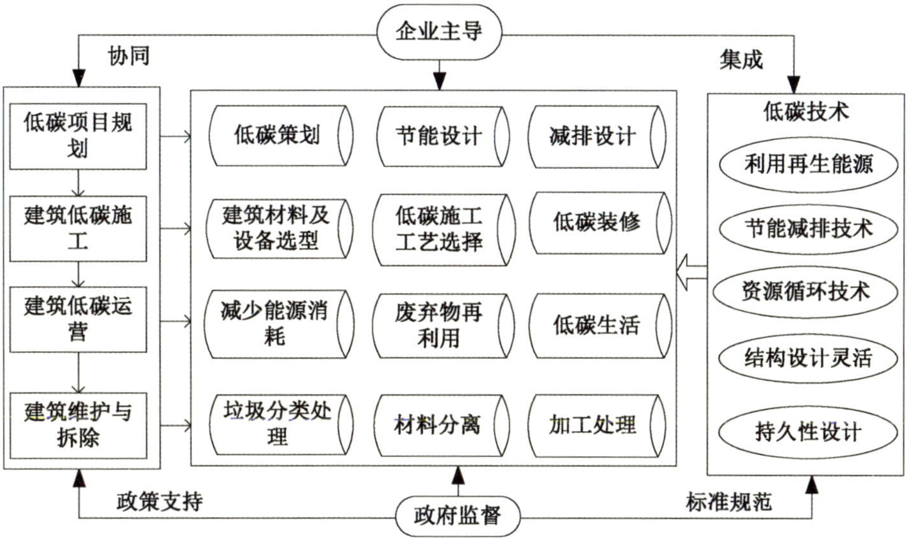

图 8－4　建筑产业低碳项目技术集成创新实施路径探讨

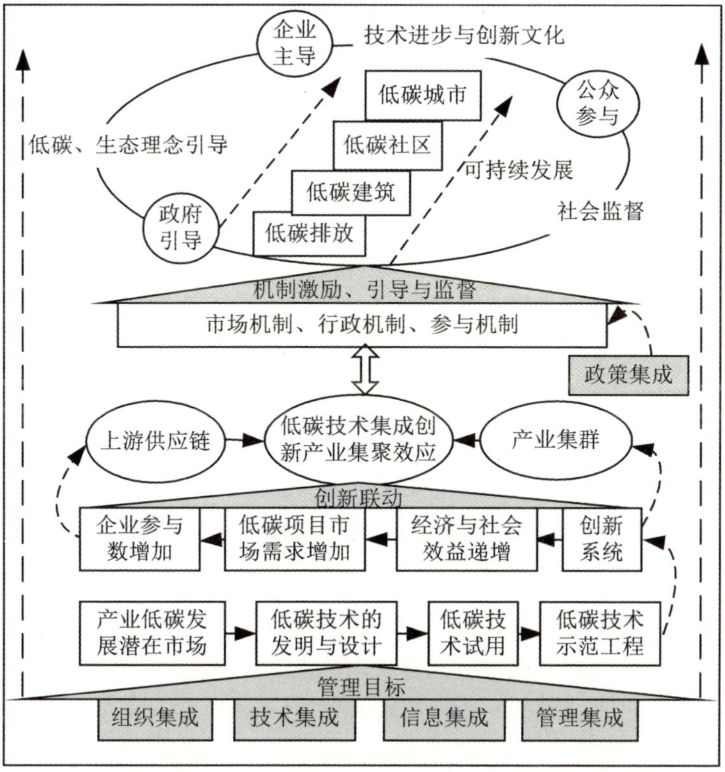

图 8－5　建筑产业低碳技术集成创新实现路径“屋式”框架模型

首先，建筑产业潜在的低碳市场转型触发了产业内部的技术创新需求，设计单位按照市场需求和政府强制规范进行低碳技术的发明与设计，通过低碳建设项目示范工程验证低碳技术创新的效应，由此获得相关技术承认或专利发明等。

其次，如果低碳技术集成创新成功，产业内部会逐步形成一种低碳技术集成创新氛围，使工程项目的社会效益和经济效益递增，激发低碳项目的市场需求，从而带动低碳技术集成创新企业的参与数增加，进一步地推动上游供应链对低碳材料和低碳设备的需求。

第三，受低碳市场需求激发，建筑产业上下游供应链在满足现有低碳建设项目建筑材料和设备供应的同时，也自发地实施低碳工艺和低碳材料的改良和创新，推出新型环保材料和节能材料，逐渐掌握低碳材料技术创新的主导权，并进一步满足厂商内部技术进步需求，培养创新文化。

第四，企业通过技术、组织、管理和信息的系统管理，运用市场、行政和参与机制等手段规范与引导产业发展，满足社会需求，形成一种产业内低碳技术创新"集聚"效应，带动低碳项目的进一步发展，完成产业内二氧化碳排放的控制任务。

最后，通过政府低碳、绿色、生态理念的引导，构建以企业为主导地位(注意：不是政府主导)，公众参与、社会监督的新型产业低碳化技术创新网络驱动管理模式，进而带动低碳建筑、低碳社区乃至低碳城市的发展。即以"低碳排放、低碳建筑、低碳社区、低碳城市"作为产业转型管理目标，实现建筑产业低碳化经济转型。

8.3.2 低碳技术集成创新系统管理对策建议

从第 4 章低碳技术集成创新障碍因素分析来看，建筑产业的产业低碳化转型存在诸多障碍因素。其中评价标准不一致、创新效益不稳定和政策支持和鼓励不足等是较为突出的障碍因素；在第 5 章对建筑产业低碳技术集成创新绩效评价分析时，发现管理者对低碳技术创新的制度保障和过程控制较为重视；在第 6 章对各主体参与低碳技术创新的博弈分析时发现：建筑企业努力程度对低碳技术创新的产出影响较大，为了激励各参与主体的积极性，政府需要制定合理的激励措施和采取适度的监管水平，而政策因素的影响会对建筑产业低碳绩效产生正相关作用。可见，建筑产业的低碳技术集成创新管理不仅仅是多技术创新的"纯技术"管理，技术创新效应表征的是技术水平的动态变化，除了低碳技术创新之外，还需要辅之以配套的政策支持与系统管理，通过理念创新、制度创新和管理创新三个层面系统地提高建筑产业的低碳技术创新绩效(图 8-6)。

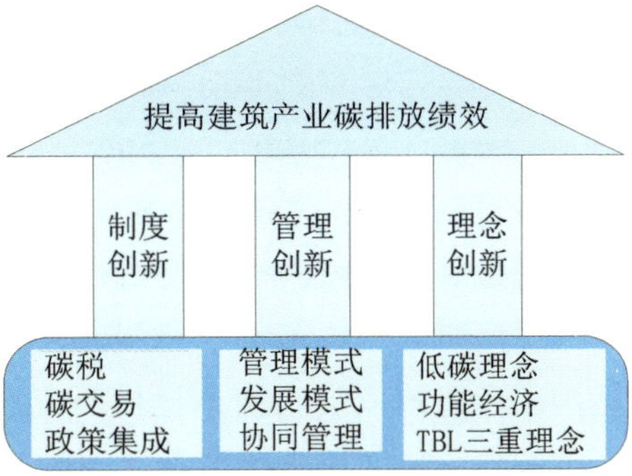

图 8-6　提高建筑产业低碳技术集成创新绩效管理的三大途径

(1) 制度创新

技术上创新有利于企业内部的碳排放控制目标达成，制度创新有利于外推新的碳排放控制。低碳经济是在全球气候恶化的背景下提出的，是世界经济发展的新模式。为实现经济发展中的“低碳”，各国主要的制度安排有征收碳税和碳交易制度。前者是由政府通过税率来确定进行碳排放的活动要付出多少代价，后者是在《京都议定书》的规定下，通过碳排放权的交易实现全球范围内碳减排的目的。

第一，实施碳税设计，明确碳税实施的方法和对象

碳税是指针对二氧化碳排放所征收的税，它通过对燃煤和石油下游的汽油、航空燃油、天然气等化石燃料产品，按其碳含量的比例征税，以实现减少化石燃料消耗和二氧化碳排放的目的。学者安德列娅·鲍劳兹尼等(Andrea Baranzini et al.，2009)在分析了各国能源产品的碳税税率后指出：从理论上说，征收碳税的目的在于提供一种碳减排的激励机制，但在实践中存在其他目的，如基于财政(筹集资金)的目的，对需求弹性很小的产品征收很高的碳税；对于某些能源产品，如煤炭，有些国家的碳税税率相当低，有些国家还实行补贴，因而还不是真正意义上的碳税；要达到减少碳排放的目的，实施碳税的同时要对能源税进行改革[253]。Cheng F Lee 等(2007)在灰色理论(grew theory)和投入-产出理论(input output theory)的基础上，运用模糊目标规划(fuzzy goal programming)方法构建模型，模拟了三种碳税方案下碳减排的力度和经济影响。预测碳税实施的影响有助于各国碳税方案的选择，也能更好地发挥碳税的效果[254]。目前建筑产业项目业主交纳碳排放税的主要形式是支付电价，但支付标准不一，导致企业对碳税的配合程度不高，无法遏制部分建筑厂商的能源浪费现象。因此，需实施碳税设计，明确碳税实施的方法和对象，如对高能耗的建设项目实施适度征税，征税额度可按单位建筑面积碳排放来计量或按低碳技术创新碳减排效果减税或免税，以加速建筑产业低碳经济转型。

第二，建立公平合理的评价机制和碳交易平台

碳交易是为促进全球温室气体减排，减少全球二氧化碳排放所采用的市场

机制，即把二氧化碳排放权作为一种商品，从而形成了二氧化碳排放权的交易。碳交易起源于《京都议定书》所制定的三种减排机制：一是排放贸易机制(Emission Trade，ET)；二是联合履行机制(Joint Implementation，JI)；三是清洁发展机制(Clean Development Mechanism，CDM)，这是《京都议定书》中唯一涉及发展中国家的机制，并且《京都议定书》还承认了森林碳汇(carbon sink)对减缓气候变暖的贡献，并要求加强森林可持续经营和植被恢复及保护，允许发达国家通过向发展中国家提供资金和技术，开展造林、再造林碳汇项目，将项目产生的碳汇额度用于抵消其国内的减排指标[255]。这些规定的出现在发达国家和发展中国家之间开启了一个巨大的碳交易市场，使CDM项目和碳汇CDM项目成为发展中国家的一个新的经济增长点。

从20世纪70年代开始，减排交易机制就在环境领域被证明为最经济、最有效的治理手段。清洁发展机制(CDM)是目前最为成功的发展中国家与发达国家之间的减排合作机制。据统计，中国目前在CDM领域的成就全球第一，研究“中国的CDM经验进行总结分析，是回答人们对于后京都CDM命运的担忧、促进市场化减排机制今后更好地被运用和推广的最好行动”(曾少军，2010)[256]。虽然中国在CDM领域上的成就世界第一，截至2010年3月14日为止，UNFCCC共接收申请的CDM项目3 335个，中国项目1 468个，但所有申请的CDM项目中建筑行业的CDM项目寥寥无几，中国的CDM项目中更没有一家建筑行业。“零”建筑行业的CDM项目与“十一五”期间1.1亿吨标准煤的节煤量形成鲜明对比，建筑行业的节能减排工作形势严峻。中国是CDM项目申请第一大国，那缘何中国的CDM项目申请者不偏好建筑行业的CDM项目？陶金花(2011)[257]认为，方法、理念和经验的缺乏是制约中国建筑业CDM项目难以申请成功的原因。另外，有关建筑产业二氧化碳量化标准目前还没有正式出台，现在的“绿色”以往多是定性评价，但是在“低碳”问题上必须定量到“碳排放、碳指标”。只有定量才能和货币挂钩，为未来的碳税、碳交易做准备，最快能推进建筑业碳交易市场发展的办法，就是从国家层面强制性推出有关减碳的标准和中国企业资源碳减排意识的形成[258]。

因此，鼓励建筑企业积极参与低碳技术集成项目的CDM申报，要有“走”出去的思想，同时把国家CDM项目的审批和项目参与范围适度扩大。政府需出台相关政策，规范和统一相关评价标准，完善沟通平台。

第三，从政策层面，加强低碳技术政策引导与扶持

在低碳技术创新发展过程中，关注不同政策类型的组合运用。发挥政府主

导作用，完善低碳创新政策，合理利用自身在资源配置方面的政策优势，通过政府驱动、企业参与和市场调节等相结合，构建以政府-企业和公众参与共同参与的低碳技术集成创新系统，增强企业参与主体被动创新的动力，二者兼施。明确低碳项目补贴主体，扩大参与主体的激励力度，鼓励企业参与技术创新。构建相应的动力机制、考核机制、激励约束机制和低碳技术创新绩效评估机制，以集成政策驱动力引导和增强参与主体低碳技术创新意愿，突破“低碳陷阱”和“锁定效应”困境（相关理论支撑及效果分析本书第 6 章和第 7 章已有讨论）。

第四，制定科学合理的利益分配机制

追求利益是企业低碳技术创新参与主体的基本诉求。利益分配合理，参与主体的可预见经济风险降低，参与低碳建设项目的积极性就高，企业就越愿意投入到低碳技术创新活动中来，进而获得创新效益和竞争优势。因为利益分配模式一定程度上揭示了低碳技术创新各参与主体在整个创新过程中的地位和应该起到的作用。在既定的利益分配模式下，通过科学合理的低碳技术创新绩效评估机制以兼顾各方利益。对于企业参与主体的利益分配界定标准，需建立多渠道的企业信用评价机制。对信用等级较高，碳减排任务达成或超过的企业给予更多政策倾斜，资源调配等。在企业中形成一种良性竞争氛围。简言之，要以经济激励机制和政策资源调配相结合的利益分配杠杆机制激发建筑企业低碳技术集成创新的参与力度。

（2）管理创新

管理创新是指企业把新的管理要素（如新的管理方法、新的管理手段、新的管理模式等）或要素组合引入企业管理系统以更有效地实现组织目标的活动[259]。本书所讲的管理创新是指建筑企业在实施低碳技术创新活动中对管理技术和方法的创新。低碳项目工程技术的复杂性和多目标集成性使人们对建筑产业“碳锁定”破解的可行性进一步思考。诚然，低碳技术能帮助建筑产业缓解碳减排压力，但其有效性却要结合企业的系统管理才能充分体现出来，需采用新型的管理模式来有效地提高低碳技术集成创新绩效。

第一，单目标管理模式向多目标集成系统管理模式转变。

系统管理模式的成果不是管理模块简单相加的解决方案，而是企业整体与支系统之间、模块与模块之间的联动性、协调性、增益性全面解决之道。系统管理模式让企业的变革过程模型成为一个操作系统，管理者在这个系统的指引下对现有的和未来的管理变革进行指导，以达到牵一发动全身的效果。系统管理把组织看作与外界发生相互作用的开放系统,包括目标与价值子系统、技术系统、结构子系统、社会心理子系统和管理子系统[60]。

如前所述,建筑产业低碳技术集成创新是指在建筑全寿命周期内,以低碳节能和碳排放控制为目标的任何有关节能和能效提升的技术或工艺创新的技术整合。通过技术、服务、组织管理和过程控制等方面的集成创新活动。管理创新的要义在于能够利用管理的技术手段及时发现企业在低碳技术创新过程中的问题,并能够使问题得到及时的控制。

基于以上分析,本书提出建筑产业低碳技术集成创新系统管理与监控模式见图 8-7。根据前面所阐述的低碳技术集成创新管理的内容,构建一定的子目标系统,包括低碳技术集成化管理的"目标子系统"、"技术子系统"、"合同管理子系统"和"制度结构子系统"。设定系统管理监控模型,透过系统数据的模拟与现实数据对比分析,以预测低碳技术创新绩效实现的可能性,及时纠偏,有效改善系统内的组织冲突与决策迟缓,帮助管理者对低碳技术集成创新项目管理水平的系统提高,达到集成管理的效果,即实现单目标管理模式向多目标集成的系统管理模式转变。

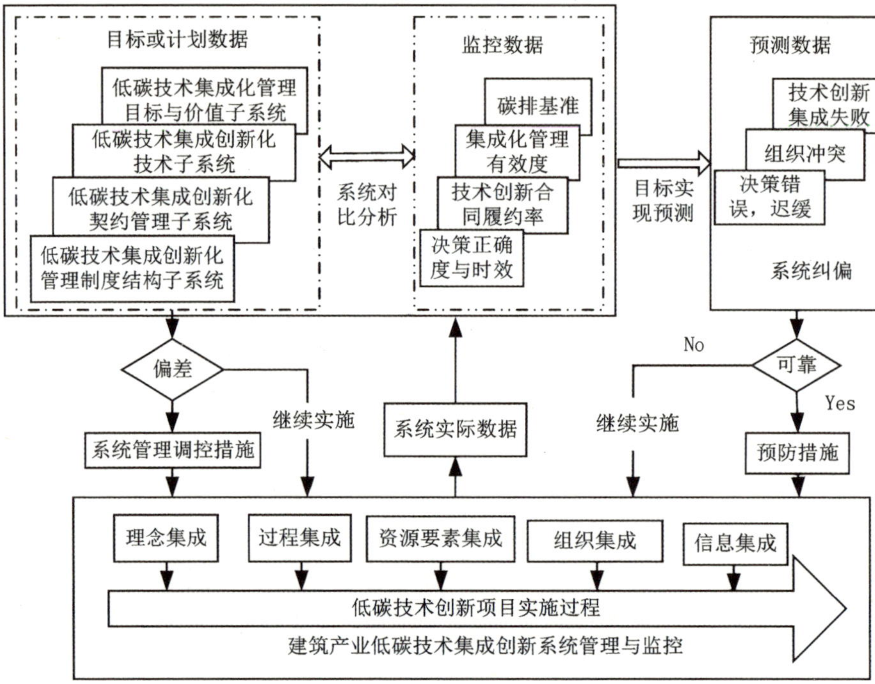

图 8-7　建筑产业低碳技术集成创新绩效系统管理与监控框架

第二，走渐进式创新与突破式创新相结合的管理发展模式。

加强建筑企业低碳技术自主创新能力建设，促进低碳技术产业化。以渐进式和突破式创新相结合，技术引进与自主创新相补充。采用多方式和多渠道的管理手段促进低碳技术的渐进式创新和突破式创新均是低碳技术创新管理的不同表现形式。加强关键共性低碳技术的攻关，就建筑产业的八大低碳技术系统①制定专门的产业技术攻关路线。同时加强新技术的开发和引进，如在智能电网、节能技术、碳捕集与封存技术（CSS）重点领域制定未来低碳重大研究计划，提高企业低碳技术创新水平与核心竞争力。以建设单位为核心参与企业主导，整合系统内多方资源，兼顾各方效益的合作基础上保证低碳技术创新机制更为有效地运行。充分发挥产业内部参与主体的正协同效应，使参与主体有更高的积极性参与到低碳技术创新活动中。

第三，构建建筑产业协同管理和参与主体产业联动合作模式。

产业联动是指在一个区域的产业发展中，不同地区通过产业结构的战略调整，形成合理的产业分工体系，实现区域内产业的优势互补，实现区域产业的协同发展，从而达到优化区域产业结构、提升产业能级、增强区域产业竞争力的目的[260]。由第7章的分析可知，低碳技术项目的成功会带动建筑产业系统内企业参与数量的增加，加上政策扶持和其他驱动力因素的影响，在建筑产业内逐渐会形成一种以“低碳技术创新”为核心目标的产业“集聚”效应，以产业联动合作模式推进建筑产业的低碳化。另外，构建以协同创新，系统合作的新型产业联动合作模式可以在各参与主体间整合多方资源，分享多方经验，使各参与方进行创新活动时，可以避免诸多不利的系统冲突，保障低碳技术集成创新的顺利进行。

(3) 理念创新

大气中温室气体浓度的上升主要源于人类不恰当的生产和生活方式，要想真正实现低碳经济的转型，深层次的观念转变必不可少。

首先，营造低碳理念创新氛围。一个低碳建筑项目，需要经历建筑规划、设计、施工、运营、拆除及处理各个阶段。如果只是在某一个或者几个阶段采用低碳技术，也不是完全真正意义上的低碳建筑项目，只有将低碳理念融入建筑物的整个生命周期，才能真正实现技术创新所要达成的低碳目标。

---

① 根据中国房地产研究会住宅产业发展和技术委员会刊登在《中国建筑报》的信息（2010年3月10日），此八大技术系统为：低碳设计、低碳用能、低碳构造、低碳运营、低碳排放、低碳营造、低碳用材、增加碳汇。

其次，倡导功能经济(Functional Economy)理念，转变传统生产消费模式。企业产品的客户价值根植于效用及其给消费者带来的收益，即经济价值理念需要从“交换价值”转向“使用价值”，企业对客户传递的是每单位功能效益而非产品收费。其目标是消耗尽可能小的资源和能量来提供尽可能多的使用价值，这比传统生产消费模式更具有减物质化和可持续化的性质。提高生活质量的根本是提高服务水平，而不是一味地追求拥有物品。对于建筑企业来说，最根本的不仅是要提供低碳建筑产品给客户，而重要的是提供低碳环保的服务与环境；对于消费者来说，最根本的不是购买物品，同时也是够买服务，获得优质服务所带来的满足感。

第三，推行综合效益理念。传统观念的企业技术创新是以经济利润为目标的经营性创新活动，忽视环境保护和碳排放控制。建筑产业的能效提高，材料节省和效率提升的评价标准多是以经济效益为标杆。随着能源危机和环境污染的日益严重，有学者提出企业的技术创新与可持续发展要以满足经济、社会和环境“三重底线(Three-Bottom-Line, TBL)”[261]总效益最佳为最低标准，而非片面地追求经济效益。建筑产业的低碳技术创新是要在满足企业多目标要求基础上的一种新型产业创新活动，在满足与传统建设项目一样目标的同时(如工期、质量、进度和成本)，需考虑建筑产品的碳排放控制目标和环保标准。因此，倡导以“三重底线”为目标达成基础的低碳技术集成创新综合效益集成理念，培植建筑企业低碳创新文化，将有利于建筑企业低碳技术创新的顺利实施，更好地实现产业低碳化目标。

总之，传统的、单一的技术创新管理很难适应现代企业低碳经济发展的要求。以技术创新、制度创新、管理创新和理念创新相结合的系统的、集成的、多目标的新型系统管理模式将更适合于建筑产业的低碳技术集成创新管理，它是一种突破式创新与渐进式创新相结合的新型模式。

8.4 本章小结

可持续发展管理问题已成为一个日益复杂的系统问题。本章根据第4—7章的研究基础，对建筑产业低碳技术创新的管理机制和动力机制做了探讨，分析了建筑产业低碳技术创新系统管理的主要内容及多主体参与模式下的系统协同动力机制模型。然后从项目管理层面和产业层面分析了建筑产业低碳技术集成创新的实现路径与思路，提出要从制度创新、管理创新和理念创新等方面来保障建筑产业低碳技术集成创新的顺利实施，指出以渐进式与突破式创新相结合的低碳技术集成创新系统管理模式将有助于建筑产业低碳化经济转型。

第9章 结论与展望

9.1 研究结论

极端天气的频繁出现、全球变暖和能源危机的日益严重，使人类必须重新审视现有的社会发展模式和经济增长模式。气候变化的危机和温室气体排放加大从表面上来看是环境问题。从深层次来看，正是人类不恰当的生产和生活模式让地球“不堪重负”，随着地球资源的过度开采和能源的持续消耗，人类发展的可持续性问题变得越来越严峻，“高碳”经济增长模式必须逐渐向“低碳”经济增长模式过渡。作为“高能耗”的建筑业首当其冲，传统的节能减排和效率提升措施已经远远不能满足国家有关温室气体减排的硬性要求。作为国民经济重要支柱产业之一的建筑产业，走“低碳技术集成创新”路径是建筑节能减排的必经之路。

本书基于现有文献研究成果，针对建筑产业所处客观环境和产业特点，对建筑产业低碳技术集成创新存在的障碍、评价标准、成本效益、政府激励及监管、低碳技术集成创新驱动力因素做了系统的、全面的分析。研究发现：

首先，从第3章有关宏观经济背景分析发现：建筑产业碳排放主要受建筑规模和能源强度影响，与建筑产值相关，显著性不强，能源消耗是碳排放的主因。能源强度下降对建筑产业碳减排起促进作用，单位面积碳排放和碳排放强度随经济发展和建筑规模的加大反呈逐年下降趋势。建筑产业对化石能源的依赖程度有所降低，趋于平稳，但无法摆脱化石能源的路径依赖。建筑产业的建筑能耗与产业GDP增长不存在经典低碳经济理论倒“U”形的特征。走低碳技术集成创新之路是破解建筑产业“碳锁定”的一个有效路径选择。

其次，从第4章低碳技术集成创新障碍因素分析发现：建筑产业低碳技术集成创新存在的主要障碍有“技术评价标准的不统一、政府激励政策不到位、市场竞争压力、企业成本效益压力和专业技术人才缺乏”等方面。要有效推进建筑产业低碳经济转型，需要帮助企业从标准、政策激励、成本效益等方面解决问题，即要从综合的角度考虑建筑产业低碳模式的转变，采取相应的配套措施，而不是靠单一低碳技术创新来解决问题。

第三，从第 5 章有关低碳技术集成创新管理评价研究发现：低碳技术集成创新的投入保障体系、管理控制体系和综合集成绩效评估在低碳技术集成创新绩效评价体系中的权重比例各有不同，管理者普遍注重前期的系统投入与控制阶段的过程管理，而对于后期低碳性能和低碳效益的关注则相对较小，需要从系统管理的角度评价建筑产业的低碳技术创新绩效。

第四，从第 6 章有关政策激励机制的研究发现：政府在推动高能耗产业进行低碳技术集成创新的博弈过程中，由于信息不对称性，政府和项目业主、政府和委托监管单位之间形成一种委托代理关系，产生代理成本。受监管成本和信息不对称风险影响，政府在制定激励政策时需考虑如何规避低碳技术创新和参与主体间的合谋，对参与各方的寻租和合谋行为进行打击[137]。

第五，从第 7 章对建筑产业技术集成创新驱动力因素分析与系统模拟发现：建筑业低碳技术集成创新最主要的驱动力因素是受“竞争需要和经济利润”驱动。各主体在参与低碳技术创新过程中扮演不同角色，低碳技术集成创新的实现是以建设单位为主导，带动设计单位、施工单位和建材厂商联动的一个动态系统集成创新过程。政府是低碳技术集成创新的主要推手，各驱动力因素对建筑产业低碳项目转型的时效和企业参与数量产生影响，但程度各有不同。

最后，基于前面论述研究发现与存在的问题，第 8 章从系统管理的角度对低碳技术集成创新的管理机制、动力机制和建筑产业低碳经济转型的实现路径做了深入分析，提出要以系统管理的集成理念推进建筑产业的低碳技术创新，提升建筑产业的低碳化水平。

本书认为建筑产业的低碳经济转型发展关键在于低碳技术集成创新水平和管理水平的提高，低碳技术集成创新需要摆脱传统“唯技术论”与“纯结果论”僵局。传统的、单一的技术创新管理很难适应现代企业低碳经济发展的要求。以组织、政策、技术、信息和目标现结合的集成管理方法，加上技术创新、制度创新、管理创新和理念创新的管理模式将系统地提高碳排放控制绩效，推进建筑产业低碳经济的顺利转型。这种集成创新将有利于当前建筑产业低碳化实现，它是一种突破式创新与渐进式创新相结合的新型模式。

9.2 研究局限

由于建筑产业行业数据和系统案例获取有限性，本书还存在诸多不足，现总结如下：

(1) 在有关建筑产业碳排放与低碳技术创新关系分析过程中，由于目前国内外没有专门低碳技术创新投入的行业数据，低碳技术创新投入对建筑产业碳排放绩效的因果关系未能从定量上分析，只探讨了影响建筑碳排放的能源消耗、建筑规模、单位 GDP 产值(即能源强度)等要素，在今后的研究过程中将持续追踪相关数据和热点议题。

(2) 在建筑产业低碳技术创新指标体系构建时，由于可借鉴的文献指标和调查的局限性，影响建筑产业低碳技术集成创新和建筑碳排放的指标很多，本书仅从系统输入、系统产出和过程控制三方面来反映该指标体系的综合性，难免会遗漏或疏忽一些其他指标，在此也虚心接受业界学者的批评和指正。

(3) 在研究建筑产业企业主体参与低碳技术集成创新驱动力因素时，本书仅从定性的角度研究了低碳技术集成创新管理在各参与主体间因果递进关系和系统驱动集成，最后选取其中一个参与主体做出了定性与定量相结合的系统模拟。由于数据获取的局限性，没有对所有主体的参与性进行模拟，模型的现实性与可靠性有待提高。当然，这也是本书运用系统动力学定性方法研究建筑产业低碳技术集成创新管理的一个尝试，后续研究还将持续关注，力争使模型模拟效果更好。

低碳是技术特征，建筑业只是应用领域，低建筑产业低碳目标能否实现关键是技术创新，其创新活动不能脱离具体的技术，因为不同的低碳技术类型，它的创新管理有不同的方式。本书只从系统和宏观角度对建筑产业的低碳技术创新管理提出一些思考和建议，至于微观层面的技术集成创新活动又需因时、因地、因人做出相应部署和调整。

以上是本书主要的局限与不足。当然，这些不足和局限也是笔者后续需加强的地方。

9.3 进一步工作方向

本书虽然取得了初步成果，但依然任重道远。为做好本书的研究工作，笔者阅读了大量国内外有关低碳技术创新与集成创新的文献。发现有关低碳技术创新的研究尚有许多有待进一步深入进行的研究工作，也发现了一些研究热点：如低碳技术创新管理理论和方法呈现多样性。以社会技术创新、观念创新和能源创新系统相结合的研究主题正在成为热点；以实证研究、定性定量相结合的研究模式成果逐渐增多；低碳技术创新管理是一个多目标集成综合体系，跨文化、跨企业、跨地区、跨组织、跨行业和跨学科的系统研究正在兴起；基于低碳理念的绿色技术创新研究不仅涵盖能源节省、可再生能源、可持续消费行为模式的创新，也包括人文与社会行为的研究[12]。因此结合科技、能源、环境、工程、材料科学、社会科学、管理科学和心理学的交叉学科研究是低碳技术创新未来研究的方向之一，有关低碳建筑项目多参与主体的行为模式对低碳绩效的促进作用也是研究今后要关注的方向。

参考文献

[1] 建设部. 关于印发《建设部关于落实〈国务院关于印发节能减排综合性工作方案的通知的实施方案》的通知[EB/OL]. 建科[2007]159 号[2012 - 6 - 26]. http://govinfo.mohurd.gov.cn/data/ResourceFile Data/content_html/2009 - 12/ff3f3d7a-6c05-41d7-82ae-b41f48456315.html.

[2] 世界自然基金会. 低碳经济影响四大产业变革[J]. 北大商业评论. 2010, Vol. 68(3).

[3] US EPA http://www.epa.gov/building/pubs/about.htm[EB/OL]. [2012 - 6 - 15].

[4] UK Energy White Paper: Our energy future — creating a low carbon economy[M]. Author: DTI (Department of Trade and Industry), published by TSO (The Stationery Office) on 24 Feb. 2003. Online: www.tso.co.uk/bookshop.

[5] 庄贵阳. 中国经济低碳发展的途径与潜力分析[J]. 太平洋学报, 2005(11): 79 - 87.

[6] IPCC. Climate Change 2007: Migitation. Contribution of Working Group Ⅲ. To the Fourth Assessment Report of the Intergovernmental Panel on Climate change[R]. Cambridge University Press, New York.

[7] 陈晓春, 朱仁崎. 我国低碳发展的制约因素及其路径选择[J]. 西南民族大学学报(人文社科版), 2010(11): 150 - 154.

[8] 胡锦涛在 APEC 第 15 次领导人非正式会议上的讲话[EB/OL]. 北方网. [2013 - 6 - 18]http://news.enorth.com.cn/system/2007/09/08/001918545.shtml.

[9] 胡锦涛. 胡锦涛在 2010 年两院院士大会上的讲话[EB/OL]. 人民网, 2010. (2010 - 6 - 7)[2013 - 6 - 12]http://scitech.people.com.cn/GB/11810084.html.

[10] 中国经济网. 国家"十二五"规划纲要(全文)[R]. [2012 - 7 - 3]http://www.ce.cn/xwzx/gnsz/gdxw/201103/16/t20110316_22305305_1.shtml.

[11] 吕俊杰. 低碳技术创新的发展现状及对策[J]. 学理论, 2010(17): 56 - 57.

[12] Qian Shi, Lai Xiaodong. Identifying the Underpin of Green and Low Carbon Technology Innovation: A Literature Review from 1994 to 2010[J]. Technological Forecasting and Social Change, 2013, 80(5): 839 - 864.

[13] 赖小东, 施骞. 低碳技术创新管理研究回顾及展望[J]. 科技进步与对策, 2012, Vol. 29

(9)：145－151.

[14] Stone B. How Building Green Got Its Start，5/2/2011[EB/OL]. [2013－1－12]http://www.brighthub.com/environment/green-living/articles/51601.aspx#ixzz1bJ0U3It8.

[15] 赖小东，施骞. 建筑产业低碳技术创新管理研究回顾及展望[J]. 软科学，2012，Vol. 29(11)：145－151.

[16] Pacala S，Socolow R. Stabilization Wedges：Solving the Climate Problem for the Next 50 Years with Current Technologies[J]. Science，2004(305)：968－972.

[17] McKinsy. The carbon productivity challenge：curbing climate change and sustaining economic growth[R]. McKinsy Global Institute，2008.

[18] 全国工商联房地产商会、精瑞（中国）不动产研究院. 中国绿色低碳住宅区减碳技术评估框架体系（讨论稿）[J]. 动感（生态城市与绿色建筑），2010(0)：30－33.

[19] 熊彼特·约瑟夫. 经济发展理论[M]. 北京：商务印书馆，1991.

[20] 董景荣. 技术创新过程管理——理论、方法及实践[M]. 重庆：重庆出版社，2000：10－12.

[21] Mansfield E. Industrial research and technological innovation[M]. New York：W. W. Norton，1968.

[22] 陈伟. 创新管理科学出版社[M]. 科学出版社，2006.

[23] 周晓宏. 技术集成概念、过程与实现形式. 科研管理[J]. 2006，27(6)：118－124.

[24] 路甬祥. 面向战略需求，推进集成创新[J]. 机电工程技术，2002(1)：13－14.

[25] Richard R N，Sidney G W. An evolutionary theory of economic change[M]. London：The Belknap Press of Harvard University Press，1982.

[26] Freeman C. The economics of industrial innovation[M]. The MIT Press，1982.

[27] Iansiti M. Technology integration：Management technological evolution in a complies environment[J]. Research Policy，1995(24)：521－542.

[28] Iansiti M. Technology integration：making critical choices in a dynamic world[M]. Boston：Harvard Business School Press，1998.

[29] Iansiti M，West J. From Physics to Function：An Empirical Study of Research and Development Performance in the Semiconductor Industry[J]. Journal of Product Innovation Management. 1999(16)：385－399.

[30] Mark A A M，Berend W L. The effectiveness of different mechanisms for integrating marking and R&D[J]. Journal of Product Innovation Management，2002(19)：305－317.

[31] 傅家骥，雷家骕等. 技术经济学前沿问题[M]. 北京：经济科学出版社，2003：97－110.

[32] 江辉，陈劲. 集成创新：一类新的创新模式[J]. 科研管理，2002(5)：31－39.

[33] 余志良，张平，区毅勇. 技术整合的概念、作用与过程管理[J]. 科技进步与对策，2003

(3)：84－86.
[34] Staudenmayer N. Alternative Designs for Product Component Integration, working paper of Sloan School of Management[M]. MIT. 1998.
[35] Tang H K. An integrative model of innovation in organizations[J]. Technovation, 1998, 18(5)：297－309.
[36] Sadler P. Leadership and Organizational Learning[M]. In Dierkes, M., Berthoin A., Child, J. & Nonaka, I. (eds), Handbook of Organizational Learning and Knowledge, Oxford：Oxford University Press, 2001.
[37] Michael H B. The New Competitive Advantage：The Renewal of American Industry [M]. Oxford University Press, 2001.
[38] 刘俊,朱欣民. 基于 SEM 模型的 3C 融合产品开发集成创新实证研究[J]. 软科学, 2012,Vol. 26(3)：20－23.
[39] 陈劲. 集成创新的理论模式[J]. 中国软科学,2002(2)：23－29.
[40] 金军,邹锐. 集成创新与技术跨越式发展[J]. 中国软科学,2002(12)：48－51.
[41] 李文博,郑文哲. 基于混沌理论的企业集成创新研究[J]. 科技进步与对策,2005(3)：23－25.
[42] 庄越,胡树华. 现代企业产品创新集成化的原理与方法[J]. 科研管理,2002,23(1)：77－83.
[43] 慕玲,路风. 集成创新的要素[J]. 中国软科学,2003(11)：105－111.
[44] 欧光军,王治,陈勇. 面向产品创新的集成管理体系研究[J]. 科研管理,2004,25(5)：7－11.
[45] 欧光军,胡树华. 构建面向产品开发的团队集成创新体系[J]. 科学管理研究,2002(2)：12－13.
[46] 庄贵阳. 中国经济低碳发展的途径与潜力分析[J]. 太平洋学报,2005(11)：79－87.
[47] 周毅. 低碳：从技术、经济到国际政治[J]. 城市问题,2010(8)：75－78.
[48] Stern N. Stern Review on the Economics of the Climate Change [M]. Cambridge University Press, 2007.
[49] Shimad K, Tanaka Y, Gomi K, et al. Developing a long-term local society design methodology towards a low-carbon economy：An application to Shiga Prefecture in Japan[J]. Energy Policy, 2007(35)：4688－4703.
[50] 付允,汪云林,李丁. 低碳城市的发展路径研究[J]. 科学对社会的影响,2008(2)：5－10.
[51] United Nations Commission of Climate the Environment and Development. Agenda 21 [R]. USA：UNCED, 1992.
[52] 张鹏. 论低碳技术创新的知识产权制度回应[J]. 科技与法律,2010,85(3)：29－32.

[53] 邢继俊，赵刚. 中国要大力发展低碳经济[J]. 中国科技论坛，2007(7)：87－92.
[54] 黄栋. 低碳技术创新与政策支持[J]. 中国科技论坛，2010(2)：37－40.
[55] Hoffert M I, et al. Advanced Technology Paths to Global Climate Stability: Energy for a Greenhouse Planet[J]. Science, 2002, 298(5595): 981－987.
[56] Berkhout F. Technology Regimes, Path Dependency and the Environment[J]. Global Environment Change, 2001: 1－4.
[57] 建设部. 绿色建筑评价标准(GB/T50378—2006)[M]. 北京：建筑工业出版社，2006.
[58] 姜虹，李俊明. 中国发展低碳建筑的困境与对策[J]. 中国人口资源与环境，2010(12)：72－75.
[59] 盛昭瀚. 大型工程综合集成管理——苏通大桥工程管理理论探索与思考. 科学出版社，2009.
[60] 王众托，张军. 系统管理[M]. 沈阳：辽宁人民出版社，1985.
[61] IEA. Energy Technology Perspectives: Scenarios & Strategies to 2050[R]. OECD/IEA, 2006.
[62] World Resources Institute (WRI). Scaling up: Global technology deployment to stabilize missions[EB/OL]. http://www.wri.org/climate/pubs_description.cfm?pid=4292.
[63] WWF. Climate Solutions: The WWF Vision for 2050[R]. http://www.wwf.fr/.
[64] The Global Energy Technology Strategy Program(GTSP). Global Energy Technology Strategy: addressing climate change[EB/OL]. http://www.pnl.gov/gtsp/.
[65] CCTP. U. S. Climate Change Technology Program Strategic Plan[R]. DOE/PI－0005, 2006.
[66] Commission of the European Communities. Towards a European Strategic Energy Technology Plan[R]. COM(2006) 847 final, 2007.
[67] Eu Commission. Energy technology for cheaper renewables, greater efficiency and global Leadership of the European industry[EB/OL]. http://europa.eu/rapid/pressReleasesAction.do?reference=MEMO/07/14.
[68] 姜克隽等. 中国 2050 年低碳情景和低碳发展之路[J]. 中外能源，2009，14(6)：1－7.
[69] 中国科学院能源领域战略研究组. 中国至 2050 年能源科技发展路线图——创新 2050：科学技术与中国的未来[M]. 北京：科学出版社，2009.
[70] Yang Chen. Energy science and technology in China: A roadmap to 2050 [M]. Science Press, 2011.
[71] 钱祖. 我国节能减排关键技术和路线图[J]. 创新科技，2008(31)：54－55.
[72] Malko J. Roadmap to low-carbon economy[J]. Rynek Energ II, Issue: 4, 2010(8): 26－30.

[73] Ashina S, et al. Japan roadmaps toward low-carbon society by backcasting: Optimal CO_2 reduction pathways and investment timing for low-carbon technologies[J]. Journal of renewable and sustainable Energy, 2010, 2(3): 255 - 268.

[74] Paster M D, et al. The US department of energy program on hydrogen production[J]. Nuclear Production of Hydrongen, 2004: 57 - 71.

[75] Lee S K, et al. Energy technology roadmap for the next 10 years: The case of Korea [J]. Energy Policy, 2009(37): 588 - 596.

[76] Zhang Z X. China in the transition to a low-carbon economy [J]. Energy Policy, 2010, Vol. 38(6): 6638 - 6653.

[77] Jiang K A, Liu Q, Zhuang X A, Hu X. Technology roadmap for low carbon society in China [J]. Journal of Renewable and Sustainable Energy, 2010, 2(3): 031008.

[78] Liu H W, Gallagher K S. Catalyzing strategic transformation to a low-carbon economy: A CCS roadmap for China[J]. Energy Policy. 2010, 38(1): 59 - 74.

[79] 吴昌华. 低碳创新的技术发展路线图[J]. 中国科学院院报,2010,25(2): 138 - 145.

[80] Short C A, Lomas K J, Woods A. Design strategy for low-energy ventilation and cooling within an urban heat island [J]. Building Research and Information, 2004, 32(3): 187 - 206.

[81] Williams J. The deployment of decentralised energy systems as part of the housing growth programmer in the UK [J]. Energy Policy, 2010, 38(12): 7604 - 7613.

[82] Nemet G F, Baker E. Demand subsidies versus R&D: comparing the uncertain impacts of policy on a pre-commercial low-carbon energy technology, Energy Journal, 2009, 30(4): 49 - 80.

[83] Jorgensen U. Energy sector in transition — technologies and regulatory policies in flux [J]. Technological Forecasting and Social Change, 2009, 72(6): 719 - 731.

[84] Hoffman A J, Henn R. Overcoming the Social and Psychological Barriers to Green Building [J]. Organization & Environment, 2008, 21(4): 390 - 419.

[85] Changyoon Kim, et al. 2009. Developing a technology roadmap for construction R&D through interdisciplinary research efforts [J]. Automation in Construction, 2009(18): 330 - 337.

[86] Hall J N, Briefing. A practical initiative for the construction industry[J]. Proceeding of the Institution of Civil Engineers-Engineering Sustainability, 2010, 163 (4): 181 - 183.

[87] Newton P W, Tucker S N. Pathways to decarbonizing the housing sector: a scenario analysis [J]. Building Research and Information, 2011, 39(1): 34 - 50.

[88] Short C A, Lomas K J, Woods A. Design strategy for low-energy ventilation and

cooling within an urban heat island [J]. Building Research and Information, 2004, 32(3): 187 - 206.

[89] Glass J, Dainty A R J, Gibb A G F. New build: materials, techniques, skills and innovation [J]. Energy Policy, 2008, 36(12): 4534 - 4538.

[90] Short C A, Lomas K J. Exploiting a hybrid environmental design strategy in a US continental climate [J]. Building Research, 2004, 32(3): 187 - 206.

[91] Talbot S. Eco-design practices in industry: An appraisal of product life cycle design initiatives in SMEs[J]. 2005 IEEE International Engineering Management Conference, 2005(1, 2): 475 - 479.

[92] Yin Q L. The low-carbon path selection of urban development under the ecological risk perspective [J]. Proceeding of the 1st International Conference Construction & Riskmanagement, 2010: 1000 - 1006.

[93] 张文生,叶家元. 水泥工业低碳经济技术的现状与发展方向[J]. 新世纪水泥导报, 2010(3): 1 - 5.

[94] 黄文凯,黄春华. 基于低碳绿色建筑理念的实证分析——以广州商品房为例[J]. 湖南工业大学学报(社会科学版),2010,15(5): 89 - 91.

[95] 李忠民,韩翠翠,姚宇. 产业低碳化弹性脱钩因素影响力分析——以山西省建筑业为例[J]. 经济与管理,2010,24(9): 41 - 44.

[96] 谢颖,李慧. 建筑业作为支柱产业从高能耗到低碳发展的经济效益分析[J]. 经济师, 2010,(8): 56 - 57.

[97] 龙惟定,白玮,范蕊. 低碳经济与建筑节能发展[J]. 建设科技,2008: 16 - 20.

[98] Sha K X, Song T, Qi X, Luo N J. Rethinking China's urbanization: an institutional innovation perspective [J]. Building Research and Information, 2006, 34 (6): 573 - 583.

[99] Heerwagen J. Green buildings, organizational success and occupant productivity [J]. Building Research and Information, 2000, 28(5 - 6): 353 - 367.

[100] Theaker I G, Cole R J. The role of local governments in fostering 'green' buildings: a case study [J]. Building Research and Information. 2001, 29(5): 394 - 408.

[101] Hakkinen T, Belloni K. Barriers and drivers for sustainable building [J]. Building Research and Information. 2011, 39(3): 239 - 255.

[102] Sorrell S. Making the link: climate policy and the reform of the UK construction industry [J]. Energy Policy, 2003(31): 865 - 878.

[103] Cho S, Lee JS, Jang CY, Joo SU, Sohn JY. Development of integrated operation, low-end energy building engineering technology in Korea [C]//KC2008: Proceedings of the EU-Korea Conference on Science and Technology. Springer Proceeding in

Physics，2008 (124)：123 - 133.

[104] LEED - NC 绿色建筑评估体系(2.2 版，中文版)[M]. 美国绿色建筑协会，2005.

[105] BREEAM 2011 New Construction Non-domestic Building Technological Guidance Manual[EB/OL]. SD5073 - 2.0：2011. [2012 - 2 - 24]. http://www.breeam.org/filelibrary/Technical% 20Manuals/SD5073 _ BREEAM _ 2011 _ New _ Construction _ Technical_Guide_ISSUE_2_0.pdf.

[106] 袁镔，宋晔皓，林波荣，张弘. 国外绿色建筑政策法规及评价体系分析——澳大利亚绿色建筑政策法规及评价体系[J]. 建设科技，2011，(6)：64 - 66.

[107] 中国建筑装饰协会. 探讨我国绿色建筑评价体系现状及发展[EB/OL]. 中国建筑装饰网，2009.(2009 - 8 - 31)[2012 - 2 - 18]. http://news.ccd.com.cn/Htmls/2009/8/31/200983111164179533 - 1.html.

[108] 施骞，徐莉燕. 绿色建筑评价体系分析[J]. 同济大学学报(社会科学版)，2007，18(2)：112 - 117.

[109] 施骞. 基于项目生命周期的绿色建筑系统分析[J]. 项目管理技术，2007(3)：25 - 28.

[110] Lent T，Walsh B. Rethinking green building standards for comprehensive continuous improvement [J]. Common Ground，Consensus Building and Continual Improvement：International Standards and Sustainable Buildin，2009(1503)：1 - 10.

[111] 聂梅生，秦佑国，江亿. 中国绿色低碳住区技术评估手册[M]. 北京：中国建筑工业出版社，2011.

[112] 贾宏俊，米帅，李怀亮. 低碳经济政策绩效评价研究[J]. 建筑经济，2010(5)：42 - 45.

[113] 张晓清，朱跃钊，陈红喜，汪霄. 基于解释结构模型(ISM)的低碳建筑指标体系分析[J]. 商业时代，2011(12)：120 - 121.

[114] 邱红，金广君，林姚宇. 碳排放评估方法在城市设计中的应用[J]. 规划师论坛，2011，27(5)：21 - 27.

[115] 杜栋，王婷. 低碳城市的评价指标体系完善也发展综合评价研究[J]. 中国环境管理，2011(3)：8 - 11.

[116] Warren A. Does energy efficiency save energy：the implications of accepting the Khazzoom-Brookes Postulate [EB/OL]. [2006 - 7 - 7]. http://technology.open.ac.uk/eeru/staff/horace/kbpotl.htm.

[117] Hydes K R，Creech L. Reducing mechanical equipment cost：the economics of green design [J]. Building Research and Information，2000，28(5 - 6)：403 - 407.

[118] 周勇，李廉水. 中国能源强度变化的结构与效率因素贡献——基于 AWD 的实证分析[J]. 产业经济研究，2006(4)：68 - 74.

[119] 王志宏. 改善建筑领域能源效率，急需低碳特征显著的工程建设标准[J]. 吉林勘察设计，2010(3 - 4)：29 - 32.

[120] Koebel. CT innovation in homebuilding and the future of housing [J]. Journal of the American Planning Association, 2008, 74(1): 45 - 58.

[121] Fu Jiafeng, Huang Jiangli. Preliminary analysis on potential development of construction business with low-carbon economy in cold regions based on the full life-cycle theory: a case study on Changchun City [J]. Resource Seience. 2010, 32(3): 499 - 504.

[122] Wang Ke, et al. Scenario analysis on CO_2 emissions reduction potential in China's iron and steel industry [J]. Energy Policy,2007(35): 2320 - 2335.

[123] 韩一杰,刘秀丽. 基于超效率 DEA 模型的中国各区钢铁行业能源效率及节能减排潜力分析[J]. 系统科学与数学,2011,31(3): 287 - 298.

[124] Gustavsson L, Sathre R. Variability in energy and carbon dioxide balances of wood and concrete building materials [J]. Building and Environment, 2006, 41 (7): 940 - 951.

[125] Anand S, et al. Application of a system dynamics approach for assessment and mitigation of CO_2 emissions from the cement industry [J]. Journal of Environmental Management, 2006(79): 383 - 398.

[126] 李志生,张国强,刘建龙. 亚热带地区建筑能源效率与节能分析[J]. 广东工业大学学报,2006,23(1): 1 - 7.

[127] van Boggelen W M. The contribution of AAC in securing a sustainable future AAC innovations from a life cycle perspective [J]. Cement Wapno Beton, 2011: 110 - 115.

[128] 徐刚,潘祺志. 中国能源消费与经济增长及能源效率关系的实证分析——基于 6 大产业部门的综列协整和 PVECM 模型[J]. 中央财经大学学报,2009(5): 63 - 68.

[129] Larry L. Toward a different debate in environmental accounting: the case of carbon and cost-benefit [J]. Accounting, Organizations and Society, 2009, 34 (3 - 4): 499 - 534.

[130] Smith V K. Environmental Policy under Reagan's Executive Order: the Role of Benefit Cost analysis [M]. North Carolina: University of North Carolina Press, 1984.

[131] Department of Environment. Policy and Evaluation in Central Government [M]. London: the Stationery Office, 1997.

[132] 周子勍. 跨越低碳 3 道坎技术低端、高成本、融资难是三大障碍[J]. 经理人,2010(1): 50 - 51.

[133] Engels A. The European emission trading scheme: An exploratory study of how companyies learn to account for carbon [J]. Accounting ,Orginations and Society, 2009, 34(1): 488 - 498.

[134] 叶祖达. 生态低碳控制性详细规划的成本效益分析[J]. 城市发展研究,2012(1): 58-65.

[135] 王猛均,陆洋. 建设项目主体间冲突型博弈的效益分析及制度设计[J]. 科技进步与对策,2011,Vol. 28(13): 31-34.

[136] Fuzhou L, Peng Z. Study on evaluation system of cooperation level based on partnering pattern of international project management [J]. Research on Organizational Innovation-2007 Proceeding of International Conference on Enterprise Engineering and Management Innovation, 2007: 465-470.

[137] 施骞,赖小东. 低碳建筑技术创新参与主体博弈及激励机制研究[J]. 上海管理科学,2011(6): 7-13.

[138] 项保华. 企业技术创新动力机制研究[J]. 科研管理,1994,15(1): 44-49.

[139] 安立仁,张建申. 企业技术创新的动力分析[J]. 西北大学学报(自然科学版),1995,25(2): 171-175.

[140] 冯晓莉. 我国企业技术创新动力机制研究: [M]. 西安: 西北大学,2005.

[141] 杨志海. 企业技术创新动力机制模式探讨[J]. 科技经济市场,2011(9): 76-78.

[142] 庞建刚. 企业技术创新动力机制研究——基于循环经济的视角[C]//2012 International Conference on Engineering and Business Management, 2012: 3747-3750.

[143] 杨发明,许庆瑞. 企业绿色技术创新研究[J]. 中国软科学,1998(3): 47-51.

[144] 我国绿色技术创新研究: 过程、模式与激励[R]. 浙江大学管理科学与发展战略研究中心研究报告,1998.

[145] van Hemel C, Cramer J. Barriers and stimuli for eco-design in SMEs [J]. Journal of Cleaner Production, 2002 (10): 439-453.

[146] 叶子青,钟书华. 美、日、欧盟绿色技术创新比较研究[J]. 科技进步与对策,2002(7): 150-152.

[147] 彭海珍. 影响企业绿色行为的因素分析[J]. 暨南学报(哲学社会科学版),2007,29(2): 53-58.

[148] 万迈. 绿色技术创新动力机制研究[J]. 江南论坛,2004(11): 28-29.

[149] 向刚,段云龙. 基于制度结构的绿色持续创新动力机制研究[J]. 科技进步与对策,2007, 24 (12): 118-120.

[150] 华景阳. 制造业低碳技术创新的动力源探究及其政策含义[J]. 科研管理,2011,32(6): 42-48.

[151] Becker G S. Crime and punishment: an economic approach [J]. Journal of political Economy, 1968 (76): 169-217.

[152] Stigler G J. The optimum enforcement of laws[J]. Journal of Political Economy, 1970, 78(3): 526-536.

[153] 迈克尔·波特. 竞争的优势[M]. 陈小悦,邱如美译. 北京：华夏出版社,1997.

[154] Dimaggio P J, Powell W W. The new institutionalism in organizational non-compliance with environmental law? [J]. Journal of Social Issues, 1991(45): 109 - 132.

[155] Scott W R. Institutions and organizations [M]. Thousand Oaks, California: Sage Publications 1995.

[156] Keith D. The case for and against business assumption of social responsibility [J]. The Academy of Management Journal, 1973, 16(2): 312 - 322.

[157] Bowen H R. Social responsibilities of the businessman [M]. New York: Harper, 1953.

[158] Yi Jinchao, Xu Gaoquan, Zhao Yuhuan. Study of government-industry-research integration based on regional low-carbon innovation system [J]. Energy Procedia, 2011(5): 2494 - 2498.

[159] 付丽苹,刘爱东. 我国清洁能源发展的驱动力及对策研究[J]. 经济学家,2012(7): 46 - 52.

[160] 盛昭翰,张军,杜建国. 社会科学计算实验理论与应用[M]. 上海：上海三联书店,2009.

[161] Moslea H J, Marters T. Designing environmental campaigns by using agent based simulations: strategies for changing environmental attitudes [J]. Journal of Environmental Management, 2008(88): 805 - 816.

[162] Swarup L, Korkmaz S, Rily D. Project delivery metrics for sustainable, high performance buildings [J]. Journal of construction and management-ASCE. 2011, 137(12): 1043 - 1051.

[163] Pacala S, Socolow R. Stabilization Wedges: Solving the Climate Problem for the Next 50 Years with Current Technologies [J]. Science, 2004(305): 968 - 972.

[164] McKinsy. The carbon productivity challenge: curbing climate change and sustaining economic growth[R]. McKinsy global institute, 2008.

[165] 曹海霞,张复明. 低碳经济国内外研究进展[J]. 生产力研究,2010(3): 1 - 6.

[166] 雷仲敏,曾燕红. 低碳经济理论方法与政策模型研究的综述[J]. 能源与节能,2011(1): 18 - 28.

[167] 韩贵峰,徐建华,苏方林等. 环境库兹涅茨曲线(EKC)研究评述[J]. 环境与可持续发展,2006(1): 1 - 3.

[168] 薛进军. 低碳经济学[M]. 北京：社会科学文献出版社,2011.

[169] Pawlak Z. Rough set [J]. International Journal of Computer and Information Sciences, 1982(11): 341 - 356.

[170] 王国胤,姚一豫,于洪. 粗糙集理论与应用研究综述[J]. 计算机学报,2009,32(7):1229-1246.

[171] 李美娟,国宏,陈衍泰,蔡彬清. 基于粗糙集的组合评价方法研究[J]. 2005,13,Special Issue, 128-131.

[172] 刘燕. 管理博弈论解析[J]. 体育世界·学术,2007(12):12-14.

[173] MBA 智库百科[EB/OL]. [2012-11-8]http://wiki.mbalib.com.

[174] 钟永光,贾晓箐,李旭等. 系统动力学[M]. 北京:科学出版社,2009:2-3.

[175] 丹尼斯·米都斯. 增长的极限[M]. 李宝恒译. 吉林:吉林人民出版社,1997.

[176] Ford D. The dynamics of project management: an investigation of the impacts of project process and coordination on performance [D]. MIT PhD thesis. 1995, 8.

[177] Lyneis J M, Cooper K G, Els S A. Strategic management of complex projects: a case study using system dynamics [J]. System Dynamics Review, 2001, 17 (3): 237-260.

[178] 杨文斌. 基于系统动力学的企业成长研究[M]. 上海:复旦大学,2006.

[179] 汪应诺. 系统工程(第 4 版)[M]. 北京:机械工业出版社,2011:259.

[180] 顾基发,王浣尘,唐锡晋等. 综合集成方法体系与系统学研究[M]. 北京:科学出版社,2007:5.

[181] 王应诺,陶谦坎,李毓芝. 系统·管理·战略研究[M]. 北京:中国统计出版社,1992:4-6.

[182] 于景元,周晓纪. 从定性到定量综合集成方法的实现和应用[J]. 系统工程理论与实践,2002(10):26-32.

[183] 王浣尘. 综合集成系统开发的系统方法思考[J]. 系统工程理论方法应用,2002,11(1):1-7.

[184] 江辉,陈劲. 集成创新:一类新的创新模式[J]. 科研管理,2000(5):139-143.

[185] 成虎. 建设项目全寿命集成管理研究[M]. 南京:东南大学,2001.

[186] 徐玖平,李斌. 发展循环经济的低碳综合集成模式[J]. 中国人口. 资源与环境,2010,20(3):1-8.

[187] 陈鹏. 综合集成方法与区域可持续发展战略规划研究[J]. 中国软科学,2005(10):106-111.

[188] 徐乃娟,张家春. 基于综合集成研讨厅方法的节能建筑建设体系的研究[J]. 华中建筑,2012(6):43-46.

[189] 汪洋,王晓鸣,朱宏平. 夏热冬冷地区农村低碳建设技术集成与效益评价研究[J]. 土木工程学报,2010,43:410-415.

[190] Toichi K. Impact of carbon Diodide Emission on GNP Growth: Interpretation of Proposed Scenarios. Presentation to the Energy and Industry Subgroup, response

Strategies Working Group [C]//proceeding of IPCC Conference, Paris, 1989.
[191] 易丹辉.数据分析与Eviews应用[M].北京:中国人民大学出版社,2008.
[192] 周晨.环境库兹涅茨曲线不适合中国国情[J].吉林建筑工程学院学报,2010,27(3):87-90.
[193] 包群,彭水军,阳小晓.是否存在环境库兹涅茨倒U型曲线?——基于六类污染指标的经验研究[J].上海经济研究,2005(12):3-13.
[194] 杨万平,袁晓玲.环境库兹涅茨曲线假说在中国的经验研究[J].长江流域资源与环境,2009,18(8):704-710.
[195] Unruh G C. Understanding Carbon Lock-in [J]. Energy Policy, 2000, 28 (12): 817-830.
[196] Unruh G C. Escaping Carbon Lock-in[J]. Energy Policy, 2002, 30(4): 317-325.
[197] 李金辉,刘军.低碳产业与低碳经济发展路径研究[J].经济问题,2011(3):37-40.
[198] 潘安平.建筑业技术创新的理论与实证研究[M].杭州:浙江大学,2002.
[199] 赵卓,肖利平.发展低碳经济的技术创新瓶颈与对策[J].中国科技论坛,2010(6):41-46.
[200] 曹小琳,柳云状.我国发展低碳建筑的障碍因素及对策研究[J].建筑经济,2010(3):115-117.
[201] 王文军,赵黛青,陈勇.我国低碳技术的现状、问题与发展模式研究[J].中国软科学,2011(12):85-91.
[202] 陈文建,黄栋.我国低碳技术创新的动力和障碍分析[J].科技管理研究,2011(20):21-24.
[203] 谢庆.合同能源管理在低碳建筑中的应用研究[M].重庆大学,2011.
[204] 孙丽芝.低碳技术创新面临的问题与对策探讨[J].机械管理开发,2011(1):139-140.
[205] 方毅,李世新.我国发展低碳技术的环境约束[J].学习时报,2012(7):1-2.
[206] 王莉.建筑业技术创新中的障碍因素分析[J].内蒙古科技与经济,2005(19):49-50.
[207] Likert R A. Technique for the measurement of attitudes [J]. Archives of Psychology, 1932, 22(140): 55.
[208] 风笑天.社会调查中的问卷设计[M].天津人民出版社,2002.
[209] 柯惠新,黄金华,沈浩.调查研究中的统计分析法[M].北京广播学院出版社,1992.
[210] 李柏洲,刘鹏.技术创新的动力和障碍分析[J].学术交流,2003(8):63-66.
[211] Ragwitz M, Miola A. Evidence from R&D Spending for Renewable Energy Sources in the EU [J]. Renewable Energy, 2005(30): 1635-1647.
[212] 陶金花.中国建筑行业CDM项目:困境与前景——以阿根廷建筑行业的PCDM项目(3001)为例[J].经济视角,2011(3):95.

[213] WWF. Climate Solutions: The WWF Vision for 2050[EB/OL]. http://www.wwf.fr/.

[214] 杜人淮. 中国低碳转型遇障碍 专家三大应对举措[EB/OL]. 中国改革论坛网. [2012-7-27]http://www.evtimes.cn/html/news/p/2012/0215/35506_3.html.

[215] News and analysis: China announces carbon cuts, http://www.rsc.org/chemistryworld/China/Issues/2010/January-March/ChinaAnnouncesCarbon.asp[EB/OL].[2012-6-5].

[216] 朱翠华. 企业研发使用低碳技术的政府作用研究[J]. 开放导报,2011,155(2):72-75.

[217] 气候组织. 中国低碳建筑案例分析[R]. 政策简报,2011(2):1-26.

[218] 王建平,王丛莹,杨三超. 低碳建筑使用阶段评价体系浅议[J]. 建筑节能,2011,Vol.39(242):62-65.

[219] 丁士昭. 关于南京地铁全寿命集成化管理组织管理模式的探讨[R]. 南京地铁建设指挥部,2002.2.

[220] Cox R F, Issa R R A, Ahrens D, Management's perception of key performance indicators for construction [J]. Journal of Construction Engineering and Management, 2003, Vol.129,(2): 142-151.

[221] 全国百科. 探索性因子分析法. 心理学空间[EB/OL].[2013-6-15]http://www.psychspace.com/psych/viewnews-7168.

[222] 马庆国. 数据获取、统计原理、SPSS工具与应用研究[M]. 科学出版社,2002.

[223] 郭峰,王喜军. 建设项目协调管理[M]. 北京:科学出版社,2009.

[224] 郭峰,刘慧. 建设项目协调管理绩效评价[J]. 中国工程科学,2011,Vol.13(8):97-102.

[225] 上海市建委. 上海市节约能源"十一五规划"[EB/OL].[2007-10]. http://www.shec.gov.cn/shec/jsp/znss/gjss_content.jsp? id=22608.

[226] 刘立波. 建设项目集成管理绩效评价研究[M]. 河北工程大学,2008.

[227] Magrath J A, Hardy K G. A Strategic framework for diagnosing manufacture-reseller conflict [R]. Marketing Science Institute Report, 1988 (88): 3.

[228] 郭晓宇. 营销渠道冲突问题的理论研——成因与管理[R]. 黑龙江:哈尔滨工程大学经济管理学院,2004,1-63.

[229] 中国城市科学研究会. 中国低碳生态城市发展战略——中国绿色建筑发展战略研究(分报告七[M]. 2009:544.

[230] 李迎建,赵华,黄俊红. 节能项目的投资和效益分析[J]. 能源与环保,2003(1):7-10.

[231] Hawkins T, Hendrickson C, Higgins C, Mattews HS. A mixed-unit input-output model for environmental life-cycle assessment and material flow analysis [J].

Environmental Science and Technology, 2006, 41: 1024 - 1031.

[232] Chen G Q, Chen H, Chen Z M et al. Low-carbon building assessment and multi-scale input-output analysis [J]. Communication in Nonlinear Science and Numerical Simulation, 2011, (16): 583 - 595.

[233] Pawlak Z, Slowinski R. Rough set approach to multi-attribute decision analysis, Invited Review [J]. European Journal of Operation Research, 1994(72): 443 - 459.

[234] Aydogan E K. Performance measurement model for Turkish aviation firms using the rough-AHP and TOPSIS method under fuzzy environment [J]. Expert System with Application, 2011(38): 3992 - 3998.

[235] 曾黄麟. 粗糙集理论及其应用[M]. 重庆：重庆大学出版社,1996.

[236] 陈磊. 发展低碳经济如何在绿色建筑上做文章[J]. 中华民居,2010(4): 30 - 33.

[237] 盛昭瀚,游庆仲. 综合集成管理：方法论与范式——苏通大桥工程管理理论的探索[J]. 复杂系统与复杂性科学,2007,4(2): 1 - 9.

[238] 张维迎. 博弈论与信息经济学[M]. 上海三联书店,上海人民出版社,2004: 235 - 316.

[239] 张宛平. 委托人价值取向及委托代理效应[J]. 系统工程理论与方法应用,2000(2): 151 - 158.

[240] 杨耀红,汪应洛. 大型基建工程项目业主等方合谋的博弈分析[J]. 管理工程学报,2006,20(2): 126 - 129.

[241] 温家宝. 2012 年政府工作报告[EB/OL]. 经济观察,2012: (2012 - 3 - 5)[2012 - 11 - 24]http://www.eeo.com.cn/2012/0305/221970.shtml.

[242] 帅小根,李惠强,柯华虎. 工程建设及资源消耗对环境影响的定量评价[J]. 华中科技大学学报(城市科学版),2009(6): 34 - 38.

[243] 王家远,袁红平. 基于系统动力学的建筑废料管理模型[J]. 系统工程与理论实践,2009,29(9): 173 - 180.

[244] 财政部,住房和城乡建设部. 关于加快推动我国绿色建筑发展的实施意见(财建[2012]167 号)[J]. 中国勘察设计,2012(7): 7 - 11.

[245] 李学栋,何海燕,李习彬. 管理机制的概念及设计理论研究[J]. 工业工程,1999,2(04): 31 - 35.

[246] Tatum C. Management-driven Integration [J]. Journal of Management in Engineering. 2000, 16(1): 48 - 58.

[247] 孙淑生. 企业集成系统和企业管理集成研究[M]. 武汉：武汉理工大学,2003

[248] Tertzakian P. The end of energy obesity: breaking today's energy addiction for a prosperous and secture tomorrow [M]. John Wiley & Sons, 2009.

[249] 孙永福,张国安,王猛均. 铁路工程项目创新动力机制研究[J]. 铁道学报,2012, Vol. 34(40): 76 - 81.

[250] Nitithamyong P, Skibniewski M. Web-based construction project management systems: how to make them successful? [J]. Automation in construction, 2004(13): 491 - 506.

[251] 关月,刘南.英汉双向管理词典[M].上海:上海交通大学出版社,206:539.

[252] Ch Carter. Reasons for not innovating [M]. London: Heinemann, 1981.

[253] Baranzini A, Goldemberg J, Speck S. A future for carbon taxes [J]. Ecological Economics, 2009(32): 395 - 412.

[254] Cheng F Lee, Sue J Lin, Charles Lewis, Yih F. Chang. Effects of carbon taxes on different industries by fuzzy goal programming: A case study of the petrochemical related industries, Taiwan [J]. Energy Policy, 2007(35): 4051 - 4058.

[255] Liski J, Karjalainen T, Pussinen A, et al. Trees as carbon sinks and sources in the European Union [J]. Environmental Science & Policy, 2000(3): 91 - 97.

[256] 曾少军.碳减排:中国经验.基于清洁发展机制的考察[M].社会科学文献出版社,2010.

[257] 陶金花.中国建筑行业 CDM 项目:困境与前景——以阿根廷建筑行业的 PCDM 项目(3001)为例[J].经济视角,2011(3):95.

[258] 低碳评估:量化建筑碳排放(企业观察)[EB/OL]. http://www.sina.com.cn,2010:(2010 - 3 - 22)[2013 - 6 - 30]中国能源报. http://finance.sina.com.cn/chanjing/b/20100322/10413257128.shtml.

[259] 笛德,本珊特,帕维特.管理创新——技术变革,市场变革和组织变革的整合[M].王跃红,李伟立,译.北京:清华大学出版社,2008.

[260] 叶森.区域产业联动的理论与实践[M].北京:经济科学出版社,2012.

[261] Dunphy D, Criffiths A, Benn S. Organizational change for corporate sustainability [M]. Routledge Press, 2007.

附录 A：
建筑企业低碳技术集成创新障碍问卷调查

低碳经济是以低能耗、低污染、低排放为基础的经济模式，低碳经济也涉及广泛的产业领域和管理领域。作为传统产业的耗能大户——建筑产业，是我国产业低碳经济转型的重大行业之一，也是低碳经济参与的主体行业，而低碳经济的推广和实现离不开企业低碳技术的采用和低碳技术创新活动，企业作为低碳技术创新和实施的最主要的参与者，对建筑产业低碳经济的实现和助力我国建筑碳排放的控制至关重要。本次调查旨在了解建筑企业低碳技术集成创新的现状和存在的障碍因素。

注：低碳技术主要指那些有助于降低经济发展对生态系统碳循环的影响，实现经济发展的碳中性的技术。为便于操作起见，本次调查为广义低碳技术创新包括与节能减排提高能效的环境技术、绿色技术、碳捕获和储存技术、节能减排技术、可再生能源技术、替代技术以及某些现在未知的技术。

一、基本情况：

Q1 贵公司企业性质：

1）项目业主； 2）承包商； 3）材料商； 4）监理公司； 5）其他

Q2 贵公司是属于以下何种企业种类：

1）国有企业； 2）私有企业/民营企业； 3）中外合资企业； 4）外资企业

Q3 您的职务：

1）普通员工； 2）技术骨干； 3）基层管理者； 4）中层管理者； 5）高层管理者

Q4 您在本公司工作年限：

1）1 年以内； 2）1—2 年； 3）3—5 年； 4）6—8 年； 5）8 年以上

Q5 您所在企业员工人数：

1）1—50； 2）51—100； 3）101—500； 4）501—1 000； 5）1 000 以上

二、问卷内容

（一）本部分旨在了解贵公司实施低碳技术集成创新的现状，请您根据所在公司的实际情况回答下列问题。

1. 您所在企业是否在进行低碳相关的技术创新和改进活动？（单选）

1）已积极推进低碳建设，贯彻低碳发展战略；

2）正在进行企业内部低碳试点，进行低碳发展尝试；

3）还未推进低碳发展，待关注同行低碳发展状况后再行动；

4）正处于低碳发展规划中，还未实施

2. 您认为目前企业的低碳技术创新进程如何？（单选）

1）非常慢； 2）比较慢； 3）一般； 4）比较快； 5）非常快

3. 贵公司目前采用的低碳技术种类主要有哪些？（多选）

1）减碳技术：如节能减排技术（如墙体保温隔热技术）、循环利用技术、清洁能源技术、煤的清洁高效利用等；

2）无碳技术：比如核能、太阳能、风能、生物质能等可再生能源技术；

3）去碳技术：典型的是二氧化碳捕获与埋存（CCS）

（二）本部分旨在了解贵公司在低碳技术集成创新过程活动中，您认为以下存在的障碍因素对建筑产业低碳技术集成创新的影响程度如何？请根据所在公司的实际情况回答下列问题。

项次	障碍因素	非常不同意	不同意	不清楚	同意	非常同意
		1′	2′	3′	4′	5′
1	国内的低碳技术落后，本企业也没有掌握现有的低碳技术					
2	企业内部的研发人员不了解低碳技术，低碳技术方面的人才少					
3	低碳技术要大量资金投入，且投入周期长、资金回笼慢、企业缺乏资金					
4	政府对低碳技术创新的支持和鼓励不足					

续 表

项次	障 碍 因 素	非常不同意	不同意	不清楚	同意	非常同意
		1′	2′	3′	4′	5′
5	国家尚未出台权威的低碳建设项目绩效评估系、市场不完善					
6	低碳建设项目市场认可度不高，居民环保意思淡薄					
7	企业现有技术无法摒弃，低碳技术替代成本高					
8	其他					

谢谢您的参与！

同济大学经济与管理学院低碳项目课题研究组

附录 B:
建筑业低碳技术集成创新评价指标初探问卷

您好！我是同济大学经济与管理学院博士生，因研究需要，烦请抽空帮忙回答以下问卷，谢谢。

建筑业是参与低碳经济转型的重要产业之一，低碳经济的实现离不开企业的低碳技术创新活动以及低碳技术的采用，公平、合理和可操作的低碳绩效评估体系是衡量一个建设项目是否合乎低碳建筑标准的关键。本次调查旨在了解建筑企业低碳技术集成创新绩效评估指标的选取。

低碳技术创新是指通过一系列有助于降低建筑能耗和改善建筑生态系统碳循环影响的活动，通过低碳设计、施工、运营以及管理等手段实现低碳经济转型的碳中性技术。低碳技术集成创新是指在全寿命周期内，通过技术、服务、组织管理和过程控制等方面的活动，以低碳节能和碳排放控制为目标的任何有关节能和能效提升的技术或工艺集成创新。本调查中的低碳技术创新为广义范畴，包括与节能减排、提高能效的环境技术、绿色技术、碳捕获和储存技术、节能减排技术、可再生能源技术、替代技术以及其他新兴技术等。

一、基本情况：

Q1 贵单位性质：

1）项目业主； 2）承包商； 3）材料商； 4）监理公司； 5）咨询公司； 6）能源合同公司； 7）高校和科研机构

Q2 您的职务：

1）基层管理人员； 2）技术骨干； 3）基层管理者； 4）高校或科研机构研究人员

Q3 您的工作年限是：

1）1 年以内；　2）1—2 年；　3）3—5 年；　4）6—8 年；　5）8 年以上

Q4 如果您是企业单位，请问您所在企业员工人数是：

1）1—50；　2）51—100；　3）101—500；　4）501—1 000；　5）1 000 以上

二、问卷内容

本问卷包含 3 部分，第一部分为低碳技术集成创新制度保障方面的指标选取，旨在了解何种指标可有效地帮助低碳技术创新或低碳项目的推广；第二部分为低碳技术集成创新过程管理控制的指标，旨在了解何种指标可有效地控制和管理低碳技术创新或低碳项目的顺利实施；第三部分为低碳技术集成创新系统绩效的评估，包括碳排效益和创新效益方面的评估。以下指标是本课题组根据相关文献和部分访谈所得，请您根据贵公司或研究实践对各指标重要性进行打分，部分指标如您认为不齐全或不合理，敬请写在“其他”一栏。

指标解释：1：一般；2：一般重要；3：重要；4：很重要；5：非常重要

下面指标中哪些指标可以正确评价建设项目低碳技术集成创新绩效？请您按重要程度打分。

编码	二级指标	三　级　指　标	1	2	3	4	5
A1	系统输入保障指标	管理制度					
A2		低碳技术专业人员参与比例					
A3		公平合理的评价体系					
A4		低碳技术集成创新投资率					
A5		政策支持					
A6		参与主体低碳技术开发能力					
A7		组织管理运营成本					
A8		参与主体合同履约率					
A9		您认为还有其他指标么？（请列出）					
B1	系统管理控制体系指标	设计中创新					
B2		低碳设备					
B3		建筑运营无不达 3 废排放					
B4		废建材回收率					
B5		低碳技术集成创新投入强度					
B6		施工设计和方法低碳评价					

续 表

编码	二级指标	三 级 指 标	1	2	3	4	5
B7	系统管理控制体系指标	单位产值能耗					
B8		参与主体协同度					
B9		参与主体冲突管理能力					
B10		经济支持					
B11		低碳选材					
B12		低碳工艺					
B13		您认为还有其他指标么?(请列出)					
C1	低碳绩效评估指标	单位建筑面积碳排放					
C2		人均碳汇					
C3		单位面积固碳量					
C4		能源节省率					
C5		单位周转量碳排放水平					
C6		是否配有循环存储器					
C7		低碳技术创新贡献率					
C8		低碳技术创新碳排放回报率					
C9		低碳相关技术项目专利					
C10		低碳技术采用率					
C11		低碳技术创新社会效益					
C12		您认为还有其他指标么?(请列出)					

感谢您的积极参与,是否介意留下您的电话和邮箱,如有需要,以便我们进一步的回访。

电话:　　　　　　　　　　　　邮箱:

同济大学经济与管理学院

附录C：
建设项目低碳技术集成创新评估访谈问卷

您好！我是同济大学经济与管理学院博士生，因博士论文研究需要，烦请抽空帮忙回答以下问卷，谢谢。

低碳建筑是指在建筑材料与设备制造、施工建造和建筑物使用的整个生命周期内，减少化石能源的使用，提高能效，降低二氧化碳排放量。建筑产业作为传统产业的耗能大户，也是低碳经济参与的主体行业，而低碳经济的推广和实现离不开企业低碳技术的应用和低碳技术创新活动，公平、全面、合理和可操作的低碳绩效评估体系是衡量一个建设项目是否合乎低碳建筑标准的关键。本次调查旨在了解建筑企业低碳技术创新绩效评估体系指标设定和选取。

低碳技术主要指那些有助于降低经济发展对生态系统碳循环的影响，实现经济发展的碳中性的技术。为便于操作起见，本调查中的低碳技术创新为广义低碳技术创新范畴，包括与节能减排、提高能效的环境技术、绿色技术、碳捕获和储存技术、节能减排技术、可再生能源技术、替代技术以及其他新兴技术等。

*以下调查信息仅供同济大学经济与管理学院低碳建设项目研究课题组使用，不会外泄。

一、基本情况：

Q1 贵单位性质：

1）项目业主；　2）承包商；　3）材料商；　4）监理公司；　5）咨询公司；　6）能源合同公司；　7）高校和科研机构

Q2 您的职务：

1）企业基层管理人员；　2）企业技术骨干；　3）企业层管理者；　4）高校或科研机构专业研究人员

Q3 您的工作年限是：

1）1 年以内；　2）1—2 年；　3）3—5 年；　4）6—8 年；　5）8 年以上

Q4 如果您是企业单位，请问您所在企业员工人数是：

1）1—50；　2）51—100；　3）101—500；　4）501—1 000；　5）1 000 以上

二、问卷内容

本调查主要了解哪些技术创新指标或要素可以帮助建设项目的低碳控制，您认为哪些方面的技术创新指标或要素可以帮助建设项目的低碳控制？请您根据贵公司或贵单位的研究实践对各指标的重要性进行打分，部分指标如您认为不齐全或不合理，敬请告知，并写在"其他"一栏。

指标解释：1：一般；2：一般重要；3：重要；4：很重要；5：非常重要

一级指标(权重)	二级指标(权重)	1	2	3	4	5
低碳技术集成创新保障体系指标	低碳技术集成创新收益率					
	低碳技术专业人员参与比例					
	是否有合理的评价体系					
	组织运营成本					
	参与主体的工程开发能力					
	低碳相关技术项目专利投入					
	其他(请列出)					
低碳技术集成创新控制评价指标	低碳技术集成创新投入强度					
	低碳选材					
	低碳工艺					
	单位产值能耗					
	参与主体协同能力					
	参与主体冲突管理能力					
	其他(请列出)					
低碳技术集成创新综合评价指标	单位建筑面积碳排放					
	能源节省率					
	单位面积固碳量					
	低碳技术采用率					

续　表

一级指标（权重）	二级指标（权重）	1	2	3	4	5
低碳技术集成创新综合评价指标	低碳技术碳排放回报率					
	低碳相关技术项目专利					
	低碳技术创新社会效益					
	其他（请列出）					

感谢您的积极参与，是否介意留下您的电话和邮箱，如有需要，以便我们进一步的回访。

电话：　　　　　　　　　　　　　　　　邮箱：

同济大学经济与管理学院低碳项目课题研究组

附录 D：建筑产业低碳技术集成创新评价指标数据汇总

建筑产业低碳技术集成创新评价体系指标数据汇总

数值说明：1. 不重要；2. 一般重要；3. 重要；4. 很重要；5. 非常重要

编码	A1	A2	A3	A4	A5	A6	A7	A8	B1	B2	B3	B4	B5	B6	B7	B8	B9	B10	B11	B12	C1	C2	C3	C4	C5	C6	C7	C8	C9	C10	C11
名称	管理制度	低碳技术专业人员参与比例	公平合理的评价体系	低碳技术创新投资率	政策支持	参与主体低碳技术开发能力	组织运营成本	参与主体合同履约率	设计中创新	低碳设备	运营无不达三废排放	废建材回收率	低碳设计技术创新集成强度	施工设计和方法低碳评价	单位产值能耗	参与主体协同度	参与主体冲突管理能力	经济支持	低碳选材	低碳工艺	单位建筑面积碳排放	人均碳汇	单位面积固碳量	能源节省率	单位周转量碳排放水平	是否配有循环存储器	低碳技术创新贡献率	低碳技术创新碳排放回报率	低碳相关技术项目专利	低碳技术采用率	低碳技术创新社会效益评价
1	3	5	4	1	5	5	4	5	2	5	4	3	1	3	3	3	5	5	2	1	3	5	2	2	1	1	4	1	3	1	1
2	4	5	2	1	5	5	2	1	3	4	3	3	3	2	4	3	4	5	2	1	4	5	4	2	1	1	4	1	3	1	1
3	4	4	4	1	5	5	4	1	2	5	4	4	5	5	4	4	4	4	1	1	5	5	2	2	1	1	4	3	3	1	1
4	3	5	5	1	5	5	5	1	3	5	4	5	3	4	4	4	5	4	2	1	4	5	2	4	4	4	4	1	4	4	1
5	4	4	3	1	4	5	3	1	1	5	4	4	5	5	1	1	4	4	3	1	3	5	3	1	3	4	4	1	4	4	3
6	4	5	4	1	4	5	4	1	2	4	3	3	3	4	4	4	4	4	2	3	2	4	2	1	3	1	4	3	3	1	3
7	5	5	5	1	3	4	2	1	3	4	4	4	4	5	4	4	3	3	1	1	2	4	4	1	1	4	4	3	3	1	4
8	4	4	5	2	3	5	1	1	1	4	3	5	4	3	2	3	4	4	3	3	1	4	2	1	1	1	4	1	3	1	3
9	3	5	5	3	3	5	3	3	3	3	4	5	4	5	4	4	3	4	2	1	3	4	3	2	1	1	4	1	3	1	3
10	3	4	5	4	4	5	2	4	3	4	3	4	4	3	3	3	4	3	2	3	2	5	2	3	4	3	4	2	4	4	2
11	2	5	4	2	4	5	3	2	3	4	5	5	3	4	3	4	3	2	2	1	4	5	2	2	2	3	4	4	4	3	3
12	2	5	4	2	5	4	2	2	4	3	3	4	4	3	2	3	4	4	2	3	5	3	2	2	1	4	3	5	3	4	2
13	2	5	5	2	4	5	2	2	3	3	5	4	4	3	3	2	3	4	2	1	2	3	3	2	2	4	3	3	5	4	2
14	4	5	5	3	5	4	2	3	4	4	3	3	3	5	5	5	4	4	3	1	2	5	3	2	2	3	3	3	4	4	3
15	2	4	4	4	3	4	2	4	3	4	5	4	4	3	3	4	3	3	3	3	4	3	3	3	2	2	3	5	5	3	2
16	2	5	5	4	5	5	1	4	4	4	3	5	4	3	5	5	4	4	2	3	2	2	4	2	3	3	4	4	4	4	3
17	3	5	5	4	5	5	2	4	3	5	5	4	3	3	3	4	3	4	3	1	2	2	3	3	1	2	4	3	4	5	2
18	3	4	5	2	5	4	1	2	4	3	3	3	3	2	4	5	4	4	2	5	2	4	3	3	1	4	3	5	4	4	2
19	3	4	5	2	4	4	2	1	3	5	5	3	3	5	4	5	3	4	3	1	3	2	5	2	2	2	2	4	4	5	3

附录 D：建筑产业低碳技术集成创新评价指标数据汇总（续）

建筑产业低碳技术集成创新评价体系指标数据汇总

数值说明：1. 不重要；2. 一般重要；3. 重要；4. 很重要；5. 非常重要

编码	A1	A2	A3	A4	A5	A6	A7	A8	B1	B2	B3	B4	B5	B6	B7	B8	B9	B10	B11	B12	C1	C2	C3	C4	C5	C6	C7	C8	C9	C10	C11
名称	管理制度	低碳技术专业人员参与比例	公平合理的评价体系	低碳技术创新投资率	政策支持	参与主体低碳技术开发能力	组织运营成本	参与主体合同履约率	设计中创新	低碳设备	运营无不达三废排放	废建材回收率	低碳设计技术创新集成强度	施工设计和方法低碳评价	单位产值能耗	参与主体协同度	参与主体冲突管理能力	经济支持	低碳选材	低碳工艺	单位建筑面积碳排放	人均碳汇	单位面积固碳量	能源节省率	单位周转量碳排放水平	是否配有循环存储器	低碳技术创新贡献率	低碳技术创新碳排放回报率	低碳相关技术项目专利	低碳技术采用率	低碳技术创新社会效益评价
20	4	4	5	2	4	5	1	2	4	3	3	5	3	1	5	3	4	4	2	1	3	4	3	1	5	4	3	3	4	3	3
21	4	4	5	2	5	4	3	3	3	5	4	5	3	5	4	4	4	2	2	1	3	2	5	1	1	3	4	3	4	3	3
22	4	4	5	2	3	4	2	2	1	5	4	2	3	4	3	4	5	5	3	1	1	4	3	3	1	4	3	4	4	3	3
23	4	5	5	2	3	4	3	2	4	5	5	1	1	3	5	5	4	4	2	1	3	2	3	3	2	3	3	5	4	3	3
24	5	5	5	2	5	4	4	1	2	3	4	1	1	3	3	2	4	4	3	2	1	2	3	4	1	4	4	4	4	3	1
25	5	5	5	2	5	4	2	1	3	5	3	2	1	5	5	3	3	4	2	5	3	4	5	3	3	3	3	5	4	5	2
26	4	3	5	3	5	4	5	3	3	3	5	3	1	3	2	4	4	4	3	5	4	2	2	3	2	3	3	3	4	4	3
27	4	3	5	3	4	4	2	3	1	3	3	1	3	1	3	1	4	2	2	2	5	2	3	1	2	4	2	4	4	3	1
28	2	4	5	2	4	4	2	2	3	5	5	1	3	1	2	1	4	4	2	4	4	4	3	2	2	3	4	4	4	4	1
29	4	5	5	2	5	4	2	2	3	5	3	1	3	1	2	4	4	5	3	2	3	2	3	1	2	3	3	4	4	3	2
30	4	3	5	4	4	4	2	4	3	3	5	3	2	1	2	3	4	4	2	2	4	5	2	2	2	3	3	4	4	4	3
31	5	4	5	3	5	4	2	5	3	5	3	3	3	3	2	3	4	5	3	3	2	3	2	2	1	3	3	3	4	5	2
32	5	4	4	2	4	4	3	2	3	3	5	2	4	1	3	2	4	4	2	2	4	5	3	2	1	3	3	2	4	2	1
33	4	3	5	2	5	5	4	2	3	5	3	5	5	5	5	3	3	3	1	2	5	4	3	1	1	3	3	2	4	3	2
34	5	3	4	3	4	5	3	3	3	5	4	1	4	1	3	3	4	4	3	3	3	5	3	2	1	3	3	2	4	4	2
35	4	3	5	1	3	3	3	2	3	3	4	1	3	2	5	4	3	5	3	3	4	4	3	2	3	3	3	2	5	5	3
36	4	3	5	3	4	3	2	3	3	5	5	1	4	1	3	4	4	4	2	3	3	5	3	2	3	3	5	2	3	4	2
37	2	4	5	2	4	5	3	2	3	2	4	3	3	3	4	4	4	5	2	4	2	4	3	2	2	3	5	4	5	5	1
38	4	4	4	3	4	5	4	3	4	3	4	3	3	2	4	3	4	4	2	3	2	5	3	2	2	2	4	3	5	5	2

附录 D：建筑产业低碳技术集成创新评价指标数据汇总（续）

建筑产业低碳技术集成创新评价体系指标数据汇总

数值说明：1. 不重要；2. 一般重要；3. 重要；4. 很重要；5. 非常重要

编码	A1	A2	A3	A4	A5	A6	A7	A8	B1	B2	B3	B4	B5	B6	B7	B8	B9	B10	B11	B12	C1	C2	C3	C4	C5	C6	C7	C8	C9	C10	C11
名称	管理制度	低碳技术专业人员参与比例	公平合理的评价体系	低碳技术创新投资率	政策支持	参与主体低碳技术开发能力	组织运营成本	参与主体合同履约率	设计中创新	低碳设备	运营无不达三废排放	废建材回收率	低碳设计技术创新集成强度	施工设计和方法低碳评价	单位产值能耗	参与主体协同度	参与主体冲突管理能力	经济支持	低碳选材	低碳工艺	单位建筑面积碳排放	人均碳汇	单位面积固碳量	能源节省率	单位周转量碳排放水平	是否配有循环存储器	低碳技术创新贡献率	低碳技术创新碳排放回报率	低碳相关技术项目专利	低碳技术采用率	低碳技术创新社会效益评价
39	4	3	5	4	4	3	3	4	3	2	4	4	3	2	5	4	4	3	2	5	4	2	3	3	2	2	4	3	5	3	1
40	3	4	4	3	4	3	2	3	3	4	4	3	4	3	4	3	4	4	3	3	4	2	2	2	3	2	4	1	5	2	3
41	3	3	4	4	4	3	3	4	4	4	4	2	4	2	3	1	3	3	3	3	2	2	2	2	3	2	4	3	5	2	4
42	3	3	4	3	4	3	2	3	3	4	4	4	3	3	5	3	4	4	2	3	4	5	4	3	3	2	4	1	5	2	2
43	4	3	4	2	4	5	3	2	3	4	4	5	4	2	3	3	4	4	3	3	3	3	3	2	3	2	4	3	5	2	3
44	3	4	4	1	3	5	2	5	4	4	4	5	5	4	5	4	4	4	2	3	4	4	3	5	2	3	4	3	5	1	2
45	3	3	4	4	3	3	2	4	3	4	4	3	2	2	4	4	3	4	2	2	2	4	3	2	3	2	4	3	3	3	4
46	4	4	5	2	2	5	3	4	4	4	4	2	4	4	4	4	4	4	2	4	2	4	3	3	3	2	4	2	5	3	3
47	3	4	4	3	3	3	2	4	3	3	4	4	2	2	1	3	4	4	3	4	4	4	3	3	2	2	4	2	5	3	2
48	4	4	5	3	4	5	3	3	4	3	4	4	4	4	4	3	4	4	3	4	3	5	3	3	1	2	4	2	5	4	4
49	5	4	5	3	3	4	5	3	3	3	4	3	2	2	2	3	4	4	2	4	4	5	3	3	1	2	5	2	5	3	1
50	4	3	4	2	2	4	3	3	3	3	4	4	4	3	5	3	3	4	2	3	3	5	3	1	1	4	5	2	5	4	2
51	3	3	5	4	3	4	3	4	3	3	4	4	3	4	4	3	4	4	2	4	3	5	5	3	1	3	5	2	5	3	2
52	4	3	3	1	3	4	3	3	3	3	4	2	2	3	5	3	4	4	1	3	3	2	3	4	1	3	5	2	5	2	2
53	4	3	4	3	4	4	3	3	3	3	4	4	2	2	4	3	4	4	1	4	3	2	2	4	2	3	4	2	4	4	2
54	3	4	4	4	3	4	4	4	3	3	4	4	2	4	3	4	4	4	1	5	4	1	2	3	2	3	5	4	4	2	1
55	4	3	4	2	3	4	4	4	3	3	4	4	3	2	3	4	4	3	3	5	3	1	2	3	1	4	3	4	3	2	2
56	3	4	3	3	3	4	5	3	4	3	4	3	3	1	5	3	4	4	3	3	3	2	5	2	2	2	5	3	5	3	2
57	4	5	5	2	4	4	3	2	2	4	5	4	3	5	5	4	5	3	3	5	3	5	5	2	2	3	5	3	4	2	1

附录 D：建筑产业低碳技术集成创新评价指标数据汇总（续）

建筑产业低碳技术集成创新评价体系指标数据汇总

数值说明：1. 不重要；2. 一般重要；3. 重要；4. 很重要；5. 非常重要

编码	A1	A2	A3	A4	A5	A6	A7	A8	B1	B2	B3	B4	B5	B6	B7	B8	B9	B10	B11	B12	C1	C2	C3	C4	C5	C6	C7	C8	C9	C10	C11
名称	管理制度	低碳技术专业人员参与比例	公平合理的评价体系	低碳技术创新投资率	政策支持	参与主体低碳技术开发能力	组织运营成本	参与主体合同履约率	设计中创新	低碳设备	运营无不达三废排放	废建材回收率	低碳设计技术创新集成强度	施工设计和方法低碳评价	单位产值能耗	参与主体协同度	参与主体冲突管理能力	经济支持	低碳选材	低碳工艺	单位建筑面积碳排放	人均碳汇	单位面积固碳量	能源节省率	单位周转量碳排放水平	是否配有循环存储器	低碳技术创新贡献率	低碳技术创新碳排放回报率	低碳相关技术项目专利	低碳技术采用率	低碳技术创新社会效益评价
58	5	4	5	1	3	4	3	1	4	2	4	3	3	4	2	3	5	4	2	3	4	4	4	4	2	1	5	4	5	3	2
59	2	5	5	3	2	4	3	3	2	2	3	4	2	2	4	3	3	4	2	3	2	4	3	1	3	3	4	4	5	2	1
60	4	4	3	3	5	4	3	3	3	2	4	3	3	4	4	3	3	4	2	3	1	4	3	3	1	2	4	3	5	3	2
61	3	5	3	4	4	4	3	4	3	2	4	2	1	2	2	3	3	4	3	3	2	4	3	1	1	4	3	4	4	2	2
62	4	3	3	4	3	4	3	4	3	2	4	4	3	4	4	4	3	4	2	2	3	4	3	3	2	2	2	4	4	5	1
63	5	4	3	4	4	5	4	4	3	2	3	4	2	2	4	3	4	3	3	3	3	4	4	1	3	4	5	3	4	3	3
64	3	5	3	1	3	5	3	3	1	3	4	4	3	4	4	5	4	4	4	2	4	3	5	1	1	2	4	3	4	3	3
65	4	4	3	3	3	5	3	3	2	2	4	4	4	2	3	3	4	3	3	4	3	3	3	3	1	4	3	4	4	3	3
66	4	4	4	2	3	5	5	2	2	2	3	4	3	4	3	4	4	4	2	2	4	3	5	1	2	3	5	4	4	5	3
67	4	3	3	1	2	3	3	2	4	2	3	4	4	3	1	3	3	4	3	4	2	2	3	1	1	4	4	4	4	3	1
68	4	4	3	1	4	4	3	2	2	2	4	3	2	5	3	4	4	4	2	2	3	5	5	4	3	3	3	4	4	5	2
69	4	4	3	3	2	3	3	3	3	2	4	4	4	3	1	5	4	4	3	2	4	5	4	1	2	3	3	3	4	4	3
70	4	4	4	3	2	4	3	3	2	2	4	3	3	5	3	4	4	4	3	4	2	5	5	3	2	4	2	4	3	3	1
71	4	4	3	4	3	4	3	4	3	3	3	3	1	3	4	2	4	3	2	2	3	4	4	3	2	3	4	5	4	4	1
72	4	4	4	4	4	4	3	4	2	2	4	4	4	3	4	2	4	4	3	3	2	3	2	2	4	4	3	5	2	5	3
73	4	4	3	2	2	3	5	2	3	2	4	4	3	3	5	4	4	3	3	2	3	3	2	2	4	4	3	5	3	5	1
74	4	4	4	2	2	4	5	2	2	4	4	4	2	4	5	4	3	4	3	3	2	4	2	4	1	1	3	4	4	4	3
75	4	4	3	3	3	4	5	3	3	3	4	3	3	5	5	3	3	4	3	2	3	3	2	2	2	1	3	4	5	3	1
76	4	3	4	1	3	3	5	3	2	5	3	4	2	3	5	3	4	4	3	3	2	4	5	1	1	1	3	4	4	2	3

附录 D：建筑产业低碳技术集成创新评价指标数据汇总(续)

建筑产业低碳技术集成创新评价体系指标数据汇总

数值说明：1. 不重要；2. 一般重要；3. 重要；4. 很重要；5. 非常重要

编码	A1	A2	A3	A4	A5	A6	A7	A8	B1	B2	B3	B4	B5	B6	B7	B8	B9	B10	B11	B12	C1	C2	C3	C4	C5	C6	C7	C8	C9	C10	C11
名称	管理制度	低碳技术专业人员参与比例	公平合理的评价体系	低碳技术创新投资率	政策支持	参与主体低碳技术开发能力	组织运营成本	参与主体合同履约率	设计中创新	低碳设备	运营无不达三废排放	废建材回收率	低碳设计技术创新集成强度	施工设计和方法低碳评价	单位产值能耗	参与主体协同度	参与主体冲突管理能力	经济支持	低碳选材	低碳工艺	单位建筑面积碳排放	人均碳汇	单位面积固碳量	能源节省率	单位周转量碳排放水平	是否配有循环存储器	低碳技术创新贡献率	低碳技术创新碳排放回报率	低碳相关技术项目专利	低碳技术采用率	低碳技术创新社会效益评价
77	4	4	3	3	4	4	5	3	4	4	4	4	2	5	5	4	3	3	2	2	3	4	5	2	1	1	3	4	3	4	3
78	4	3	5	1	4	4	5	1	2	4	5	3	3	3	4	4	3	4	3	2	2	4	5	1	1	3	3	4	2	3	3
79	3	4	4	2	4	3	3	4	3	5	4	5	3	2	4	3	5	5	2	3	1	4	5	1	2	3	3	4	3	4	2
80	3	5	3	2	3	3	3	1	2	5	5	4	2	4	3	4	4	4	2	3	2	5	5	2	1	4	3	4	4	3	2
81	4	3	4	2	3	5	1	2	4	5	4	5	2	2	2	4	4	5	2	3	3	3	2	2	2	4	5	4	5	3	2
82	4	3	4	2	2	2	3	2	2	5	5	5	3	4	5	3	4	3	3	2	5	3	3	1	2	4	2	4	5	1	2
83	2	3	3	2	2	2	1	1	4	4	3	3	1	2	4	3	4	3	3	2	5	3	3	3	2	3	2	5	3	3	2
84	3	4	4	2	3	2	3	1	2	4	3	4	1	4	3	4	4	3	4	2	5	3	3	4	1	3	5	5	3	4	2
85	4	3	4	1	2	2	2	3	4	4	4	4	4	3	5	4	4	3	4	3	5	2	5	2	1	3	5	3	2	2	2
86	5	3	5	1	4	2	2	3	2	3	3	3	5	4	4	4	4	3	1	2	5	3	5	1	3	3	5	3	4	5	3
87	2	2	3	1	4	2	3	4	4	3	3	4	3	3	3	5	4	5	2	3	4	4	5	1	2	4	3	3	3	5	1
88	2	3	5	3	3	1	2	2	2	3	3	5	2	3	3	3	4	4	2	1	3	4	2	1	3	3	2	5	3	4	3
89	2	4	3	3	3	1	4	5	3	3	3	4	2	4	2	4	5	3	2	1	3	4	3	1	1	3	2	4	1	3	1
90	4	3	2	2	4	1	5	2	4	4	4	3	2	3	4	5	4	4	2	1	4	3	2	1	2	4	2	4	5	2	3
91	5	3	1	3	3	3	3	2	2	3	3	5	2	2	4	3	3	2	2	2	3	3	5	2	4	1	2	5	3	4	3
合计	327	353	375	218	329	335	266	242	265	323	358	335	271	282	326	314	348	347	216	244	294	334	301	196	175	254	328	299	370	293	203
均值	3.6	3.9	4.1	2.4	3.6	3.9	2.9	2.7	2.9	3.5	3.9	3.7	3.0	3.1	3.6	3.5	3.6	3.5	2.4	2.7	3.3	3.7	3.3	3.2	1.9	2.0	3.6	3.3	4.1	3.2	2.2

后 记

如期完稿，内心甚慰。首先要感谢恩师施骞教授。施老师广博的知识和宽阔的胸怀，让学生我感激不尽。三年转眼即逝，学生至今依然记得在同济嘉定校区施老师在凛冽的寒风中为学生批改论文的情景，每每忆起，内心难以平静，同时心感庆幸能遇到这么好的导师。施老师对我的学习、生活始终关怀周至。从论文选题、资料收集，到最后修改定稿，施老师进行了全程指导，倾注了大量心力，特别感谢施老师您的辛勤指导和教诲！

在这里我要特别感谢韩传峰教授，是您的大爱把我领进了同济大门，实现我人生的转折。韩老师的大师风范、严谨学风令学生崇敬，给予学生很多生活和做人的启迪，学生铭记在心。

还有，我要特别感谢我的同窗挚友同济产业办段存广老师、同济校办李建昌老师、经管学院陈强教授，你们的帮助和热情鼓励，让我心存感激，谢谢你们！

在同济三年求学的日子里，学院领导、老师对我关怀备至，在此要感谢班主任兀云波老师，研总支陈讯老师、王昭东老师、王松涛老师等，谢谢你们！

还有，我要感谢此前任职单位 I/O Interconnect Inc. 的同事，总经理 Kevin Hsu、原运作总监 Charles Adarne 和总裁 Gary Kung，是你们的宽容和鼓励，让我有机会进一步接受挑战，继续深造，谢谢你们！

在同济求学和担任 2010 级博士班班长的日子里，认识了很多朋友、同学……卢超、张清、曹东平、曹园园、孙秉珍……很多很多，谢谢你们给我带来快乐。

还有我的同门，陈政、周毅坤、司瑾、魏圆芳以及其他师弟师妹们，能跟做你们一起做学术，聆听施老师的传经授道，是一种惬意的享受。

本书在撰写过程中，得到上海市杨浦区建筑业管理署杨炯杰先生和绿源有限公司边游俚先生的大力支持，在此一并感谢！

最后要感谢我的家人，特别是我的妻子徐智建女士，您朴素、厚重的爱支持着我坚持、再坚持，让我能够及时完成学业，你是我的力量之源。

虽面临不惑之年，人生能有这么多的朋友和亲人支持着我，我想我还有很多事要做，你们是我的动力源泉，促使我前进，再前进！

自本人博士毕业到江西财经大学工作至华南师范大学理论经济学博士后流动站从事博士后研究的 3 年时间里，本书经有关专家评审被认定为同济大学优秀博士论文，在 2016 年又被评选为上海市优秀博士论文，这与我的博士生导师施骞教授的辛勤指导、经管学院的老师帮助和评审专家们的厚爱是分不开的，在此特别致谢。

本书能在母校同济大学 110 周年校庆之际出版，本人深感荣幸，特别感谢母校的培养，也深知作为“同济人”的责任与担当，衷心祝福母校能为祖国培育更多的优秀人才，创造新的辉煌！

赖小东